AF637204

Heiligenlegenden

Heiligen-legenden

Für Kinder nacherzählt von
Siegwart Knijpenga

Mit Illustrationen von Christiane Lesch

Urachhaus

Aus dem Niederländischen von Frank Berger und Beate Grah

Die Legenden dieses Bandes stammen aus den Büchern
Heiligenlegenden & Heiligen en hun dwarze gezellen,
erschienen im Verlag Uitgeverij Christofoor, Zeist 1993 und 2000.

ISBN 978-3-8251-5107-2

2. Auflage 2021
Erschienen im Verlag Urachhaus
www.urachhaus.com

© 2017 Verlag Freies Geistesleben & Urachhaus GmbH, Stuttgart
© 2017 De Christengemeenschap Den Haag
Umschlagillustration: Sanne Dufft
Gesamtherstellung: CPI books GmbH, Leck

MIX
Papier aus verantwortungsvollen Quellen
FSC www.fsc.org FSC® C083411

Klimaneutraler Druck firstclimate 2021

Inhalt

Passion

Ostern

Himmelfahrt

Pfingsten

Johanni-Zeit

Sommer

Michaeli-Zeit

November

Allgemein

Anhang

Vorwort zur 3. Auflage

Die Heiligen sind die Helden des inneren Lebens. So wie die Helden »bewaffnen« sich auch die Heiligen – sie stärken ihre innere Waffenrüstung, die ihnen Schutz bietet und Kraft spendet für den Kampf gegen ihre Widersacher. Diese innere Rüstung hilft ihnen auch, ihre wertvollen Schätze zu bewahren. Der einzige Unterschied zu den Helden ist das Feld, auf dem sie ihre Kämpfe austragen. Und dieses Feld ist den Kindern sehr vertraut, vielleicht sogar vertrauter als ihren Eltern und Lehrern.

Ein Erwachsener muss sich erst wieder dessen bewusst werden, dass in seinem Herzen eigentlich ein Löwe lebt: der König der Tiere, dessen Mut erstrahlt, wenn er Gutes tut, der aber auch faul sein kann, wenn er sich in seiner Umgebung wohlfühlt. Die Rosen des Franziskus sind zunächst nichts als grüne Knospen, noch fest verschlossen. Doch sobald sie sich öffnen, kommt nicht allein die Blüte zum Vorschein, sondern auch ihre Farben und Düfte erscheinen. Und erwartet nicht jede Mutter hoffnungsfroh, dass ihr Kind in der Zeit der Pubertät aufblühen möge wie eine Rose?

Religion ist der Übungsweg, auf dem diese inneren Werte entdeckt, freigesetzt und erworben werden können. Und Legenden sind Geschichten, in denen diese Wege und Werte beschrieben werden. Gerade durch ihre bildhafte Sprache ist dies für Kinder sehr gut nachvollziehbar. Im Mittelpunkt dieser Legenden stehen immer die Heiligen: diese Heldinnen und Helden des innerlichen Lebens, die ihre religiösen Werte durch Übung und Mut zum Handeln erworben haben. In der bildhaften Sprache der Märchen berichten die Legenden von religiösen Erfahrungen. Dabei unterscheiden sie sich aber von den Märchen: Sie gehen einen Schritt weiter, indem sie vom inneren Kampf unserer konkreten religiösen

Vorbilder erzählen, von den Wegen, die sie beschritten haben und von den innerlichen Reichen, die sie betreten durften.

Der Erwachsene kann diese Sprache bewusst zu verstehen lernen, das Kind dagegen hat oft noch einen direkteren, selbstverständlicheren Zugang zu den bildhaften Inhalten.

Für Erwachsene wie auch für Kinder ab dem achten Lebensjahr können diese Legenden zu einer inneren Burg werden, die ihnen einen Schutz bietet gegen vieles, was später ihre Identität bedrohen kann.

Ich danke Frank Berger und Beate Grah für die Übersetzung der Legenden und dem Verleger Michael Stehle für seine Sorgfalt, die er dieser neuen Ausgabe des Buches hat angedeihen lassen.

Siegwart Knijpenga
Leiden, Januar 2017

So wurde der Tempel ihr Haus

Einst lebten in der Stadt Nazareth ein Mann namens Joachim und sein Weib Anna. Sie wohnten dort schon viele Jahre zusammen, und obgleich es ihnen gut ging, hatten sie doch einen großen Kummer: Sie hatten keine Kinder. Doch waren sie rechtschaffen und befolgten in allem die Gebote Gottes.

»Weshalb wird uns kein Kind geschenkt?«, fragten sie sich.

Sollte Gott ihnen aber doch noch ein Kind schenken, gelobten sie, dieses Kind nicht bei sich zu behalten, sondern es in den Tempel nach Jerusalem zu bringen, auf dass es dort aufgezogen werde.

Wiederum war die Zeit gekommen, da Joachim sich auf die Reise nach Jerusalem machte, um dort sein Opfer darzubringen. Er bestimmte das schönste Lamm seiner Herde zum Opfertier, nahm Abschied von seinem Weib Anna und begab sich auf den Weg. Es war eine lange Wanderung, denn die große Stadt, wo sich der Tempel befand, lag weit im Süden, und Joachim hatte eine gute Woche für seine Reise nötig.

Endlich erreichte er die hochgebaute Stadt. Sein Herz schlug heftig, als er durch das uralte Tor schritt und den Berg bestieg. Da lag der Tempel vor ihm. Fünfzehn steinerne Stufen führten ihn in die Höhe, bis er vor dem großen Brandopferaltar stand.

Dort würde er sein Lamm opfern, das er aus seiner Herde dafür mitgebracht hatte. Als er an die Reihe kam, nahm er das Tier und wollte es dem Priester darreichen; dieser jedoch erkannte ihn, trat einen Schritt zurück und sprach in strengem Ton: »Ihr seid Joachim aus Nazareth, der Mann der Anna. Bereits viele Jahre seid Ihr vermählt, und doch hat Gott Euch kein Kind geschenkt. Was habt Ihr getan, Joachim, dass Eure Ehe kinderlos blieb? Seid Ihr denn würdig, hier am Altar zu opfern?«

Die Menschen, die um sie herumstanden, schauten erschrocken zu Joachim hin und bemerkten, dass diesem keine Antwort über die Lippen kam. Sein Lamm legte er wieder auf die Erde und blickte mit Augen, groß vor Verwunderung, auf den Priester. Aber dieser wies mit seiner Hand auf die Stufen, die Joachim erklommen hatte, und sagte schroff: »Niemand, der unwürdig ist, darf hier sein Opfer darbringen; geht also und denkt über Euer Leben nach.«

Zitternd nahm Joachim sein Lamm wieder in die Arme. Mit niedergeschlagenem Blick wandte er sich um und verließ, unter den Blicken der verwunderten Menschen, den Tempel. Er stieg hinab zu dem großen Platz und verließ die Stadt durch das Tor, das die Menschen das Goldene Tor nennen. So gelangte er schließlich auf die Felder, wo die Hirten ihre Schafe hüteten, und trat bei ihnen in Dienst.

Am Tage verrichtete er treu seine Arbeit, aber des Abends saß er abseits von den anderen gegen einen Felsblock gelehnt und dachte nach: Was hatte er all die Jahre hindurch Unrechtes getan? Weshalb waren er und sein Weib unwürdig? Viele Tage verbrachte er so, bis er es in einer der langen, schlaflosen Nächte nicht mehr ertrug, aufs Feld hinauslief, niederkniete und Gott im Gebet um Antwort bat.

Endlich, gegen Morgen, noch bevor die Sonne aufging, ward es licht um ihn. Als er aufblickte, sah er einen leuchtenden Engel vor sich stehen, der sprach:

»Fürchte dich nicht, Joachim! Ich bin der Engel des Herrn. Ich weiß um dich und dein Weib, um jeden Tag eures Lebens. Ich sah auch, wie du fortgeschickt wurdest aus dem Tempel, und vernahm dein Gebet in dieser Nacht. Gesandt ward ich, um dir zu sagen, dass ihr nicht unwürdig seid, sondern ihr musstet warten, bis Gott das Kind senden würde, dass euch nun geboren werden soll. Auch ist dein und Annas Gelöbnis erhört. Das Mädchen, das zu euch kommt, soll von seinem dritten Lebensjahr an im Tempel aufwachsen. Sie soll Maria heißen, und einst wird der Heiland der Welt von ihr geboren werden. Erhebe dich nun und gehe wieder nach Jerusalem. Unter dem Tor, durch welches du die Stadt verließest, wirst du deinem Weibe begegnen. Geh mit ihr zurück nach Nazareth und bleibe bei ihr, bis euer Kind geboren ist.«

Alsdann verließ ihn der Engel, und Joachim verweilte kniend auf dem Feld, bis die Sonne aufging und die Hirten aufstanden, um sich für ihre Arbeit bereit zu machen. Da erhob auch er sich, dankte ihnen, dass er ihnen hatte helfen dürfen, und nahm Abschied.

Langsam stieg er wiederum den Berg zur Stadt hinauf. Er war ganz in Gedanken versunken, denn strahlender als die Sonne, die nun über dem Lande aufstieg, war die Gestalt des Engels gewesen, der zu ihm gesprochen hatte. Und tief in seinem Herzen klangen noch die Worte, die er vernommen hatte.

Um die Zeit, da Anna in Nazareth ihren Mann zurückerwartete, war der Engel auch ihr erschienen und hatte ihr seine Botschaft verkündet. Auch hieß er sie nach Jerusalem gehen; so machte sie sich bereit und zog ihrem Manne nach. Als sie die Stadt erreichte und an das Tor kam, da nahte auf einem anderen Wege auch Joachim, und sie begegneten sich unter dem glänzenden Bogen des goldenen Tores. Sie umarmten sich und waren glücklich. Im Tempel brachten sie ihr Opfer dar, das nun durch den Priester angenommen wurde, und kehrten nach Nazareth zurück.

Nicht lange danach ward Anna schwanger. Das Mädchen, das ihnen geboren wurde, nannten sie Maria, wie der Engel es sie geheißen hatte.

»Du bist beinahe drei Jahre alt«, sprach Anna eines Tages zu der kleinen Maria, »und du sollst bald nach Jerusalem gehen, um dort in dem großen Tempel zu wohnen.« Sie nahm das Kind auf den Schoß und fuhr fort: »Hier darfst du mit den Kindern unserer Stadt spielen, doch dort wirst du lernen, das Brot für die Tafel im Tempel zu backen. Du wirst lernen, die Gewänder für die Priester und ihre Diener zuzubereiten. Hier weilst du bei uns, dort wirst du bei deinen Lehrern sein.«

So dauerte es nicht mehr lange, bis sie sich auf den Weg machten, und nach einer langen Reise erreichten sie den Tempel. Oben, bei den großen Säulen der Vorhalle, stand der Priester und winkte Maria. Und Joachim und Anna, die wussten, dass die Zeit herangekommen war, da Maria sie ihrem Gelöbnis gemäß verlassen musste, küssten sie und ließen sie gehen.

Und sie erklomm die Treppe des Tempels, Stufe um Stufe, ohne sich umzuschauen, bis sie oben an der Hand der Priesters in das Heiligtum hineinging. So ward der Tempel das Haus, in dem sie wohnte, arbeitete und alles über ihr Volk Israel lernte. Aber am liebsten vernahm sie die Worte der jüdischen Propheten, die sagten, dass einst aus ihrem Volke der Heiland, der Erlöser der Welt geboren werden würde.

Nicht für immer kann in Israel ein Mädchen im Tempel bleiben. Wenn es dreizehn Jahre alt ist, muss es sich vermählen. So rief der Hohepriester alle unvermählten Männer des Stammes David zusammen. Sie mussten den Zweig eines Baumes mitbringen und diesen vor dem Altar niederlegen. Derjenige, dessen Zweig dort zum Blühen kommen würde, sollte Marias Mann werden.

Viele Männer kamen und brachten ihren Zweig herein, aber bei keinem von ihnen bildete sich eine Blüte. Als der letzte gegangen war, schaute der Hohepriester sich um und bemerkte, dass in einer dunklen Ecke noch ein Mann stand. Als der Hohepriester ihn fragte, weshalb er nicht vorgetreten wäre, antwortete er, er sei bereits ein alter Mann, mit dem ein so schönes junges Mädchen sich doch nicht vermählen könne.

»Gott selbst wird ihr einen Mann bestimmen«, gab der Hohepriester zur Antwort und gebot dem Mann, seinen Zweig doch zum Altar zu bringen. Und siehe, als Josef, denn dies war sein Name, seinen Zweig vor dem Altar in die Höhe hielt, da erblühte an dem Holze eine strahlend weiße Blume. Voll Freude ließen die Priester ausrufen, dass Marias Mann nun gefunden sei und die Hochzeit bald gefeiert werden könne. Und so geschah es.

Hilf uns aus dieser Not!

Die Töchter des armen Edelmannes

In der Stadt Myra wohnte einst ein Edelmann, den das Glück verlassen hatte, sodass er im Laufe der Jahre immer ärmer geworden war. Dieser Edelmann hatte drei Töchter, und gar mancher vornehme Freier hätte sie gerne zur Frau gehabt. Allein, ein Mädchen muss einen Brautschatz mit in die Ehe bringen, sie aber waren so arm, dass sie beinahe nichts zu essen hatten.

Eines Tages sprach der Vater: »Liebe Töchter, jetzt haben wir nichts mehr. Ihr werdet wohl oder übel aufs Land zu den Bauern gehen müssen und sie fragen, ob sie Arbeit für euch haben und ihr die Schweine hüten könnt.« Die Mädchen brachen in Tränen aus, als sie hörten, dass sie ihr Brot mit Schweinehüten verdienen sollten. Doch sie machten sich bereit, am nächsten Tag ihr elterliches Haus zu verlassen.

Da hörte Nikolaus, der ein Nachbar des Edelmannes war, von dessen Not, und er beschloss, ihm zu helfen. Er stieg in seinen Keller hinab, suchte ein Säckchen Goldmünzen hervor und ging, als es dunkel geworden war, zum Hause seines Nachbarn. Leise schob er das Fenster auf, warf das Gold hinein und lief schnell, ohne dass jemand ihn hätte sehen können, zurück zu seinem Haus.

Am nächsten Morgen fand der arme Mann das Gold. Er rief seine Töchter, und alle waren über die Maßen froh. Jetzt konnten sie wieder etwas zu essen kaufen, und nun gab es auch einen Brautschatz, sodass die älteste Tochter heiraten konnte.

Aber es dauerte nicht lange, bis die Not zurückkehrte. Nikolaus, der das bemerkte, ging nochmals in seinen Keller und füllte einen Beutel mit

Goldmünzen. Auch diesmal wartete er, bis es dunkel geworden war, lief heimlich zum Hause seines Nachbarn und warf den Beutel zum Fenster hinein.

Am folgenden Morgen herrschte wiederum große Freude in der Familie des Edelmannes. Nun hatten sie wieder Geld, um etwas zu essen zu kaufen, und die Hochzeit der zweiten Tochter konnte gefeiert werden. Und der Edelmann dankte Gott und dem unbekannten Wohltäter von Herzen.

Aber bald war das Gold aufgezehrt, die Armut kehrte zurück, und auch die dritte Tochter wollte heiraten. Da beschloss der Edelmann, die Nächte unten im Wohnzimmer zu verbringen, in der Nähe des Fensters, durch das ihnen der unverhoffte Reichtum beschert worden war. Ob er auch ein drittes Mal darauf hoffen konnte? Auch hatte er das dringende Verlangen, herauszubekommen, wer der geheimnisvolle Wohltäter sei, dem er die reichen Gaben verdankte.

In dieser Nacht nahm Nikolaus zweimal so viel Gold wie beim letzten Mal. Er begab sich zum Haus seines Nachbarn und ließ seine Gabe vorsichtig durch das Fenster auf den Boden fallen. Das weckte den Edelmann. Er sprang auf, zündete die Lampe an und rannte nach draußen. Gerade noch konnte er den unbekannten Wohltäter einholen, bevor dieser sein Haus erreicht hatte.

Der Edelmann erkannte seinen Nachbarn Nikolaus. Er verbeugte sich tief vor ihm, küsste seine Hand, umarmte ihn und drückte ihn fest an sich. Doch Nikolaus sprach: »Geh hin und feiere die Hochzeit deiner jüngsten Tochter. Richte ein großes Fest aus, aber erzähle niemandem, dass ich es war, der dir das Gold geschenkt hat.«

So wurde Sankt Nikolaus zum Helfer bei der Hochzeit der drei Töchter. Und noch immer wird gern seiner gedacht, wenn zwei Menschen den Ehebund schließen wollen.

Der seltsame Seemann

Wie kann es doch stürmen auf dem Meer! Der Wind peitscht die Wellen immer höher auf, bis sie gischtend über jedes Schiff hereinbrechen, das nicht rechtzeitig den Hafen erreicht hat. Der Wind ist so heftig, dass er die Segel zerreißt und die Männer vom Deck fegt, wenn sie sich nicht ganz gut festhalten.

Es war ein solcher Sturm, in den einst ein Schiff geriet, dessen Mannschaft schon vieles erlebt hatte und keine Angst kannte. Aber diesmal wurde ihr Schiff so hin- und hergeworfen, dass sie fürchteten, es würde mit Mann und Maus untergehen.

Da dachten sie an Sankt Nikolaus, und sie erinnerten sich, dass von ihm gesagt wurde, er helfe den Menschen, die auf hoher See in Not gerieten. Und so riefen sie: »Nikolaus, starker Helfer, steh uns bei, sonst müssen wir untergehen!«

Der Wind trug ihr Rufen mit sich fort, und als sie aufblickten, sahen sie einen Mann auf ihrem Schiff, der mit großer Kraft und Geschicklichkeit die losgerissenen Seile verknotete und neue Taue spannte, um den Mast zu entlasten. Auch holte er die zerrissenen Segel ein und setzte neue. Unterdessen ertönte seine mächtige Stimme, mit der er Wind und Meer zusprach.

So kam das Schiff langsam wieder auf Kurs, der Wind ließ nach, und auch das Meer beruhigte sich. Es klarte auf, und die Mannschaft entdeckte, dass sie in der Nähe eines Hafens waren. Das gab ihnen Mut und Vertrauen, sodass sie wieder selbst das Steuer übernahmen und auf den Hafen zufuhren. Sie hatten alle Hände voll zu tun, sodass sie gar keine Zeit fanden, darüber nachzudenken, wo der fremde Seemann wohl geblieben war.

Erst als das Schiff sicher im Hafen vor Anker lag, schauten sie sich an und sprachen: »Das war ein echter Seemann. Er konnte alles viel besser als wir. Doch auch der Wind und das Meer hörten auf ihn. Könnte er vielleicht der heilige Nikolaus gewesen sein?«

Sie verließen das Schiff und gingen an Land. Nicht weit vom Hafen lag die Nikolaus-Kirche. Der Heilige stand selbst vor der großen Kirchentür und begrüßte die Männer. Er trug zwar keine Seemannskleider, doch sie erkannten sein Antlitz. Vor allem seine Augen lachten ihnen zu, als ob sie sagen wollten: »Ja, ich bin es wirklich, ich war bei euch, als der Sturm wütete.«

Nun zweifelten die Seeleute nicht mehr daran. Sie knieten vor ihm nieder und dankten ihm. Aber Nikolaus sprach: »Wenn ihr mich nicht gerufen hättet, hätte ich euch nicht helfen können. Ihr habt mir vertraut, und so hat euch euer Glaube gerettet.«

Hundert Scheffel Getreide

Manchmal fällt die Ernte gut aus und manchmal schlecht. In dem Lande, in dem Nikolaus wohnte, war die Ernte einst so schlecht, dass eine große Hungersnot folgte. Die Menschen brauchten dringend Nahrung, sonst würden sie vor Hunger sterben müssen.

In jenen Tagen waren gerade Schiffe im Hafen eingelaufen, die waren mit ihrer kostbaren Fracht unterwegs von Ägypten nach Rom. Nikolaus, der davon hörte, ging zum Hafen und sprach: »Seid so gut und gebt uns aus jedem Schiff nur hundert Scheffel Korn. Damit kann das Volk vor der Hungersnot gerettet werden.«

Doch die Kapitäne wagten dies nicht und sprachen: »Herr, in der Stadt Alexandrien in Ägypten, wo wir das Getreide an Bord nahmen, wurde es genau abgemessen, und genauso viel müssen wir dem Kaiser in Rom abliefern. Darum dürfen wir dir nichts davon abgeben. Der Kaiser würde uns bestrafen.«

Nikolaus aber sprach mit fester Stimme: »Tut, was ich euch sage, und Gott selbst wird dafür sorgen, dass der Kaiser bekommt, was für ihn in Alexandrien abgemessen wurde. Er wird keinen Scheffel weniger bekommen, als ihm zusteht.«

Die Seeleute vertrauten des Nikolaus Worten. Sie füllten hundert Scheffel Getreide aus jedem Schiff in Säcke und gaben sie dem Heiligen. Dann fuhren sie weiter nach Rom. Als sie dort im Hafen ankamen, warteten schon die Beamten des Kaisers auf sie. Sie überwachten das Entladen des Getreides, und als alles ausgeladen war, riefen sie die Kapitäne und sprachen: »Ihr habt gute Arbeit geleistet, wir haben genauso viel Getreide von euch empfangen, wie ihr in Alexandrien geladen habt.«

Da riefen die Seeleute verwundert: »Dann hat Nikolaus ein Wunder vollbracht, denn wir gaben ihm Getreide, und dennoch fehlt nichts. Gott selbst hat uns wiedergegeben, was wir dem hungrigen Volk geschenkt haben.«

In den Tagen aber, nachdem die Schiffe den Hafen von Myra verlassen hatten, um nach Rom zu segeln, hatte der Heilige das Getreide unter das Volk verteilt. Jeder empfing so viel, als er brauchte. Mit dieser geringen Menge konnte sich das ganze Volk zwei Jahre lang ernähren, und es blieb sogar so viel übrig, dass es auf allen Äckern des Landes ausgesät werden konnte.

Das Zauberöl

Unter den Wurzeln eines alten Baumes hauste einst eine hässliche Hexe, die war eine rechte Landplage für die Bauern der Umgebung. Fast immer mussten sie ihr den besten Teil ihrer Ernte bringen, weil sie sonst ihr Land verwüstete. Als Nikolaus davon hörte, bekam er Mitleid mit den Bauern, fällte den Baum und riss die Wurzeln aus dem Boden, sodass die Hexe flüchten musste. Sie verkroch sich wütend in einer Höhle in den Bergen. Dort sann sie Tag und Nacht auf ein Mittel, wie sie sich an Nikolaus rächen könne. Schließlich machte sie sich ein Feuer und braute ein Zauberöl, das hatte einen wunderbar süßen Geruch und war dabei sehr gefährlich. Denn wenn man dieses Öl irgendwo ausgoß, dann entzündete es sich und brannte mit heißen, lodernden Flammen.

Eines Tages erblickten Seeleute, die vor der Küste kreuzten, ein kleines Boot, das auf sie zukam. Eine alte Frau saß darin, die bat sie mit schmeichelnder Stimme, etwas für sie zu tun. Nun sind Seeleute hilfsbereite Menschen. Sie halfen der Alten an Bord, und sie erzählte, dass sie eigentlich auf dem Wege zur Kirche des heiligen Nikolaus gewesen war, um ihn zu ehren, doch es seien andere dringende Dinge dazwischengekommen. Nun suche sie freundliche Menschen, die bereit wären, für sie dorthin zu gehen. Sie bräuchten nur das Öl, das sie in einem Fläschchen bei sich trüge, auf den Mauern der Kirche zu verteilen, sodass es seinen herrlichen Duft ausströmen könne. Damit wolle sie den Heiligen ehren. Außerdem sei sie eine arme, alte Frau, und der Weg dorthin sei doch recht beschwerlich für sie.

Die Seeleute versprachen der Alten, alles zu tun, worum sie gebeten hatte. Sie halfen ihr in ihr kleines Boot und fuhren dann weiter.

»He«, rief plötzlich einer der Schiffsjungen, »wo ist sie denn eigentlich geblieben?«

Verwundert suchten die Seeleute mit den Augen das Meer ab, aber von dem Boot und der Frau war nichts mehr zu sehen.

»Die ist aber rasch verschwunden«, sagte der Kapitän nachdenklich.

»Schaut«, rief ein Matrose, »da kommt ein anderes Schifflein auf uns zu, wer wohl darin sitzen mag?«

Das Schifflein drehte bei, und ein Mann klomm an Deck, der dem heiligen Nikolaus so ähnlich war, dass niemand ein Wort zu sagen wagte. Voller Ehrfurcht warteten sie, dass er sie anspräche.

»War hier vielleicht eine arme, alte Frau?«, fragte er.

»Ja, gewiss«, sagte der Kapitän, »sie war gerade noch hier, doch plötzlich ist sie verschwunden.«

»Und was hat sie euch gegeben?«, fragte Nikolaus.

Die Seeleute erzählten ihm die Geschichte von dem Ölfläschchen, worauf Nikolaus die Stirn runzelte und sprach: »Diese Frau ist eine gefährliche Hexe, und das werde ich euch jetzt beweisen. Gebt mir einmal das Fläschlein.«

Der Kapitän zog es aus der Tasche, und Nikolaus öffnete es und goss das Öl ins Meer. Kaum hatte es das Wasser berührt, da brannte es lichterloh, wie eine Fackel. Die Flammen waren so mächtig, dass die Seeleute ihr Schiff rasch in Sicherheit bringen mussten.

»Und das hättet ihr auf die Mauern meiner Kirche ausgießen sollen!«, sprach Nikolaus. »Nun wisst ihr, mit wem ihr gesprochen habt und warum sie so rasch weg war, als ich nahte.«

Nun begriffen die Seeleute, dass Nikolaus nicht nur seine Kirche, sondern auch sie selbst gerettet hatte, denn sie wären beim Ausgießen des Öls unweigerlich ein Opfer der Flammen geworden. So dankten sie ihm und riefen: »Nikolaus, steh uns immer bei in Not und Gefahr!«

Die römischen Fürsten

Es geschah in dieser Zeit, dass sich ein Volk des Römischen Reiches gegen den Kaiser in Rom erhob. Der Kaiser sandte daraufhin drei Fürsten mit ihren Heeren aus, um gegen die Aufständischen zu kämpfen und sie zu unterwerfen. Diese Fürsten hießen Nepotianus, Ursus und Apulio. In Rom schifften sie sich ein, um in das Gebiet der Unruhen zu fahren, aber ein Sturm überfiel die Schiffe und trieb sie vom Kurs ab, sodass sie in einem Hafen nahe der Stadt Myra landen mussten, wo Nikolaus lebte.

Dieser lud die Fürsten zum gemeinsamen Mahl ein. Er hoffte, sie dazu überreden zu können, dass sie das Land nicht plünderten und beraubten, wie es die römischen Soldaten oft taten.

Während sie miteinander zu Tische saßen, kam ein Bote mit der Nachricht, der benachbarte Landvogt habe drei unschuldige Ritter zum Tode verurteilt. Als Nikolaus das hörte, stand er sofort vom Tisch auf und bat seine Gäste, mit ihm zu kommen. In schnellem Trab ritten sie zu der Stelle, wo die Ritter getötet werden sollten. Als sie ankamen, knieten die drei bereits mit gesenktem Haupt vor dem Henker, der gerade sein Schwert erheben wollte, um zuzuschlagen.

Nikolaus sprang vom Pferd, lief zum Henker, riss ihm das Schwert aus der Hand und warf es weit von sich. Danach befreite er die Gefangenen aus ihren Fesseln und ging mit ihnen und den Fürsten zum Palast des Landvogtes. Dort stieß er mit kräftiger Hand die Türen auf und stürmte hinein. Hastig kam ihm der Landvogt entgegen.

Zornentbrannt rief Nikolaus ihm zu: »Drei aufrechte, ehrliche Ritter hast du töten wollen. Und dies ohne vorherige Verurteilung. Ich weiß auch, warum. Ihr Feind hat dir eine große Geldsumme versprochen, wenn du sie enthaupten ließest. Du hast diesen Männern großes Unrecht zugefügt, denn du wolltest dich bereichern und hast dich bestechen lassen. Du bist ein unwürdiger Landvogt. Muss ich jetzt nicht Anklage erheben beim Kaiser in Rom wegen deiner schmählichen Tat?«

Und so ging es noch eine ganze Weile fort, bis die drei Fürsten für den Mann um Vergebung baten und der auf die Knie fiel und seine Tat bereute. Da schwieg Nikolaus und schaute die drei unschuldigen Ritter an.

Und als auch sie bereit waren, dem Landvogt zu vergeben, reichte er ihm die Hand und schloss Frieden.

Die Fürsten mussten nun wieder aufbrechen. Sie empfingen von Nikolaus den Segen, setzten ihre Seereise fort und unterwarfen in kurzer Zeit ohne Blutvergießen die Aufständischen. Wieder in Rom, wurden sie vom Kaiser mit großen Ehren empfangen und erhielten reiche Geschenke.

Doch es gibt überall eifersüchtige Menschen und Betrüger, auch in Rom. Männer, die es den Fürsten nicht gönnten, dass der Kaiser sie so reichlich belohnt hatte, versprachen dem Berater des Kaisers viel Geld, wenn er die Fürsten bei ihm anschwärzen würde. Und der Berater, der gern reich werden wollte, ging zum Kaiser, um ihm zu berichten, dass die drei Fürsten hochmütig geworden seien: Sie wollten ihm nicht länger dienen, sondern selbst auf seinem Thron sitzen. Darum würden sie in Kürze kommen, um den Kaiser zu ermorden.

Das war alles gelogen, allein der Kaiser wusste es nicht. Und er wurde so zornig auf die Fürsten, dass er sie ergreifen und in den Kerker werfen ließ. Ohne Gerichtsverhandlung sollten sie am nächsten Tag enthauptet werden. Da saßen die armen Fürsten nun im dunklen Kerker, mit schweren Ketten gebunden. Sie hatten gehört, dass sie hingerichtet werden sollten, und sie wussten nicht, wie sie den Kaiser von ihrer Unschuld überzeugen sollten. Schweigend und tief betrübt lagen sie dort.

Da richtete sich einer von ihnen, der Fürst Nepotianus, auf und sprach: »Erinnert ihr euch noch, wie der heilige Nikolaus den Landvogt bestrafte, weil er drei unschuldige Ritter hinrichten lassen wollte. Lasst uns zu Nikolaus beten. Vielleicht kann er auch uns helfen.«

In dieser Nacht schlief der Kaiser Konstantinus schlecht, denn er wurde von einem schrecklichen Traum heimgesucht. Vor ihm stand ein Mann, der ihm mit fester Stimme zurief: »Warum hältst du die drei Fürsten gefangen? Die Fürsten, die eine große Reise für dich unternommen und dabei ihr Leben gewagt haben. Warum hast du sie verurteilt, ohne sie zu verhören? Stehe rasch auf und lasse sie frei, sonst werde ich Gott bitten, gegen dich Kampf zu führen, sodass du stirbst und dein Leichnam den Tieren vorgeworfen wird.«

Darauf fragte der Kaiser: »Wer bist du, dass du in der Nacht mein Schloss betreten konntest, um mich so zornig zu mahnen?«

Da antwortete der Heilige: »Ich bin Nikolaus, ein Bischof aus der Stadt Myra.«

Auf dieselbe Weise erschien er auch dem Berater, der die Fürsten mit falschen Beschuldigungen verklagt hatte, und sprach: »Du unwürdiger Mensch, du bist es nicht wert zu leben. Warum missbrauchst du das Vertrauen des Kaisers, um drei unschuldige Menschen umbringen zu lassen? Gehe sofort zu ihm und gib ihm den Rat, sie freizulassen, sonst wirst du sterben, und dein Haus soll zerstört werden.«

Der Ratgeber fragte: »Wer bist du, der du mich so schrecklich bedrohst?«

»Wisse, dass ich Nikolaus bin, ein Bischof aus der Stadt Myra.«

Am Morgen traf der Kaiser in aller Frühe mit seinem Berater zusammen, und sie berichteten einander, was sie in dieser Nacht geträumt hatten. Da lief der Kaiser rasch zu den Gefangenen und fragte sie: »Was für eine Zauberei ist das? Was waren das für Träume, durch die mein Berater und ich heute Nacht bedroht wurden?«

»Wir wissen von keiner Zauberei«, sprachen die Fürsten, »aber wir wollen dir sagen, dass wir unschuldig sind.«

»Kennt ihr einen Mann, der Nikolaus heißt?«, fragte der Kaiser.

Als die Fürsten diesen Namen hörten, riefen sie: »Ach, wenn Nikolaus hier wäre, so könnte er uns wohl helfen. O Nikolaus, hilf uns aus dieser Not!«

Der Kaiser ließ sie frei und hieß sie, zu Nikolaus zu gehen und ihm in seinem Namen Geschenke zu überreichen. Der Heilige möge ihn fortan nicht mehr bedrohen, sondern ihm bei seiner schweren Aufgabe als Regent des Römischen Reiches beistehen. »Und danket Gott, dass er euch durch seinen Knecht Nikolaus vom Tode errettet hat.«

Die Fürsten taten, wie er ihnen geboten hatte, und erzählten allen, die es hören wollten, davon, wie Nikolaus ihnen beigestanden hatte.

Der Diener des Königs

Auch nachdem Nikolaus gestorben war, riefen die Menschen ihn um Hilfe an. Da waren einst ein Mann und eine Frau, die hatten keine Kinder. Und weil sie schon gar so lange gewartet hatten und ihnen noch immer kein Kind geschenkt worden war, riefen sie den Heiligen an.

Bald darauf spürte die Frau, dass sie ein Kind erwartete, und einige Monate später wurde ihnen ein Sohn geboren, den sie Adeodatus nannten, das bedeutet »von Gott geschenkt«. Seither begingen die Eltern jedes Jahr am sechsten Dezember das Fest des heiligen Nikolaus, zum Dank, dass ihnen durch ihn ein Sohn geschenkt worden war.

Einst befand sich ihr Land im Kriege mit dem Nachbarland, und die Soldaten des Feindes drangen bis zu ihrem Haus vor, nahmen Adeodatus mit sich und machten ihn zum Diener ihres Königs. Eines Tages, als Adeodatus dem König bei einem großen Festmahl zu dienen hatte und ihm gerade einen Becher Wein reichen sollte, musste er an Vater und Mutter denken; er erinnerte sich, dass es der Tag des heiligen Nikolaus war und dass zu Hause wohl gerade ein großes Fest gefeiert würde. Darüber wurde er so betrübt, dass er den Becher sinken ließ und einen tiefen Seufzer ausstieß. Der König blickte ihn an und fragte streng: »Warum seufzt du, bedrückt dich ein Kummer? Sage mir frei heraus, was mit dir ist!«

Adeodatus wollte keine Antwort geben, aber der König ließ nicht locker und sagte: »Ich will wissen, warum du so seufztest. Wenn du es mir nicht sagst, lasse ich dich schlagen, bis du mit der Sprache herausrückst.«

Da erzählte ihm Adeodatus, woran er hatte denken müssen und was ihn so traurig gemacht hatte. Der König sprach mit harter Stimme: »Mit deinem Nikolaus habe ich nichts zu schaffen, du bist mein Diener, und du bleibst hier!«

Im selben Augenblick erhob sich ein gewaltiger Wirbelwind, der jagte mit Macht durch das Schloss und riss Adeodatus mit sich fort. Er trug ihn durch die Luft und setzte ihn, der den Becher des Königs noch in der Hand hielt, vor dem Hause seiner Eltern ab. Da trat Adeodatus ein und feierte mit ihnen das Fest, nach dem er so verlangt hatte.

Rolle, liebes rotes Knäuel!

In Britannien lebten Michael und seine Frau Ebba. Ihr Haus stand an einer Steilküste, und in der Tiefe, unterhalb des Hauses, schlug die Brandung des Meeres an die weißen Kreidefelsen.

Michael war ein Fischer. Jeden Morgen stieg er den schmalen Pfad hinunter zur Bucht, wo sein Boot lag, und fuhr hinaus auf das Meer. Gegen Abend kehrte er zurück, einen Korb auf dem Rücken, gebeugt unter der Last der gefangenen Fische. So ging es tagaus, tagein.

Michael und Ebba hatten keine Kinder. Und während ihr Mann auf dem Meer war, saß Ebba oft am Fenster und blickte auf die grauen Wogen hinab. Sie sah die Sonne im Osten aufgehen, und sobald ihr Licht die Stube erhellte, stand sie auf und ging an die Arbeit. Wenn sie alles im Haus und im Garten in Ordnung gebracht hatte, war noch viel Zeit übrig, und dann setzte sie sich an das Fenster und dachte bei sich: »Wie still es hier doch ist. Das Haus ist so leer. Warum nur wird uns kein Kind geboren?«

Das ging so, bis sie eines Tages, nach langen Jahren, gewahrte, dass sie ein Kind unter dem Herzen trug. Und es dauerte nicht lange, da fühlte sie, wie es sich bewegte. Nun gingen die Stunden rasch vorüber, denn es musste alles für die Geburt vorbereitet werden.

In dieser Zeit hatte Ebba in einer klaren Nacht einen Traum: Sie saß auf einem hohen Felsen an der Küste, und unter ihr wogte das Meer. Sie wusste, dass sie ein Kind unterm Herzen trug, und als sie auf ihren Schoß blickte, da schimmerte es zwischen den Falten ihres Mantels wie Metall. Als sie das Gewand aufschlug, lag da eine glänzende bronzene Glocke. Sie hob sie auf und wiegte sie zart hin und her, bis der Klöppel den Glockenrand berührte. Der Ton, der jetzt erklang, war ein mächtiges Summen, und er wurde weit über Land und Meer getragen.

Als Ebba erwachte, klang der Ton in ihr noch nach. Und als sie dann spürte, wie sich das Kind unter ihrem Herzen bewegte, dachte sie: »Es wird nicht mehr lange dauern, bis du geboren wirst; und später, wenn du groß bist, wird deine Stimme viele Menschen hier bei uns und in vielen anderen Ländern erreichen, wie der Ton dieser Glocke, die weit über die Welt hin tönt.«

Das Kind wurde ein Mädchen, und seine Eltern nannten es Truthgeba, das bedeutet: Gottesgabe. Aber als das Mädchen heranwuchs, war es so freundlich gegenüber allen Menschen, dass sie von allen Lioba genannt wurde, das bedeutet: die Liebe-Gebende. Und diesen Namen trug sie ihr Leben lang.

Lioba hatte gehört, dass der Sohn der Schwester ihrer Mutter einst Britannien verlassen hatte. Er war übers Meer nach Holland und von dort aus weiter in die deutschen Lande gesegelt. Winfried hieß er, und später nannten die Leute ihn Bonifatius. Er war ein Mönch und verkündete den Menschen den christlichen Glauben.

An ihn musste sie oft denken, als sie noch ein kleines Mädchen war. Und je öfter sie ihr Haus verließ und auf den Berg hinaufstieg, um weit über das Meer blicken zu können, desto stärker musste sie an ihn denken. Und wenn Lioba lange genug über etwas nachgedacht hatte, dann führte sie es auch aus. Sie nahm eine Gänsefeder, tauchte sie in ein Fass mit schwarzer Tinte und schrieb an Bonifatius, dass sie bereit wäre, zu ihm zu kommen, wenn er sie brauche.

Nicht lange, nachdem der Brief von einem Boten mitgenommen worden war, hatte auch sie einen Traum:

Wie einst ihre Mutter saß sie am Meeresufer. Sie führte ihre Hand zum Mund, aus dem sie einen purpurnen Faden holte. Sie nahm den Faden, wickelte und wickelte, bis sie ein großes rundes Knäuel in der Hand hatte, das im Licht erglänzte. Nun bemerkte sie, dass sie so nahe am Wasser stand, dass es sanft ihre Füße umspülte. Da bückte sie sich und legte das Knäuel auf eine heranrollende Welle, die es mit sich forttrug. In ihrer Hand hielt sie das Ende des Fadens, und das Knäuel rollte mit der Welle ins Meer hinaus, weit, weit nach Osten.

Als Lioba erwachte, sah sie kein Knäuel und spürte sie kein Wasser um ihre Füße, doch sie sehnte sich sehr danach, über das Meer zu ihrem Vetter Bonifatius zu fahren, dem sie eine helfende Schwester sein wollte.

Und siehe, am selben Morgen kam ein Brief von Bonifatius, worin er schrieb, dass sie kommen möge. »Gehe geradewegs nach Osten«, schrieb er, »über das Meer, durch die niederen Lande, über Berge und durch Wälder. In dem Haus, das ich selbst gebaut habe, werde ich auf dich warten.«

Große Freude erfüllte sie da, und nicht lange danach küsste sie Vater und Mutter, sagte ihnen Lebewohl und grüßte die Blumen, die Vögel und das weite Land. Dann machte sie sich auf den Weg.

»Liebes rotes Knäuel, du bist bis dahin gerollt, wo mein Bruder auf mich wartet«, sprach sie leise zu sich, »nun werde ich dir folgen und nicht ruhen, bis ich ihn gefunden habe!«

Das Schiff, das sie trug, und ihre Füße, die ihr den Weg wiesen, führten sie schließlich zu dem mächtigen Haus aus Eichenholz, wo sie anklopfte und von Bonifatius herzlich begrüßt wurde.

Große Freude erfüllte nun das Haus. Die Mönchsbrüder sangen ein Willkommenslied und reichten ihr zu essen und zu trinken. Liobas Ankunft wurde freudig gefeiert.

Danach zeigte ihr Bonifatius das Haus. Er ging mit ihr in die umliegenden Dörfer und in die Häuser der Menschen, damit sie alles kennenlernen konnte. Und doch sollte das nicht lange so bleiben, denn ein Engel hatte Bonifatius bereits streng gemahnt, es sei Zeit für ihn, in andere Gegenden weiterzuziehen.

Als der Mond voll gewesen war, wieder abnahm und von Neuem als schmale Sichel am Himmel stand, ging Bonifatius zu Lioba und sprach:

»Liebe Schwester, liebe Freundin, der, der mich führt, sagt, dass ich weiterziehen muss. Du warst bereit, mir zu helfen. Sei nun den Menschen, die um dieses Haus herum wohnen, eine Mutter. Ich selbst muss weiter, doch meine Kraft wird dich beschützen. Gold oder Edelsteine besitze ich nicht, ich kann dir weder Geld noch Gut hinterlassen. Nimm aber diese Hand voll Salz von mir an, es wird dich vor allen Gefahren beschützen.«

Bonifatius öffnete seine rechte Hand, in der er ein wenig reines weißes Salz hielt. Lioba nahm ein Tuch, tat das Salz hinein, knotete die Enden zusammen und verbarg es in ihrem Mantel.

»Ich werde das Salz immer bei mir tragen, Bonifatius«, antwortete sie. »Wenn deine Kraft in ihm lebt, brauche ich mich vor nichts zu fürchten.«

»Es ist eine große Kraft in ihm verborgen« sagte Bonifatius. »Der Herr selbst entfaltet seine Kraft in uns durch das Salz. Tu, wie du versprochen hast, und trage es stets bei dir. Vergiss es nie!«

Doch was geschieht, wenn der Vater, die Mutter oder der Lehrer weggehen? Dann ergreift der Böse die Gelegenheit …

Eines Nachts erwachte Lioba von einem Rufen und Wehklagen, das bis in ihre Kapelle drang. Durch die hohen Fenster sah sie heftige Blitze, und der Donner rollte unaufhörlich. Beißende Brandluft nahm ihr schier den Atem. Jetzt hörte sie auch das Knattern und Prasseln von Feuer. Schnell sprang sie auf und lief hinaus.

Dort war der Abendhimmel gerötet vom Schein der Flammen, die aus den Fenstern der Häuser schlugen und schon gefährlich nahe an die Kapelle herangekommen waren.

Lioba trat mitten unter die ratlosen Menschen und hielt die Flüchtenden zurück. »Holt Wasser aus dem Fluss!«, rief sie mit kräftiger Stimme. »Macht schnell!«

»Was soll ein bisschen Wasser gegen ein so gewaltiges Feuer ausrichten?«, fragten einige verzweifelt und machten Anstalten, wegzulaufen. »Bringt Eimer herbei und holt Wasser«, rief Lioba mit einer Stimme, die klang wie die Glocke im Traum ihrer Mutter. »Bringt das Wasser hierher!«

Einige fassten jetzt Mut, liefen weg und kehrten nach einer Weile zurück. Ein voller Eimer wurde vor Lioba hingestellt.

Nun nahm sie aus ihrem Mantel das zusammengebundene Tuch und streute etwas von dem Salz in das Wasser. »Herr«, betete sie, »bezwinge dieses verheerende Feuer.« Und sie lief mit dem Eimer auf das Feuer zu und goss das Wasser mitten hinein. Da sanken die wild züngelnden Flammen wie von Zauberhand bezwungen in sich zusammen, und die Glut erlosch.

Es qualmte und schwelte nur noch, und die Menschen konnten den Brand mit Wasser aus dem Fluss vollends löschen.

Die Kapelle war vom Feuer verschont geblieben, niemand war verletzt, und die Häuser wurden wieder aufgebaut. Da wussten die Menschen, dass Bonifatius zwar fortgegangen war, seine schützende Kraft aber bei Lioba geblieben war.

Und diese Kraft blieb bei ihnen, auch als ihr Bruder schon lange nicht mehr auf der Erde weilte. Viele Jahre beschützte sie so die Menschen gegen Brand und Sturm, Räuber und wilde Tiere. Wie ein Geheimnis trug Lioba das Geschenk des Bonifatius bei sich, und es ging nie zur Neige in all den Jahren.

Als Lioba gestorben war, ja selbst bis zum heutigen Tage, gedachten und gedenken die Menschen ihrer noch oft. Manche haben sie gemalt. Neben ihr malten sie eine Glocke und einen Blitz: die Glocke aus dem Traum ihrer Mutter Ebba und den Feuerblitz, der ihr nichts anhaben konnte.

Hast du mich denn vergessen, Bride?

Das Meer in der Umgebung der Insel Iona war stürmisch. Auf den grünen Wellen mit den weißen Schaumkronen schaukelte ein kleines Boot, das auf die Küste der Insel zutrieb. Ein Mann stieg aus und betrachtete den schmalen Strand mit den runden Steinen und die grünen Hügel des Landes, das vor ihm lag. Inzwischen war auch ein kleines Mädchen aus dem Boot geklettert, und als Dughall Donn, so hieß der Mann, sich nach ihm umblickte, sah er, dass es niederkniete und ein Lied sang. Sie war so klein, dass sie noch kaum sprechen konnte. Umso erstaunter war Dughall Donn, als er sie nun in einer Sprache singen hörte, die ihm völlig unbekannt war. Es klang wie ein Loblied, dem König des Wassers, der Luft und des Lichts zu Ehren.

Während sie so kniete und sang und Dughall Donn ihr zuhörte, hatten sich ihnen drei Männer in langen weißen Mänteln genähert, die vor dem Kind stehen blieben und warteten, bis es sein Lied beendet hatte. Dann gingen sie auf Dughall zu, und der Mittlere der drei sprach: »Wir sind Druiden. Ich bin Cathal, der Erzdruide. Wir haben dein Kommen wahrgenommen, dich und deine Tochter, die ihr aus dem fernen Irland über das Meer hierher kamt. Wir wissen, dass du ein Königssohn bist und dass du vom König deines Landes verbannt worden bist und nicht mehr dorthin zurückkehren darfst. Du sollst hier bleiben und ein Stück Land bekommen, das du bebauen kannst. Suche dir eine Frau und lebe hier bei uns. Deine Tochter aber ist kein gewöhnliches Kind. Lass sie über die Insel wandern. Der Wind und das Meer werden ihre Lehrmeister sein. Frage sie darum nie nach ihrem Geheimnis. Es wird enthüllt werden, wenn die Zeit reif dafür ist. Du sollst hier den Namen Duval tragen, und niemand außer dir und uns wird jemals wissen, dass du ein Königssohn aus Irland bist.«

So lebte Duval auf Iona mit seiner Tochter Brigit, oder Bride, wie sie in der Sprache der Insel genannt wurde. Sie wuchs dort zu einer schönen Jungfrau heran. Niemals sprach Duval mit ihr über das, was ihm der Erzdruide erzählt hatte. Er wusste, dass eines Tages ihr Geheimnis offenbar werden würde.

Einmal geschah es, dass sie an dem Tage, da die Sonne am höchsten Punkt ihres Himmelsbogens steht, früh am Morgen mit dem ersten Licht aufstand. Sie lief hinaus, schloss die Türe der Hütte hinter sich und schickte sich an, auf den Hügel zu steigen, der vor dem Haus lag. Als sie oben angekommen war, lagen noch die grauen Nebel über Land und Meer. Nach kurzer Zeit sah sie, wie der glühende Goldrand der Sonne über dem Wasser sichtbar wurde, und sie kniete nieder.

Sie wartete, bis die Sonne rund und strahlend über dem Horizont erschienen war und alles in ihrem Licht erglänzen ließ: die blaue See, die grauen Felsen, die grünen Hügel und die abziehenden Nebel.

Und Brigit sang:

Die Sonn' ist aus der Erdennacht geboren.
Aufsteigend sendet sie ihr Licht
Über die Erde hin.
Und warm und farbenreich erglänzt
Die Erd' im Sonnenlicht.

Dann stand sie auf und ging zu einer anderen Stelle auf dem Hügel, wo es Wasser gab, denn sie hatte Durst. So kam sie zu dem Brunnen, welcher der Brunnen der Jugend genannt wird. Das Wasser lag kühl und unbewegt zwischen zwei Vogelbeerbäumen. Sie trat unter den tiefhängenden Zweigen hindurch, kniete am Rande des Brunnens nieder und beugte sich nach vorn, um zu trinken. Dabei sah sie, wie sich ihr eigenes Gesicht im Wasser spiegelte, doch zu ihrem Erstaunen sah sie dahinter noch ein weiteres Gesicht. Es war das wunderschöne Antlitz einer jungen Frau, die sie freundlich anblickte.

Nur einen Augenblick lang sah sie dieses Gesicht. Sie richtete sich auf, strich sich mit der Hand über die Stirn und schaute sich um. Aber

da war niemand. Wieder blickte sie in den Brunnen, und nun sah sie nur noch sich selbst. Sie trank, stand auf und bemerkte, dass die Kronen der beiden Bäume so miteinander verflochten waren, dass sie eine grüne Pforte bildeten. Sie hörte einen Vogel singen und sah, wie eine weiße Amsel an ihr vorbeiflog, durch die Pforte hindurch in das Land, das dahinterlag.

Sie fasste sich ein Herz und lief hinter dem Vogel her. Und während sie so lief, spürte sie auf einmal Sand unter ihren Füßen, heißen, trockenen Sand. Immer entfernter erklang das Kreischen der Seemöwen, und auch der Geruch des Landes wurde ein anderer. Ehe sie sich's versah, war die Abenddämmerung hereingebrochen, und ein Mann, in dem sie ihren Vater erkannte, stand vor ihr.

»Brigit, was stehst du da und träumst?«, sagte er. »Du wolltest beim Brunnen Wasser holen, aber wo hast du deinen Krug gelassen? Hast du ihn vergessen? Nun, das ist nicht so schlimm, wir werden ihn wohl wiederfinden. Viel schlimmer ist, dass es seit Wochen nicht mehr geregnet hat und dass es überall so trocken ist, dass jedermann fast verdurstet. Auch ich habe in meiner Herberge kein Wasser mehr für meine Gäste, und das ist sehr schlecht für einen guten Wirt. So habe ich beschlossen, mit all meinen Eseln und Kamelen zum Ölberg zu ziehen. Dort muss es noch einen Brunnen geben, der Wasser hat. Du bleibst währenddessen in der Herberge. Nun lass uns gehen.«

Brigit folgte ihm, und sie kamen in das Dorf Bethlehem und dort in eine schöne alte Herberge. »Hier auf diesem Brett«, sagte Dughall Donn, »steht noch eine Flasche mit Wasser, und da liegt noch ein Gerstenküchlein. Das ist alles, was ich noch habe. Du darfst niemandem etwas davon abgeben. Es ist nur für dich. Du wirst davon leben müssen, bis ich zurückgekehrt bin, und das kann sicher drei Tage dauern.«

Die Menschen standen auf der Straße und schauten zu, wie Dughall Donn seine Tiere in einer langen Reihe aufstellte, sie aneinanderband und sich aufmachte, Bethlehem zu verlassen. Brigit blieb allein zurück. Drei Tage waren verstrichen, da gewahrte sie draußen Gäste. Sie öffnete die Tür und erblickte einen müden, alten Mann, der sich auf einen Stock stützte. Hinter ihm saß auf einem Esel eine junge Frau mit einem wunderschönen Antlitz. Brigit sah, dass sie schwanger war und schon bald ihr Kind bekommen würde.

»Hast du für uns etwas zu essen und zu trinken?«, fragte der Mann, »wir kommen von weit her. Auch suchen wir Unterkunft für die Nacht. Ich heiße Josef, meine Frau heißt Maria.«

»Es tut mir leid«, antwortete Brigit, »ich darf euch nichts geben, mein Vater ist nicht hier.«

Da fragte Maria: »Hast du mich denn vergessen, Bride?«

Da sah Brigit plötzlich wieder das Gesicht vor sich, das sie im Wasser des Brunnens erblickt hatte, und eine große Freude durchfuhr sie. Sie öffnete die Tür und sagte: »Kommt herein, Josef und Maria. Esst von dem Gerstenküchlein, das hier liegt. Und hier steht auch eine Flasche Wasser – mehr habe ich nicht. Allein, eine Bettstatt in der Herberge darf ich euch nicht geben. Doch es gibt einen Stall hinter dem Haus, in dem nur einige Tiere stehen.«

Josef und Maria waren froh darüber, denn sie waren sehr müde. Sie aßen und tranken und bereiteten sich dann ein Lager im Stall.

Bald darauf hörte Brigit Lärm auf der Straße. Und siehe, da kamen in einer langen Reihe die Esel und Kamele ihres Vaters zurück, beladen mit prall gefüllten Wassersäcken. Menschen liefen herbei, und die Freude und die Aufregung waren groß. Ein jeder half beim Abladen, die Tiere wurden getränkt, gefüttert und danach in den Stall gebracht, wo sie sich von der langen Reise ausruhen konnten.

Dughall Donn ging mit seiner Tochter in die Wirtsstube, wo er sich ans Fenster setzte, um auszuruhen. Plötzlich richtete er sich auf. »Ich höre ein Rauschen um das Haus, was kann das sein?«

»Ja«, sagte Brigit, »auch von den Hügeln her kommt das Rauschen immer näher. Es ist auch viel kühler geworden. Das wird endlich der Regen sein.«

Dughall versank in tiefes Nachdenken und sagte schließlich: »Das ist merkwürdig; denn es geht die Prophezeiung: Wenn nach einer langen Trockenzeit der Regen fällt, dann wird das Christuskind auf Erden geboren werden. Sagtest du nicht, dass die Frau in unserem Stall schwanger war?«

So liefen die beiden schnell hinter die Herberge. Sie öffneten die Stalltüre und sahen dort Maria sitzen, von einem strahlenden Licht umgeben. In ihrem Schoß lag das gerade geborene Kind. »Brigit«, sagte Maria, »komm nur her zu ihm, dem König der Elemente, und wiege ihn diese Nacht auf deinem Schoß, solange ich schlafe.«

Brigit breitete ihren Mantel über ihre Arme, und Maria legte das Kind darauf. Dann schlug Brigit es in den warmen Mantel ein. Während Maria und Josef schliefen, wiegte sie das Kind. In ihrem Mantel war es geschützt vor der Kälte der Nacht, und es trank an ihrer Brust.

In dieser Nacht starb, weit entfernt auf der Insel Iona, der Erzdruide Cathal. Kurz bevor er verschied, richtete er sich noch einmal auf und sagte zu den Brüdern, die ihn umstanden: »Ich sehe Brigit, die den Herrn der Sonne und des Meeres in ihren Mantel hüllt.« Eine tiefe Freude erfüllte ihn, als er dies sah, und in dieser Freude atmete er sein Leben aus.

Früh am Morgen erwachte Maria. Sie nahm von Brigit das Kind entgegen und sagte: »Ich danke dir, dass du diese Nacht mein Kind versorgt hast. Für diesen Dienst sollst du von jetzt an die Pflegemutter Christi genannt werden.«

Als Maria diese Worte gesprochen und das Kind wieder zu sich genommen hatte, fiel Brigit in einen tiefen Schlaf. Lange musste sie so gelegen haben; der Tag war schon vorgerückt, als sie erwachte. Neben sich fand sie ihren Mantel. Aber wie anders war er über Nacht geworden! Wie mit strahlendem Gold durchwoben glänzte er im Licht, das durch die Fenster hereinfiel.

Sie hob den Mantel vorsichtig auf und verließ den Stall. Vor dem Dorf entdeckte sie die Fußspuren von Josef und dem Esel und folgte ihnen. Ihren Mantel schenkte sie unterwegs einem Kranken. Als sie ihn ihm umlegte, wurde er auf der Stelle gesund!

Sie kam in die Wüste. Heiß brannte der Sand unter ihren Füßen. Und in diesem feinen, lockeren Sand verloren sich die Spuren. Brigit stieg auf einen Hügel und schaute nach einem Weg aus, doch nirgends war einer zu erkennen. Plötzlich hörte sie eine Amsel singen. Da flog sie auch schon an ihr vorbei – eine weiße Amsel, die ihr Lied in der klaren Luft erschallen ließ.

Nun sah sie vor sich auch zwei Vogelbeerbäume, deren Kronen ineinander verflochten waren. Die Amsel flog vor ihr her und durch die Pforte hindurch in das Land, das dahinter lag. Und als Brigit ihr folgte, roch sie schon die salzige Luft der See und hörte das Kreischen der Möwen.

Sie war wieder an dem Brunnen, an dem sie einst hatte Wasser holen wollen. Vor ihr breitete sich die Insel Iona aus und das Meer. Unten, am Fuße des Hügels, stand das Häuschen, in dem sie gewohnt hatte. Und als sie den Hügel hinunterlief, kamen die Schafe und Lämmer herbeigesprungen und begleiteten sie. In der Tür erblickte sie ihren Vater, der um einiges älter geworden schien. Während er sie umarmte, sagte er, dass sie ein Jahr und einen Tag lang fortgewesen sei.

Sie sind wie der Schnee

Zwischen den Hügeln des Landes Erin lag am Weg, der Ost und West verbindet, ein großes Haus. Es hatte viele Zimmer, aus dessen Fenster man nach allen Seiten ins Land hinausschauen konnte. Jahrein, jahraus konnte man den Frühling, den Sommer und den Herbst über das Land gehen sehen; den Frühling mit seinen hellen Blumen, den Sommer mit seinen grünen Weiden und den hohen Wolkentürmen und den Herbst mit seinen Stürmen.

Aber jetzt war es Winter, und es hatte gerade geschneit. Alles war weiß, die Hügel, die kahlen Bäume und der Weg, der zum Eingang des Hauses führte.

Dort stand ein alter Mann und machte sich an der großen Eichenholztüre zu schaffen. Es war der heilige Cuthbert, der gerade auf dem Wege zum Esssaal in der Mitte des Hauses war. Ein Gast sei angekommen, hieß es, und so war er zur Tür gegangen, um ihn zu begrüßen. Doch niemand war zu sehen, und die Tür war zu.

Als Cuthbert sich umwandte, um in den Esssaal zu gehen, konnte er im Dämmerlicht des frühen Wintermorgens nicht viel sehen. Und so bemerkte er erst nach einer Weile, dass in der Ecke gegenüber dem Eingang ein Knabe auf der Bank saß. Er trug einen dünnen Mantel und blickte still vor sich hin.

Wo mochte der wohl herkommen? fragte sich Cuthbert, denn er gehörte nicht zu den Bewohnern des Hauses. Er musste die ganze Nacht durch den Schnee gelaufen sein und kam wohl von weither aus dem nächsten Dorf. Jetzt wollte er sich gewiss ein wenig ausruhen.

Cuthbert holte eine Schale mit Wasser, sodass der junge Gast seine Hände waschen konnte. Dann kniete er vor ihm nieder, zog ihm seine

Schuhe und Socken aus und wusch ihm die Füße, wie es in Erin Brauch ist. Dann legte er die Füße des Jungen in seinen Schoß und rieb sie warm.

»Sicher bist du hungrig«, sagte er teilnahmsvoll, »aber ich muss dich bitten, bis zum Mittag zu warten. Dann gibt es eine warme Mahlzeit.«

Der Junge nickte, lehnte sich zurück und gab zu erkennen, dass er solange warten wolle. Gegen Mittag betrat Cuthbert wieder den Saal, während die anderen Mönche sich anschickten, die Tische zu decken, und sprach zu seinem Gast: »So, jetzt dauert es nicht mehr lange. Ich gehe inzwischen in die Küche. Dort werden sie gerade das Brot aus dem Ofen geholt haben. Ich bin gleich wieder da und bringe frisches Brot mit.«

Cuthbert ging in die Küche, holte ein großes Brot, das er in ein Tuch wickelte, weil es noch so heiß war, und kehrte in den Saal zurück.

Verwundert blieb er stehen. Er blickte zur Ecke gegenüber der Türe, aber er sah niemanden. Er drehte sich um und ließ seinen Blick an den Wänden entlangschweifen, aber die Bänke waren leer. Der Junge musste nach draußen gegangen sein. Das Warten hatte ihm sicher zu lange gedauert.

Cuthbert legte sein Brot zur Seite, lief zur schweren Türe und öffnete sie langsam. Vor ihm lag der weiße Schnee, glatt und unversehrt, ohne eine Fußspur.

Und während Cuthbert kopfschüttelnd wieder die Türe hinter sich schloss, bemerkte er einen Brotgeruch, wie er ihn noch nie gerochen hatte. Es war ein feiner, köstlicher, süßer Duft. Und siehe, neben der Türe lagen drei Brote, die waren so hell und rein, wie sie Menschen auf Erden niemals zubereiten können.

Da begriff Cuthbert, was geschehen war. Denn so kommen die Engel zu den Menschen. Sie wollen wissen, ob die Menschen wirklich Haus und Nahrung mit ihnen teilen wollen. Und dann schenken sie den Menschen ihre himmlische Nahrung, denn sie können kein Erdenbrot essen. Sie hinterlassen keine Fußspuren. Sie sind selbst wie der Schnee, der vom Himmel fällt, und Menschenaugen können ihren Spuren nicht folgen.

Cuthberts Hände zitterten, als er die Brote nahm und jedem der Männer ein Stück davon gab. Süßeres und feineres Brot hatte noch keiner je gegessen. Denn nur selten steigen die Engel herab, um ihre Speise mit den Menschen zu teilen.

Sie spürten, wie die Erde bebte

Die syrische Stadt Heliopolis ist in Aufruhr. Auf allen Plätzen, an jeder Straßenecke stehen Menschengruppen beisammen. Manche Menschen haben die Köpfe zusammengesteckt und flüstern nur, wobei sie scheu nach links und rechts blicken. Bei anderen ertönen laute, kräftige Worte, und die Gebärden sind heftig. Hier und dort werden heimlich die Fäuste geballt, oder es entsteht sogar ein Handgemenge. Da ertönt scharfes Hufgetrappel, ein Trupp Soldaten naht sich, und die Streitenden stieben nach allen Seiten auseinander, um wenig später anderwärts aufs Neue zusammenzutreffen.

Vor dem westlichen Stadttor stehen, rechts und links der Durchfahrt, breitbeinig zwei Wächter mit Helm und Panzerhemd. In der Linken tragen sie ihre Schilde, die Lanzen haben sie auf den Boden gestellt.

»Bei meinem Bart, Jephim«, brummt der rechts Stehende, »wenn da in der Ferne nicht unser Kurier ankommt, will ich nicht Jared heißen!«

Gespannt spähen die beiden nach dem Reiter, der mit großer Eile angaloppiert kommt.

»Du hast recht, Mann», sagt Jephim. »Der hat die Strecke nach Athen schneller hinter sich gebracht, als ich dachte. Ob es ihm tatsächlich geglückt ist, einen der griechischen Richter ausfindig zu machen, der uns hier in unserer Not helfen kann? Die Stadt ist nun schon tagelang in Aufruhr.«

»Weißt du eigentlich genau, was passiert ist?« – »Ja, ich weiß es schon«, antwortet Jephim, »ich stand ja dicht daneben. Es begann letzte Woche, während des Festes. Da strömten unendlich viele Menschen auf dem Vorplatz des Tempels zusammen, und es wurde immer voller und voller. Zusammen mit der Gruppe, bei der ich stand, wurde ich immer mehr an den Rand gedrückt, bis zu der Säule, auf der das Marmorbild des Gottes

Serapis stand. Der Priester, auf den die Leute jetzt so wütend sind, wurde von der Menge gegen die Säule gedrückt, sodass sie umfiel. Auf dem Steinboden zerbrach das Götterbild in viele Stücke … Na, du weißt ja, wie es dann weitergeht: Jeder gibt jedem die Schuld. Wenn die Platzwache nicht eingeschritten wäre, dann hätten sie den Priester auf der Stelle umgebracht. Man nahm ihn mit und schloss ihn im Kerker ein. Da war er wenigstens in Sicherheit. Aber das Volk ist so erregt, dass man nach einem Richter aus Athen verlangt hat. Ich bin gespannt. Geh' zur Seite, Mann, da kommt der Reiter, er hat Eile …«

Der Kurier, der inzwischen das Tor erreicht hat, bringt sein Pferd zum Stehen und grüßt die Wächter.

»Ja, ja«, sagt Jared gutmütig, »wir kennen dich. Du darfst in die Stadt herein, wenn du uns vorher sagst, ob Hilfe kommt.«

»Und was für eine Hilfe! Den neuen, den jüngsten Richter, Dionysius, haben sie geschickt. Er ist gleich nach mir aufgebrochen, und wenn ich mich nicht täusche, so kommt er heute noch hier in Heliopolis an. Lasst mich darum rasch durch! Die hohen Herren müssen es bald wissen, um alles für seine Ankunft vorzubereiten.«

»Der hat aber Eile«, sagt Jephim, ihm nachblickend, »sein Pferd schlägt Funken aus dem Stein …«

Die Eile war nicht unbegründet. Denn fast ebenso schnell wie der Kurier war der junge Richter mit seinem Gefolge gereist, und am Abend erreichte er die Stadt.

Das Volk hatte die Straßen gekehrt und mit Zweigen und Blumen geschmückt. Jetzt drängte sich alles auf den Stadtmauern, begierig, den Richter ankommen zu sehen.

Da kam der Zug über die Hügel geritten. Die Mäntel der Reiter glänzten und blitzten in der Abendsonne, und es erhob sich ein erstauntes Getuschel.

»Das ist aber ein ganz Vornehmer!« – »Im heiligen Eleusis ist er aufgewachsen …« – »Dann weiß er alles, was man nur wissen kann. Und reiten kann er auch, die anderen kommen kaum noch mit.« – »Was für ein schöner Mann!«

Vor dem Stadttor hielt Dionysius sein Pferd an, und auch sein Gefolge kam zum Stehen. Die Männer, Frauen, Kinder und Greise schauten mit offenen Mündern zu. Sie sahen, wie der Richter die Hand hob und alle auf der Mauer Stehenden grüßte, wie die Soldaten ihm ein Zeichen gaben, dass er warten solle, und wie danach die Stadtväter vor das Tor gezogen kamen, um dem hohen Gast das Geleit zu geben.

So vernahm Dionysius noch am selben Abend so vieles, dass er schon am nächsten Morgen die Gerichtssitzung halten wollte. Auf dem großen Platz vor dem Serapis-Tempel sollte sie stattfinden, an der Stelle, wo das Standbild zerbrochen war.

Am nächsten Morgen betrat Dionysius den erhöhten Richterstuhl. Neben ihm die Stadtväter, die Ratsleute und die Soldaten, vor ihm die Volksmenge. Über ihren Häuptern erblickte er die mächtigen Felswände, die hinter der Stadt aufragten. Die Sitzung verlief, wie Dionysius es sich vorgestellt hatte. Und er verhörte jeden, wie es sich für einen guten Richter geziemt.

Gegen die sechste Stunde wurde es totenstill auf dem Tempelplatz, denn der Moment kam, da Dionysius seinen Urteilsspruch verkünden sollte. In diesem Augenblick aber spürten die Menschen, wie die Erde unter ihren Füßen erbebte. Zugleich verfinsterte sich die Sonne, die hoch am südlichen Himmel stand, und es wurde so dunkel, dass man nicht einmal mehr seinen Nachbarn erkennen konnte. Denn selbst das Licht der Sterne verlosch.

Da allen vor Schreck der Atem stockte und niemand etwas zu sagen wagte, wurde es ganz still, und man konnte in dieser Stille fühlen, wie das Beben der Erde stärker wurde. Man hörte, wie Berge krachend barsten und die Dächer und Mauern der Häuser ringsum einstürzten.

Ein Klagen und Stöhnen stieg aus der Stadt auf, das bis zur neunten Stunde anhielt. Da kam die Erde zur Ruhe, die Finsternis wich, und die Sonne ließ ihr Licht wieder scheinen.

Die Menschen lagen bleich und ängstlich auf dem Boden. Nur langsam und zögernd wagten sie sich aufzurichten. Dionysius nahm wieder seinen Platz auf dem Richterstuhl ein. Er sah die Menschen, die zerborstenen Berge, die eingestürzten Häuser und die vielen marmornen Götterstandbilder, die von ihren Säulen gefallen waren. Ein tiefes Erstaunen erfüllte ihn.

Stammelnd fragten die Ratsherren der Stadt, was dies zu bedeuten habe, und weil Dionysius auch keine Antwort wusste, ließ er das »Buch der Zahlen« holen. Er kannte dieses Buch schon seit der Zeit, da er noch als Junge bei den Priestern im heiligen Bezirk von Eleusis gelebt hatte. In diesem Buch stand alles über den Lauf der Sonne, des Mondes und der Sterne. Doch nichts von alledem, was er las, vermochte ihm zu erklären, was hier in Heliopolis geschehen war. Dionysius legte das Buch beiseite und neigte das Haupt. Da sagte ihm sein Herz, dass er nicht im Himmel suchen müsse, sondern seine Gedanken auf die Erde zu richten hatte.

Und während er erregt nachsann, war es, als ob alles in seiner Umgebung einen Augenblick lang versänke, und er schaute einen dunklen Hügel, auf dem drei Kreuze standen: Am linken und am rechten Kreuz hängen Verbrecher. In der Mitte aber ist ein Mensch ans Kreuz geschlagen, der mehr ist als ein Mensch. Und Dionysius hört deutlich die Worte: »Dies ist der verborgene Gott, der auf die Erde gekommen ist, ohne dass die Menschen es bemerkt haben. Er hat unter uns gelebt wie ein Mensch, obgleich er doch der Schöpfer aller sichtbaren und unsichtbaren Wesen ist. Die unwissenden Schergen schlugen ihn ans Kreuz, das du hier vor dir siehst.«

Als Dionysius dies geschaut hatte, erhob er sein Haupt und sah wieder all die Menschen, die ihn schweigend anblickten und eine Antwort von ihm erwarteten. Er aber zerriss seine Kleider, stand auf und sprach: »Gott selbst ist auf Erden erschienen und ist Mensch geworden. Jetzt, zu dieser Stunde, ist er an dem Kreuz gestorben, an das ihn die Menschen geschlagen haben. Darum bebte die Erde, und deswegen kam Finsternis über das Land.«

Nachdem Dionysius dies gesagt hatte, verstummte er. Und auch die Stadtältesten, die Priester und das Volk schwiegen. Sie hörten wohl die Worte, die der Richter sprach, doch sie begriffen sie noch nicht.

Auch Dionysius selbst verstand noch nicht, was er gesehen hatte. Aber später, als er wieder zu Hause war, ließ er einen Schreiber kommen, der

musste alles, was er in Heliopolis erlebt hatte, aufzeichnen. Und diese Schrift wurde nach seinem Tod im Tempel der Athene bewahrt.

Dionysius bewahrte alles, was er gehört und gesehen hatte, in seinem Herzen. Und er fing erst an, nach dessen Bedeutung zu fragen, als vierzehn Jahre später Paulus von Tarsus nach Athen kam und ihm erzählte, für wen die Erde gebebt hatte und bei wessen Tod die Sonne in Finsternis versunken war.

Diese Geschichte, die uns Paulus erzählt, steht in dem Buch, das Lukas über ihn schrieb. Und dieses Buch ist Teil des großen Buches, in welchem alle Geheimnisse von Licht und Finsternis aufgezeichnet sind.

Äpfel und Rosen

Der Bote

Aufrecht saß der Reiter im Sattel. Die klare Herbstsonne schien auf sein Gesicht, und hell glänzten die silbernen Schnallen auf seinem Reitermantel. Er hatte seinem Pferd die Sporen gegeben, sodass die Hufe auf dem Kopfsteinpflaster klapperten. In fliegendem Galopp ritt er aus dem Dorf, wo er eine Botschaft hinterlassen hatte. Seine blonden Locken wehten im Wind.

Die Dorfbewohner waren bei dem Geräusch des vorübergaloppierenden Reiters aus ihren Häusern geeilt und blickten ihm verwundert nach. Am Wappen auf seinem Mantel erkannten sie, dass es Theophilus war, der Bote des Herzogs Fabrizius. Aber was wollte er hier? Eine der Frauen lachte: »Er hat nach der Wohnung von Sylvester gefragt, und dort hat er eine Botschaft hinterlassen.« Die Männer nickten verstehend. »Sylvester hat vor Jahren in den herzoglichen Parks gearbeitet. Er war ein guter Gärtner.« Die Männer wussten es; sie hatten es selbst von ihm gehört. »Die Gärten sind voll von seltenen Bäumen und Sträuchern, aber alles verdorrt, seitdem er dort nicht mehr arbeitet. Sie werden ihn wohl wieder brauchen.«

Aber die Frauen sahen sich an und schüttelten den Kopf.

»Ach was«, sagten sie, »der Herzog ist unverheiratet und ist schon seit geraumer Zeit auf der Suche nach einer Frau; und Sylvester hat drei Töchter. Vor allem Dorothea, die jüngste, ist ein sehr schönes Mädchen.« Das konnten die Männer nicht leugnen; sie begriffen nur nicht, was die Tochter eines Gärtners auf einem so großen, vornehmen Schloss zu suchen hatte, und dann noch als Frau dieses Herzogs.

Im Hause des Gärtners herrschte inzwischen große Aufregung. Der Herzog würde noch am selben Abend zu ihnen kommen und bei ihnen speisen. Sein junger Kutscher würde auch mitkommen. Was für ein Schreck, und was für eine Ehre. Er habe etwas mit Sylvester zu besprechen, und das ginge am besten bei Tisch.

Jeder bekam etwas zu tun. Die Töchter mussten das Haus saubermachen. Die Mutter ging auf den Markt, um das Beste zu kaufen, was zu bekommen war. Sylvester räumte rund ums Haus auf. Auch wurden die sonntäglichen Kleider aus dem Schrank geholt.

Der Hirte

Als Dorothea mit ihrer Arbeit fertig war, wurde sie in die Küche gerufen: Sie solle sich doch noch draußen auf die Suche nach letzten Blumen oder Früchten machen. Dorothea nickte, schlug sich ihren langen Mantel um, zog die Kapuze über den Kopf und nahm den Henkelkorb. Draußen war es schon ganz herbstlich und recht unfreundlich. Einzelne Blätter wirbelten noch von den Bäumen, und die Wolken hingen dunkelgrau über dem Land. War Schnee im Anzug? Im Garten zu suchen, hatte keinen Sinn. Die Beete und das Rosenspalier waren kahl, ebenso die Obstbäume.

Aber als sie mit ihrem leeren Korb wieder in die Küche kam, sagte ihre Mutter, sie solle noch ein Stück weiter laufen und suchen, vielleicht sogar bis zur anderen Seite der Heide, wo es geschützter und wärmer sei. Es sei ja noch Zeit bis zum Abendessen, und ihr schönes Kleid würde oben im Zimmer für sie bereitliegen.

Wieder nickte Dorothea und ging nun den Gartenweg an den Häusern entlang, hinunter auf die Heide. Da begann es zu schneien. Zuerst waren es kleine, zarte Schneeflöckchen, danach wurden die Flocken größer. Der Wind wirbelte sie herum, sodass alles um Dorothea in Bewegung war. Es dauerte nicht lange, und die Erde war ein großer weißer Teppich. Dorothea versuchte, auf dem Sandweg zu bleiben, der zur anderen Seite der Heide führte, aber sie war sich nicht sicher, ob ihr dies gelang. Der Boden wurde so holperig.

Dennoch ging sie weiter, bis sie auf einmal vor einer langen, niedrigen Scheune stand. Das Dach ragte weit über die Vorderseite mit den breiten Türen hinaus, sodass noch kein Schnee dort lag. Eine kleine Bank stand neben der Tür. Dorothea setzte sich darauf und strich sich den nassen Schnee aus dem Gesicht.

Der Wind hatte sich gelegt, und auf der Heide war es still geworden. Aber hinter der Scheunenwand erklang das Rascheln von Stroh, das Blöken eines Lamms, und dazwischen das tiefere Blöken eines älteren Schafs, das Antwort gab. Nach einer kleinen Weile hörte Dorothea auch die Stimme des Hirten, der die Tiere beruhigte.

Sie wusste zwar, dass es auf der Heide einen Schafstall gab, aber sie war noch nie dort gewesen. Wohl hatte sie zuweilen in der Ferne den Hirten mit seiner Herde vorbeiziehen sehen, aber zum ersten Mal war sie ihnen so nahe.

Während sie dort in dieser wunderlichen weißen Welt saß und dies alles bedachte, öffnete sich die kleine Tür, die in die große Tür eingelassen war, und der Hirte kam zu ihr heraus. Durch diese kleine Öffnung strömte die Wärme des Stalls nach draußen und nahm die Kälte leise von ihr fort. Der Hirte grüßte sie und fragte, ob er ihr helfen könne.

»Ach«, sagte Dorothea, »für meine Mutter und die Gäste suche ich Blumen und Früchte, aber ich glaube nicht, dass ich noch welche finden werde.«

»Nein«, sagte der Hirte, »hier nicht mehr, es ist zu spät im Jahr. Aber wenn du diesen Weg, der über die Heide führt, bis zu Ende gehst, dann nach rechts abbiegst bis zu den Hügeln, dann kommst du schließlich an den höchsten Kamm. Wenn du auf diesem Kamm angekommen bist, blickst du in ein anderes Land. Und in diesem Land wohne ich. Es ist ein besonderes Land. Dort scheint immer die Sonne, auch blühen dort immer Blumen, und die Bäume tragen immer Früchte. Wenn du dorthin gehst, findest du, was du suchst. Und ich bitte dich dann, mein Gast zu sein!«

Dorothea richtete die Augen auf den Hirten, und sie spürte, dass sie Vertrauen zu ihm hatte. Ja, sie wusste, dass sie gern auf diese Hügel steigen würde, um mit ihm zusammen in seinem Land zu sein. Doch jetzt noch nicht, zuerst musste sie zurück zu ihrer Mutter und den Gästen. Denn dort wurde sie erwartet.

Der Hirte half ihr, den Weg zum Rand des Dorfes zu finden, und so kehrte sie zurück nach Hause.

Der Herzog

Quer vor der Tür stand eine vornehme Kutsche mit einem Pferd. Daneben waren ein paar Hunde am Ring in der Mauer angebunden.

»Wer stellt seinen Wagen nur so vor den Eingang«, dachte Dorothea und ging um die Kutsche herum, um zur Haustür zu gelangen. Als sie eingetreten war, sah sie, dass schon alle bei Tisch saßen.

»Kind, wie spät du bist«, sagte die Mutter, »komm schnell zu Tisch, wir haben gerade angefangen, aber begrüße zuerst den Herzog.«

Sie begrüßte den vornehmen Gast und auch seinen jungen Kutscher. Sie setzte sich an den freigebliebenen Platz ihm gegenüber und nahm von dem Essen, das ihre Mutter vor sie hinstellte. Als sie aufsah, fühlte sie den dunklen Blick des Herzogs auf sich ruhen, und in dem Augenblick wusste sie, dass er um ihretwillen gekommen war. Zugleich spürte sie seine Härte und seine rohe Kraft.

Der Diener neben ihm war anders; lustige, spöttische Lichter funkelten in seinen blauen Augen, die überall umherschweiften. Sie haben sich wirklich angestrengt, schienen sie zu sagen. Die Leute sollten aber einmal zu uns ins Schloss kommen, da würden sie erst was zu sehen bekommen! Aber ob ein so junges, freundliches Mädchen dahin passte? Und ob sie die rechte Braut sein würde für seinen mürrischen, ungehobelten Herzog? Theophilus wunderte sich. Aber er war viel zu sorglos, als dass er lange darüber nachgedacht hätte.

Die Mahlzeit war beendet. Fabrizius wandte sich an Sylvester und seine Frau und sagte: »Ich danke euch für das Mahl. Ich danke euch auch dafür, dass ich an dieser Tafel Dorothea kennengelernt habe. Ich begehre sie zu meiner Frau. Ich bitte euch deshalb, dass ich sie mit auf mein Schloss nehmen darf.«

Der Vater sagte: »Ich bin überrascht, mein Herzog, welch eine Ehre für uns arme Menschen.«

Und die Mutter sagte: »Dorothea, ein hoch stehender Mann wünscht dich zur Braut. Geh schnell nach oben, ich habe dir dein schönes Kleid bereitgelegt. Mach dich fertig.«

Einen Augenblick lang blieb Dorothea sitzen. Es war ein Augenblick großer Klarheit. Sie hatte alle Worte deutlich gehört. Sie war bereit, Braut zu sein. Jedoch nicht für diesen Herzog, sondern für den Hirten, dem sie beim Schafstall begegnet war. Und wie im Traum stand sie auf und ging; leise nahm sie ihren Mantel und schlug ihn um sich. Lautlos öffnet sie die Hintertür und verließ das Haus.

Drinnen im Zimmer warteten die anderen. Einen kurzen Augenblick sah der Herzog seinen Diener an. Bellte draußen nicht einer seiner Hunde? Aber Sylvester sagte: »Herr, hier kommen oft Menschen vorbei.«

Doch dann wurde der Herzog ungeduldig. Er rief: »Schöne Kleider habe ich selbst genug für sie. Ich will nach Hause. Holt sie herunter.«

Aber wie sehr sie auch riefen, wo sie auch suchten, Dorothea war nirgends zu finden. Sie selbst war inzwischen auf dem Weg über die Heide angekommen und lief weiter in der Hoffnung, den Schafstall zu erreichen. Aber der Herzog, der Kutscher und vor allem die Hunde mit ihren Spürnasen waren schneller. Immer auf Dorotheas Fährte sprangen die Tiere hinter ihr her, bis sie knurrend um sie herumstanden und sie in Schach hielten, bis die Kutsche sie eingeholt hatte.

Der Kutscher hielt das Pferd und wandte seine Augen ab, als er sah, wie der Herzog Dorothea ergriff und sie in die Kutsche zog. »Nach Hause«, lautete der Befehl. Das Pferd setzte sich in Bewegung.

In der Burg angekommen, führte der Herzog Dorothea hinein und zeigte ihr voll Stolz seinen Reichtum: das Gold, das dort glänzte und die Edelsteine, die im Licht funkelten. Er zeigte ihr die reich geschmückten Räume und den mächtigen Saal, der Platz bot für alle Menschen im Schloss. Er nahm sie mit zur Waffenkammer mit den starken Schwertern und Schilden. Alles zeigte er ihr. Zum Schluss führte er sie in seine eigenen Gemächer. Der Kutscher, wieder fröhlich und übermütig geworden, nachdem er so viel Schönes gesehen hatte, schloss die Tür und half seinem Herrn in seinen kostbaren Stuhl. Dorothea stand vor ihm. Ihr war jetzt kalt geworden. Nirgendwo brannte ein Feuer. In all diesen steinernen Räumen war es entsetzlich kalt. Ihr schauderte. Der Herzog bemerkte es nicht, und er wiederholte noch einmal, dass er sie heiraten wolle.

Da richtete Dorothea sich auf und sagte: »Herzog Fabrizius, lasst mich zuerst etwas fragen: Wen muss ich mehr lieben: Den, der mir befiehlt, oder den, der mir eine Frage stellt? Wem bin ich wirklich zugetan: Dem, der mich von meinem Wege fortzieht oder dem, der mir den Weg zeigt? Soll ich dem mein Herz schenken, der mich in der Kälte stehen lässt, oder dem, bei dem es warm ist? Soll ich mit dem leben, dessen Gärten verdorren, oder mit dem, in dessen Land die Sonne ewig scheint, wo die Blumen immer blühen und die Bäume immer Früchte tragen?«

Der Kutscher hatte erstaunt aufgeblickt bei dem, was sie sagte. Der Herzog begriff nur, dass sie ihn abwies, weil sie einen anderen liebte. Er wurde so wütend, dass er ihr den Mantel vom Leib zog. Er riss ihr die Schuhe von den Füßen und befahl dem Kutscher, sie aus dem Schloss zu jagen. Als Theophilus sie mitnahm, die Treppen hinab und die dunklen Gänge bis zum Ausgang, bemerkte er auf einmal, wie sie fror. Und ohne lang zu überlegen, was der Herzog wohl dazu sagen würde, legte er ihr seinen eigenen, warmen Mantel um, bevor sie in die Dunkelheit der Nacht hinauslief. Von der Tür aus blickte er ihr nach. Plötzlich dachte er daran, was sie zum Herzog gesagt hatte. Von einem Garten hatte sie doch gesprochen. Das war merkwürdig, und war es nicht eigentlich auch unmöglich? Etwas so Schönes konnte es doch gar nicht geben. Und er rief ihr herausfordernd nach: »Du, wenn du angekommen bist in dem seltsamen Land, wo alles blüht und Früchte trägt, bitte dann deinen Geliebten, mir einen Korb mit Äpfeln und Rosen zu schicken!«

Dorothea wandte sich zu ihm um. Sie sah nicht das kleinste Fünkchen Spott in seinen Augen. Sie fühlte, wie er sich wirklich die Blumen und die Früchte aus dem Garten ihres Hirten wünschte. Und sie antwortete: »Ich habe deine Frage genau verstanden, Theophilus, und ich weiß, dass auch mein Hirte sie gehört hat. Du wirst bekommen, was du wünschst, denn wer bittet, der empfängt.« Sie wandte sich um und verschwand im Dunkel.

Der Kutscher

An diesem Abend wünschte der Herzog niemanden mehr zu sehen, nicht einmal seinen treuen Diener. Und da hielt der Kutscher es drinnen nicht mehr aus. Er verließ das Schloss und lief und lief, ohne zu wissen, wohin er ging, und ohne jedes Gefühl für die Zeit. Er lief durch die Dunkelheit, den fallenden Schnee und die Stille.

Sehr müde, hungrig und völlig geschwächt kam er an eine große, hölzerne Scheune. Das Dach ragte ein Stück über den Eingang hinaus, der frei von Schnee war. Wärme drang durch die Ritze zwischen den Balken, und er setzte sich auf ein kleines Bänkchen, das neben der Tür stand. Er legte den Kopf in die Hände. Auf dem ganzen Weg hatte er die Worte, die Dorothea zu ihm gesagt hatte, nicht vergessen können, und nun erklangen sie aufs Neue in seinem Herzen.

»Du hast gebeten, und wer bittet, der empfängt«, hörte er plötzlich eine hohe, helle Stimme. Er blickte auf, und vor ihm stand ein kleiner Junge. Der trug eine rote Samthose und eine gelbe Jacke, darüber ein blaues Cape, besät mit goldenen Sternen. Er schlug es beiseite, und Theophilus sah, dass er in seinen Händen einen Korb trug. Den hatte er dem Kutscher mitgebracht. Theophilus schaute hinein und sah drei rote Äpfel darin und drei Rosen. Er fühlte, wie sein Herz zu klopfen anfing, aber der Junge lachte und sagte: »Theophilus, dies kommt aus dem Garten meines Herrn. Er sagt, dass die Rosen duften und dass die Früchte gut schmecken. Außerdem lässt er dich wissen, dass er und Dorothea auf dich warten, wann immer du kommen willst. Hinter jenen Hügeln liegt unser Reich.«

Theophilus roch an den Rosen. Sie strömten einen herrlichen Duft aus. Der erfrischte ihn und nahm seine Müdigkeit fort. Er aß von den Äpfeln, und er fühlte, dass seine Kräfte zurückkehrten. Als er aufblickte, sah er den Jungen nicht mehr, und er sprang auf und begann zu laufen. Er lief und lief, bis er die Steigung erklommen hatte und oben auf dem Kamm des Hügels angekommen war.

Und Äpfel und Rosen hatte er nun im Überfluss.

Warum ist der letzte Stein so schwer?

Benediktus wohnte mit seinen Brüdern in einer bergigen Gegend am Ufer eines Flusses, der ihnen das Wasser schenkte, das sie zum Leben brauchten. Benediktus, dessen Hütte nahe am Ufer stand, brauchte nur den Hügel hinunter zu gehen, um Wasser zu schöpfen. Einige der Brüder aber hatten ihre Hütten hoch auf einem Felsen errichtet und mussten einen steilen Weg zurücklegen, um zum Fluss zu gelangen. Und dann mussten sie das Wasser in ledernen Säcken den steilen, steinigen Pfad hinauftragen. Das wurde ihnen sauer, und immer wieder beklagten sie sich bei Benediktus und baten ihn, ihre Hütten doch auch am Ufer bauen zu dürfen.

Doch der antwortete, es müssten auch Brüder oben auf dem Berg wohnen. Aber er versprach, er wolle darüber nachdenken, ob sich nicht doch etwas daran ändern lasse.

Eines Abends, als die Sonne untergegangen war, verließ er seine Hütte und stieg den steilen Pfad hinauf, der zu der Stätte führte, wo seine Brüder lebten. Es war aber ein gar mühsamer Aufstieg, und als Benediktus, oben angekommen, in die Tiefe hinunterblickte und sah, wie der Fluss im Mondlicht glänzte, da bekam er Mitleid mit seinen Brüdern. Er ging zu einem großen Felsen, der mitten zwischen den Hütten lag, und kniete davor nieder. Dann berührte er den Stein und sprach:

Möge unser durst'ger Mund
Empfangen aus dem harten Grund
allerquickend' Wasser, Herr,
von dir, der da Himmel und Erde
allzeit trägt, dass Leben werde.

Dann erhob sich Benediktus und legte drei weiße Kieselsteine auf den Felsen, bevor er wieder hinunterstieg zu seiner Hütte am Fluss.

Am nächsten Morgen klopften die Brüder wieder bei ihm an. Sie kamen vom Fluss und trugen schwer an ihrer Last. Und wieder fragten sie ihn, ob sie nicht doch unten wohnen dürften.

»Nein«, sprach Benediktus, »ihr seid meine Brüder in den Bergen. Aber geht nur hinauf und schaut, ob ihr nicht drei Kieselsteine findet. Nehmt dann einen Stab und schlagt genau auf die Stelle, wo sie liegen, so wird Gott euch Wasser schenken.«

Voller Freude erklommen die Mönche den Berg und fanden da die Kieselsteine. Sie versammelten sich alle um die Stelle und schauten erwartungsvoll zu, wie der Älteste unter ihnen seinen Stab erhob und auf den Felsen schlug.

Und siehe, da quoll klares Wasser hervor. Es strömte über den Rand des Felsblocks, floss an den Hütten vorbei und über den Rand des Berges ins Tal hinab. Eine Quelle hatte sich aufgetan, deren Wasser immerfort strömte und an der jeder seinen Durst löschen konnte.

Die Sichel

Rings um die Hütte des Benediktus erstreckte sich eine Wiese mit blühenden Blumen, und in der Mitte dieser Wiese lag ein tiefer See. Zwischen den Blumen waren auch stachlige Disteln aufgeschossen, und Benediktus hatte einen jungen Mönch gebeten, das Unkraut mit der Sichel abzumähen.

Nun sind Disteln zäh, und es gelang dem Bruder nicht immer, sie mit einem Hieb umzumähen. Die Stacheln stachen ihn, und er hieb immer wütender mit seiner Sichel auf die faserigen Stängel ein. Und das ging so lange, bis die eiserne Schneide, da er so wild um sich schlug, aus dem Handgriff fuhr und in großem Bogen mitten in den Teich fiel.

Der Bruder hatte das Nachsehen. Fassungslos hielt er den Griff in der Hand und wusste nicht, was er nun tun sollte. Traurig setzte er sich im Gras nieder.

So fand ihn Benediktus. Und weil er begriff, was geschehen war, trat er zu ihm, bat ihn um den Handgriff und tauchte den in das Wasser des Teiches. Dabei sprach er:

Eisen, das im Sonnenlicht
blitzte, nun durch Wut versenkt,
kehr' zurück, auf mein Geheiß;
zu dem Holze sei gelenkt.

Als Benediktus seine Hand aus dem Wasser zog, war die Schneide wieder an den Griff der Sichel gesprungen, und das Werkzeug glänzte so hell im Sonnenlicht wie zuvor. Mit fester Hand schnitt daraufhin der junge Mönch eine Distel nach der anderen ab, bis die ganze Wiese in alter Schönheit dastand.

Das Kind

Einst wollte ein Kind am Ufer des Flusses Wasser holen. Als es sich aber bückte und sein Gefäß in den Fluss tauchte, glitt es aus und fiel ins Wasser. Die Strömung war stark und reißend und riss das Kind schnell mit sich fort, weg vom sicheren Ufer, zur Flussmitte hin.

Benediktus, der sich in seiner Hütte aufhielt, hatte durchs Fenster gesehen, was geschehen war. Er rief den Bruder Maurus und befahl ihm, das Kind aus den Fluten zu retten.

»Vater, gebt mir Euren Segen, dass der wilde Strom mich nicht mit sich fortreiße«, rief Maurus.

Da legte Benediktus eine Hand auf sein Haupt und sprach:

Empfang' auf deinen Wegen
zu Wasser und zu Land
Gottes helfenden Segen
durch meine Hand!

Maurus schoss davon, durch den Garten, über den steinigen Pfad zum Fluss. Ohne Zögern lief er weiter, bis er die Stelle erreichte, wohin das Kind vom Fluss getragen worden war. Er lief über das Wasser, als ob er über festen Boden schritte, erreichte das Kind, hob es hoch und brachte es ans sichere Ufer.

Als er wieder bei Benediktus angekommen war, berichtete er ihm voller Verwunderung, was ihm widerfahren war. Doch Benediktus sagte: »Dass das Wasser dich trug, verdankst du nicht mir. Es war so, weil du tatest, was für das Kind notwendig war.«

Der Rabe und das vergiftete Brot

Jeden Morgen und jeden Abend kam ein Rabe an Benediktus' Fenster und wartete, bis der Heilige seine Hand zu ihm hinstreckte und ihm Brot gab.

Eines Tages schickte des Benediktus Feind, Florentinus, ein Brot, das vergiftet war. Als Benediktus das sah, legte er es zur Seite bis zum Abend, da der Rabe an sein Fenster kam. Er öffnete das Fenster, legte dem Vogel das Brot vor und sprach:

»Guter Rabe, nimm dieses Brot und bringe es zu einem Ort, wo niemand es mehr finden kann. Doch pass auf, dass du selbst nichts, aber auch gar nichts davon issest!«

Der Rabe sperrte also seinen Schnabel auf und wollte das Brot packen, doch es gelang ihm nicht. Da begann er mit seinen Flügeln zu schlagen, tänzelte um das Brot herum und krächzte laut, so als ob er sagen wollte: »Ich traue mich nicht, das Brot zu nehmen.«

Benediktus aber sprach:

Bring es weg und komm zurück.
Tu's im Namen unseres Herrn.
Er kennt die Speisen, schlecht und gut;
Er wird dich schützen, fass' nur Mut!

Vorsichtig nahm der Rabe das Brot, flog damit fort und brachte es zu einem verborgenen Ort. Dann kehrte er wieder zu Benediktus' Fenster zurück und fraß aus dessen Händen, wie immer.

Der Teufel auf dem Stein

Ein großes Haus war gebaut worden, in dem viele Brüder wohnen sollten. Stein um Stein ward emporgehoben, dem Maurer gereicht und eingemauert. Nur eine einzige Öffnung war noch übrig. Wenn dort der allerletzte Stein, der Schlussstein, eingefügt sein würde, war die Mauer geschlossen und das Haus fertig.

Dieser Stein lag schon bereit, und einer der Brüder packte ihn mit beiden Händen, um ihn hochzuheben und ihn dem Maurer zu geben. Doch wie sehr sich der Bruder auch mühte, der Stein ließ sich nicht vom Boden heben. Andere Mönche kamen hinzu und stemmten sich mit aller Macht dagegen, doch auch sie konnten den Stein nicht bewegen.

Als sie aufblickten, sahen sie Benediktus, der in der Nähe stand. »Es ist der letzte Stein«, riefen sie, »warum ist der so schwer?«

Benediktus antwortete: »Jetzt werdet ihr begreifen, wer es ist, der den Schlussstein festhält.« Und er trat herbei und sprach:

Teufel auf dem Stein,
Geh und lass' das sein.
Kehr nie wieder,
Fahr' davon!

Als Benediktus diese Worte gesprochen hatte, hörte man einen Schrei, der mit einem Windstoß in der Ferne verklang.

Auf ein Zeichen von Benediktus hin hoben die Brüder den Stein hoch, der jetzt in die Mauer eingesetzt werden konnte. Da war das Haus fertig und das Werk vollbracht.

Der Weg zum Himmel

In der Nacht, bevor Benediktus starb, hatten zwei Brüder denselben Traum. Sie sahen, wie ein Weg vom Haus des Benediktus bis oben zur Himmelspforte führte. Dieser Weg war mit farbigen Teppichen bedeckt, und zu beiden Seiten standen brennende Kerzen.

Am Anfang des Weges stand ein freundlicher alter Mann, der fragte: »Weißt du, wer diesen Weg gehen wird?«

Beide sagten, sie wüssten es nicht. Darauf antwortete der Alte: »Es ist Benediktus, der diesen Weg gehen wird, wenn er seine Aufgabe auf Erden vollbracht haben wird.«

Dies ist sein Bildnis

In der Stadt Edessa lebte ein König namens Abgarus. Er litt an Aussatz, und diese Krankheit konnte von keinem Arzt geheilt werden. Darum schrieb er einen Brief an Jesus, der lautete: »König Abgarus grüßt Euch, Jesus von Nazareth. Über meine Diener hörte ich von Euch und von Euren Taten in Palästina. Blinde werden sehend, Lahme können wieder gehen, Aussätzige werden gereinigt, und Tote werden auferweckt. Da ich selbst jetzt krank bin, bitte ich Euch, in meine Stadt zu kommen, um mich zu heilen.«

Jesus antwortete mit einem Brief und schrieb: »König Abgarus, Euer Brief brachte mir Freude, weil Ihr in dem Land, das so fern von hier liegt, doch wisst, dass ich von Gott gesandt bin, um die Kranken zu heilen. Euer Brief brachte mir aber auch Kummer, weil ich nicht zu Euch kommen kann. Ich bin in dieses Land gesandt und werde hier wirken, solange ich lebe. Wenn ich aber zum Himmel aufgefahren bin, wird einer meiner Schüler Euch von Eurer schweren Krankheit heilen.«

Als König Abgarus diesen Brief empfing, war er froh, doch auch enttäuscht. Er war froh darüber, dass er einst geheilt werden würde, doch enttäuscht, dass Jesus nicht selbst zu ihm kommen würde. So ließ er einen Maler kommen und gab ihm den Auftrag, nach Palästina zu gehen, dort ein Bild des Jesus zu malen und dies ihm, dem König, zu bringen. Wenn er selbst nicht kommt, dann habe ich doch wenigstens sein Bildnis, dachte der König.

So zog der Maler in das Land Palästina und stand eines Tages vor Jesus von Nazareth. Als er ihn aber erblickte, sah er von dessen Angesicht einen Glanz ausgehen, als würde die Sonne selbst erstrahlen, und er wagte nicht, dieses Antlitz abzubilden. Jesus, der das sah, ging auf ihn zu, nahm einen Zipfel des Mantels, den der Maler trug, und drückte ihn einen Augenblick lang auf sein Antlitz. Da trug dieser Mantel einen Abdruck von Christi Antlitz.

Der Maler war froh, er dankte Jesus, bewahrte den Abdruck sorgfältig und ging zurück zu seinem König, dem er seinen Mantel gab.

»Jetzt kann ich warten, bis sein Jünger kommt«, sagte Abgarus, »mag es auch noch Jahre dauern.«

Doch so lange dauerte es nicht. Bereits nach kurzer Zeit starb Jesus und fuhr zum Himmel auf. Und als danach das Pfingstfest gefeiert wurde, nahm der Apostel Thomas seinen Mitapostel Thaddäus zur Seite und sprach: »Wir alle, die wir Apostel sind, ziehen nun in die Welt hinaus, um die Menschen gesund zu machen. Du sollst in die Stadt Edessa gehen, wo König Abgarus regiert. Und wie Jesus die Aussätzigen heilte, so sollst auch du das tun in seinem Namen. Geh' rasch, denn der König wartet schon auf deine Ankunft.«

So ging der Apostel nach Edessa und heilte den König von seiner Krankheit. Und als Thaddäus den Abdruck des Antlitzes Jesu auf dem Mantel des Malers sah, den der König sorgfältig bewahrt hatte, sprach er: »Ja, dies ist sein Bildnis, achte weiterhin darauf, dass es nicht verloren geht.«

Du brauchst nicht zum Maler zu gehen

Der römische Kaiser Tiberius war krank. Schon viele Ärzte hatten versucht, ihn zu heilen, aber er wurde immer schwächer, und die Schmerzen hörten nicht auf. Als auch der Arzt, den er zuletzt gerufen hatte, ihm nicht helfen konnte, rief Tiberius verzweifelt: »Gibt es denn niemanden, der mich heilen kann?«

Und der Arzt antwortete: »Kaiser, es gibt noch einen Arzt – der ist meine letzte Hoffnung. Doch er wohnt weit weg von hier, im Lande Palästina. Es ist Jesus von Nazareth. Er kann jeden heilen, der gesund werden will.«

Der Kaiser dankte ihm, rief seinen Berater Volusianus und sandte ihn zu Pontius Pilatus, dem Landpfleger in Palästina, um von ihm zu vernehmen, wo dieser Jesus zu finden wäre. »Und bringe ihn zu mir«, sagte er, »denn ich will so gern gesund werden.«

Volusianus fuhr mit einem Schiff nach Palästina, reiste nach Jerusalem und fragte Pilatus, ob er diesen Wunderarzt kenne und ob er sagen könne, wo er zu finden sei.

Pilatus erschrak, als er dies hörte. Den Namen Jesus kannte er gut. Denn kurz vorher war Jesus am Kreuz gestorben. Pilatus hätte ihn vielleicht vom Tode retten können, doch er hatte es nicht getan. Jetzt würde der Kaiser ihn sicherlich bestrafen, wenn er hörte, was vorgefallen war. So versuchte er, seinen Schrecken vor dem Ratsherren zu verbergen, und sprach: »Volusianus, darüber muss ich erst nachdenken, gib mir ein paar Tage Bedenkzeit. Mach es dir solange bequem in meinem Palast und ruhe dich aus von der langen Reise. Ich will sehen, ob ich einen guten Arzt für dich finden kann.«

Aber Volusianus dachte an seinen kranken Kaiser. Er fand keine Ruhe und ging selbst auf die Suche in der großen Stadt Jerusalem. So kam er auch auf den Vorplatz des Tempels. Und weil er in der Hitze müde geworden war, ließ er sich auf einer Bank nieder, auf der auch eine Frau, eine Einheimische, saß.

Die Frau sah, dass er müde war, wandte sich zu ihm und sprach: »Herr, Ihr seht aus, als ob Euch etwas bedrückt! Kann ich etwas für Euch tun?«

»Ach«, antwortete der Berater, »ich bin nicht um mich besorgt, sondern um einen anderen, der mir teuer ist.«

»Herr«, sprach die Frau, »erzählt mir von Euren Sorgen.«

Da erzählte Volusianus ihr von dem kranken Kaiser und wie er nach Palästina gekommen war, um den Arzt Jesus von Nazareth zu suchen. »Ich habe das Gefühl«, sagte er schließlich, »dass ich ihn nicht finden werde. Und was soll dann mit unserem kranken Kaiser geschehen?«

Veronika, das war der Name der Frau, beugte sich zu ihm hinüber und sprach: »Herr, vielleicht kann ich Euch helfen, doch zuerst muss ich Euch sagen, dass Jesus vor Kurzem gestorben ist. Ihr werdet ihn hier nicht mehr finden. Euer Gefühl hat Euch nicht getrogen.«

Volusianus ließ sein Haupt sinken und schwieg lange Zeit. Dann richtete er sich plötzlich auf, blickte Veronika an und sprach: »Du sagtest, dass du mir vielleicht doch helfen könntest?«

»Ja, Herr«, antwortete sie, »aber dann muss ich Euch erst meine Geschichte erzählen.«

Der vornehme Ratsherr nickte, zum Zeichen, dass er einverstanden sei, und Veronika hub an:

»Es wird zwei oder drei Jahre her sein, dass ich hier in Jerusalem Jesus kennengelernt habe. Er sprach zu uns und heilte unsere Freunde. Auch kam er in unser Haus, und ich durfte ihn bewirten. Und wenn er bei uns war, war ich glücklich, und dieses Glück befreite mich von allem Kummer und allen Sorgen.

Oft aber weilte er auch an anderen Orten unseres Landes. Dann waren meine Tage lang und grau, und ich musste immerzu daran denken, wann er wohl zurückkäme. Eines Tages stand ich vor meinem Wäscheschrank. Da fiel mir ein Leintuch in die Hand, das war so weiß und fein gewebt, dass ich dachte: ›Ich will zum Maler gehen am Ende unserer Straße. Er soll auf dieses Tuch Jesu Antlitz malen, dann hänge ich es in meinem Zimmer auf und werde immer glücklich sein.‹

Ihr müsst wissen, Herr, ich warte nie lange, wenn ich einen guten Einfall habe. Ich stehe also auf und laufe zu dem Maler. Aber bevor ich sein Haus erreicht habe, kommt mir auf der Straße Jesus selbst entgegen. Er grüßt mich und fragt, wo ich hingehe. Und als ich ihm das Leintuch zeige und ihm erzähle, warum ich damit zum Maler möchte, da bittet er mich, ihm das Leintuch zu geben. Und ich tue es.

Und er, der müde war und unter der Hitze litt, gerade so wie Ihr jetzt, Herr, nimmt das Tuch, das aus der Kühle meines Hauses kam, und drückt es mit beiden Händen auf sein Antlitz. Dann faltet er es sorgfältig zusammen und gibt es mir vorsichtig zurück, wie einen Schatz, den er mir anvertraut.

›Veronika‹, hör' ich ihn noch sagen, ›du brauchst nicht zum Maler zu gehen, geh mit diesem Tuch nach Hause und bewahre es gut. In deinen Händen kann es nun Kranke heilen, denn dieses Bildnis von mir hat die Kraft dazu.‹ Und ich tat, was Jesus mir aufgetragen hatte.«

Nach kurzem Schweigen fuhr Veronika fort: »Herr, ich sagte Euch bereits, dass Jesus gestorben ist. Doch viele Kranke habe ich, seitdem er gestorben ist, heilen können.«

Der Ratsherr war aufgesprungen: »Frau«, rief er, »gib mir dieses Leintuch, sodass ich meinen Kaiser damit heilen kann. Mit Gold will ich dich dafür belohnen.«

»Nein, Herr«, gab sie ihm zur Antwort, »Jesus sagte: ›Nur in deinen Händen, Veronika, wird dieses Tuch die Kranken heilen.‹ Es ist für kein Gold der Welt zu kaufen.«

»Dann bitte ich dich, komm mit nach Rom! Der Kaiser wartet auf mich!«

So folgte Veronika dem Volusianus über das Meer nach Rom. Das Leintuch nahm sie überallhin mit, wo sie ging und stand.

Als sie zu Tiberius geführt wurde, stand sie still und ernst an seinem Krankenbett. Dann entfaltete sie das Leintuch, und der Kaiser betrachtete das Antlitz, das darauf abgebildet war – ein Antlitz voll Weisheit und Güte. Durch diese Weisheit und diese Güte genas er. In seine Glieder strömte neue Kraft, und der Schmerz war verschwunden.

Ihr ganzes Leben lang zeigte Veronika dieses Bildnis den Kranken und heilte sie damit. Und niemals verlor das Tuch seine Kraft.

Meine Augen sahen

Viele Tage hatte Lukas, der Maler, an dem Bild der Maria gearbeitet. Viele Stunden lang hatte er sich bemüht, mit seinem breiten Pinsel den weiten blauen Mantel zu malen, bis dieser Maria völlig umgab. Er hüllte ihr Haupt ein und ihre ganze Gestalt, bis zu den Füßen. In breiten Falten legte er sich um sie. In der Höhe der Brust war der Mantel offen, sodass das rote Untergewand zu sehen war. So rot wie Rosen an meinem Gartenzaun, dachte Lukas, während er mit einem feineren Pinsel die Ränder in der Halspartie nacharbeitete. Darüber erhob sich das Antlitz mit den schmalen, runden Bögen der Augenbrauen, die verrieten, dass Maria verwundert war.

»Sollte ich denn nicht verwundert sein«, erklang eine Stimme im Rücken des Malers. Maria selbst war eingetreten. Oft hatte sie hier gesessen, damit Lukas sie abbilden konnte. Dazwischen hatte er allein weitergearbeitet. Jetzt, nachdem die letzten Pinselstriche getan waren, kam sie wieder herein und blickte über Lukas' Schulter.

»Wer wäre nicht verwundert, wenn er so viel gesehen hat wie ich«, sagte Maria.

Lukas schwieg. Er legte den Pinsel mit der roten Farbe hin, nahm den feinsten Pinsel, den er besaß, und machte das Blau der Augen noch tiefer und das Licht, das darin glänzte, noch heller. Dann legte er auch diesen Pinsel hin und trat etwas zurück, um das Bild besser betrachten zu können.

»Meine Augen sahen den Erzengel Gabriel, der mir sagte, dass ich die Mutter Jesu werden würde,« sprach Maria leise. »Sie sahen Jesus selbst, all die Jahre, die er lebte, und einmal sahen sie im geöffneten Himmel den mächtigen Michael, der den wilden Drachen erstach und auf die Erde warf. Meine Augen sahen, was im Himmel ist, was auf Erden ist, und was unter der Erde ist. Wie gut hast du dies doch alles gemalt, Lukas!«

Maria trat ein paar Schritte vor und hielt das Gemälde einige Augenblicke lang in ihren Händen. Dann wandte sie sich um und verließ das Gemach.

Es war dieses Bildnis, das später in der großen Kirche Santa Maria Maggiore in Rom aufgehängt wurde. Dort blieb es noch Jahrhunderte, nachdem Lukas es gemalt hatte. Und es war, als ob Maria selbst aus diesem Bildnis herabblickte auf die Tausenden von Menschen, die da in diesen langen Zeiten zu ihr aufblickten.

Die Unglücklichen, auf die ihr Blick fiel, wurden getröstet. Wer Sorgen hatte, fühlte sich davon befreit, und die Kranken merkten, dass Gesundheit und frische Kraft sie durchströmten.

Aber die Augen, die so vieles gesehen hatten, blickten nicht immer nur tröstend und heilend, sie konnten auch streng und durchdringend sein.

Einst betrat ein Mann die Kapelle, dessen Herz war voller Hass und Bosheit. Unter seiner Jacke trug er ein langes, scharfes Messer, und er kam, um Streit zu suchen und Gewalt auszuüben.

So kniete er zwischen den anderen unter dem Bildnis und tat so, als ob er betete. Aber unterdessen tastete seine Hand nach dem Griff der Waffe. Als er aber für einen Moment aufblickte, traf ihn ein Blick aus den Augen des Bildes. Das Licht, das von Marias Augen ausging, brannte so sehr in seinen Augen, dass er mit Blindheit geschlagen ward.

Dadurch wurden die Menschen vor mancher Not bewahrt, die dieser Mann sonst über sie gebracht hätte. Der aber musste sich voller Groll an den Wänden entlang tasten, um nach draußen zu gelangen.

Als er viel später einmal an den gleichen Ort zurückkehrte, hatte er sein Messer zu Hause gelassen. Und als er so unter dem Bildnis stand, da bemerkte er, dass Hass und Bosheit ihn allmählich verließen und Maria auch ihm Trost und Genesung zukommen ließ.

Sei ihr ein treuer Sohn!

Berachius, der irische Hirtenjunge, war traurig. Er ließ den Blick über seine Kühe und Kälber gehen, die da auf der Weide grasten, die sich zwischen dem Wald und dem grünen Hügelrücken dehnte. Seine Herde war nicht klein, aber sie hätte doch größer sein können, denn immer wieder, und vor allem jetzt im Frühling nach dem strengen Winter, waren die Wölfe aus dem Wald gekommen, um ein Kalb und manchmal sogar eine Kuh zu rauben. So hatte er schon manches Tier verloren, und er musste seufzen, wenn er daran dachte.

Der Verlust seiner Tiere machte ihm wohl Kummer, aber Angst hatte er nicht. Als sein Herr, Herzog Colman, ihn beauftragte, sein Vieh zu hüten, hatte er keinen Moment gezögert und die Aufgabe übernommen. Noch am gleichen Tage war er zum weisen Cungenius gegangen, der auf der anderen Seite der Hügel wohnte, um ihn zu fragen, was er tun müsse, um ein guter Hirte zu werden.

Cungenius war ein Mann, der jedem guten Rat zu geben wusste. Von weither kamen die Menschen zu ihm, und jedem spendete er Hilfe und Rat.

Manchmal geschah es auch, dass er schwieg und seinem Gast eine Stätte anwies, wo er die Nacht verbringen konnte. Dann hatte er Bedenkzeit nötig. Und die Bauern aus der Umgebung erzählten sich, dass er an solchen Tagen, wenn es dunkel geworden war, vor seine Tür träte und dort warte, bis aus dem Wald ein schneeweißes Reh angelaufen kam. Das nähme er mit in seine Hütte. Und schon lange vor dem Morgengrauen müsse das wundersame Tier bereits zurückgekehrt sein, denn nie hätten sie das Tier weggehen sehen. Es schien, als wäre der Einsiedler an solchen Tagen jünger und kräftiger als zuvor. Mit seinen alten, faltigen Händen konnte er die Menschen von ihren Schmerzen und Krankheiten heilen, und der Gast, der bei ihm übernachtet hatte, empfing den Rat, um den er gebeten hatte.

So war auch Berachius zu dem weisen Mann gegangen und hatte ihn gefragt, wie er seine Herde gegen Gefahren, vor allem aber gegen die bösen, raubgierigen Wölfe schützen könne. Cungenius hatte ihn angeblickt und dann diese Worte gesprochen:

Weiche niemals vor dem Wolf,
wo er auch wohnen mag.
Bezwinge den Räuber, gebrauch seine Kraft,
doch hab auch stets auf sein Leiden acht.

Daran musste Berachius denken, als er auf seine Herde blickte. Es war ein sonniger Frühjahrsmittag. Eis und Schnee waren geschmolzen, und das Gras war jung, frisch und grün. Der Wald im Süden warf einen breiten Schatten über die Weide, und es war genau diese Stelle, die Berachius' Aufmerksamkeit erregte. Ein ganz junges Kälbchen hatte sich etwas von der Herde entfernt und lief auf den Schatten des Waldrandes zu, wo das Gras höher war als auf der übrigen Weide.

Bewegte sich da nicht etwas in den Sträuchern? Der Junge bemerkte zu seinem Schrecken einen großen grauen Wolf, der dort lauerte, bis das Kälbchen nahe genug bei ihm wäre. Er war ganz ausgemergelt, und sein Hunger musste groß sein, dass er ihn am helllichten Tage aus dem Wald getrieben hatte.

Mit einem Aufschrei ergriff Berachius seinen Stock und rannte auf die Weide hinaus. Es war ein ziemliches Stück bis zum Waldrand, aber er war stark und lief so schnell ihn seine Beine tragen konnten.

Doch der Wolf war schneller gewesen. Als Berachius an der Stelle ankam, wo er den Wolf gesehen hatte, war dieser schon verschwunden. Er hatte das Kälbchen gepackt und war in den Wald zurückgeflüchtet. Bel, die Mutterkuh, lief laut muhend herum und suchte ihr Junges.

Berachius blieb einen Augenblick stehen und besann sich. Er holte tief Atem, blickte zu Bel hinüber und fühlte ihre Verzweiflung und ihren

Schmerz. Doch er erinnerte sich auch noch an den dunklen Schatten des Wolfes, der zwischen den Sträuchern verschwunden war, und wie mager das Tier gewesen war. Er begriff, welchen Hunger das Tier gehabt haben musste. Da kamen ihm die Worte in den Sinn, die Cungenius zu ihm gesprochen hatte und die aus ihm einen guten Hirten gemacht hatten.

So fasste er einen Entschluss, richtete sich auf und rief in den Wald hinein: »Wolf, du Räuber, komm zurück zur Weide!« Und siehe, noch schneller, als er geflüchtet war, kam der Wolf jetzt zwischen den Sträuchern wieder zum Vorschein. Auf dem Bauch, vor Furcht zitternd, kroch er zu Berachius hin und blieb schließlich zu seinen Füßen liegen. Es war, als ob er sagen wolle: »Hab Mitleid mit mir, ich hatte solch schrecklichen Hunger. Ich konnte nicht anders. Sei auch für mich ein guter Hirte!«

Berachius befahl ihm, sich nicht von der Stelle zu rühren, und rief nun die Kuh. Er griff sie bei den Hörnern und bog ihren Kopf zum Wolf hinunter. Und den Wolf hieß er, sich auf die Vorderpfoten zu stellen. Und als sich die beiden Tiere so gegenüberstanden, sprach er zum Wolf:

»Wolf, du hast ihr Kalb geraubt und aufgefressen. Das wirst du wieder gutmachen müssen. Ich befehle dir, dass du von jetzt an dieser Kuh ein treuer Sohn sein sollst. Du sollst sie nie verlassen und sie und die anderen Kühe und ihre Kälber immer vor jeder Gefahr beschützen. Das ist es, was wir von dir erwarten!«

Der Wolf senkte seinen Kopf zum Zeichen, dass er die Worte verstanden hatte und die Strafe annahm.

Und zur Kuh sprach Berachius: »Bel, dieser Wolf will dein treuer Sohn sein, er wird dir überallhin folgen und dich stets beschützen. Sei ihm eine treu sorgende Mutter und versuche ihm zu vergeben, was er dir angetan hat.« Auch Bel nickte jetzt mit ihrem großen gehörnten Kopf, und Berachius wusste, dass sie alles tun würde, worum er sie gebeten hatte.

So wurde der große graue Wolf zum Wächter der Herde. Und alle wilden Tiere lernten seine Wachsamkeit kennen, und sie fürchteten seine scharfen Zähne und seine Kraft. Von jetzt an brauchten die Kühe und Kälber keine Angst mehr zu haben. Denn mit einem Wolf als Beschützer ist man so sicher, wie man nur irgend sein kann.

Berachius und der kleine Edward

Im nächsten Jahr herrschte ein grimmiger, kalter Winter. Schon wochenlang lag eine dicke Schneeschicht auf dem Land, der Boden war hart und gefroren, und die Eiszapfen hingen von den Dächern.

In diesem kalten Winter war Edward, der Sohn des Herzogs Colman, krank geworden. Bleich und fiebrig lag er in seinem Bettchen, und kein Arzt konnte ihm helfen. Jedes Mal, wenn seine Mutter zu ihm kam, antwortete er mit einem dünnen Stimmchen: »Nein, Mutter, ich habe keinen Hunger.« – »Aber du musst doch etwas essen, damit du gesund wirst«, sprach die Mutter, »möchtest du keinen Zwieback mit Butter?« – »Nein«, sagte Edward. »Möchtest du vielleicht Kartoffeln mit Soße und Gemüse«, versuchte es die Mutter weiter. »O nein, Mutter!« – »Und magst du denn auch keinen Haferbrei mit Zucker und Zimt«, seufzte die Mutter schließlich. »O nein, bitte nicht!« – »Aber was möchtest du dann?«, fragte die Mutter schließlich ganz ratlos. »Ach, gib mir rote, saftige Äpfel und frischen grünen Salat. Davon werde ich wieder richtig gesund.«

Dieses Gespräch wiederholte sich jeden Tag, morgens, mittags und abends. Da wurde die Mutter unruhig und sprach zu ihrem Mann, dem Herzog: »Kann man denn nirgends Äpfel und Salat bekommen? Weißt du niemanden, der uns helfen kann?« – »Nein«, sprach der Herzog, der, die Pfeife im Mund, in seinem Lehnstuhl am offenen Kamin saß. »Ich kann dir nicht helfen.« – »Geh doch zum weisen Cungenius, der hinter den Hügeln wohnt. Er weiß und kann alles, vielleicht kann er uns helfen«, bat ihn die Mutter zuletzt.

Der Herzog stand seufzend auf, zog seinen warmen Mantel mit dem Kragen aus Bärenfell an, setzte seine große Mütze auf und ging zu Cungenius.

Und Cungenius schickte Berachius zum Herzog. Dort angekommen, verweilte er lange am Bett des kleinen Edward. »Bring mir rote, saftige Äpfel und frischen, grünen Salat«, sagte das Kind flehend, »dann werde ich gewiss gesund!«

Berachius, der Kühe und Kälber liebte, aber Kinder noch viel mehr, erhob sich, nahm einen großen Korb und ging hinaus.

Er ließ die Tür hinter sich zufallen und lehnte sich noch einen Augenblick gegen den schweren hölzernen Türrahmen. Vor ihm erstreckte sich das weiße Land. In der Ferne, auf einem kleinen Hügel, stand tatsächlich ein knorriger, weit verzweigter Apfelbaum. Auch er war, wie alles ringsum, weiß von Schnee und Reif, und seine Äste waren hart vom Frost.

Aber während Berachius so über das Land blickte, fühlte er, wie in ihm ein übermächtiges Verlangen aufstieg, dem kleinen Jungen die Äpfel und den Salat zu besorgen. Und sein Herz sagte ihm, dass er das alles vielleicht bei diesem Baum finden könne. Und so machte er sich auf den Weg.

Beim Baum angekommen, musste er erst wieder zu Atem kommen. Der Schnee lag hoch, und das Laufen war ihm schwergefallen. Er kauerte sich auf den Boden und stützte sich dabei mit einer Hand an dem rauen Baumstamm ab. Und als er aufblickte, sah er, wie sich die Äste des Baumes über ihn beugten und ihm entgegenkamen, als ob der Baum sagen wollte: »Ich gebe dir, was ich geben kann. Ich bin ein Apfelbaum, was kann ich anderes geben als runde, rote Äpfel? Und dein warmes Herz vermag jeden Schnee und jedes Eis zum Tauen zu bringen!«

Während Berachius so dasaß und wieder an den kleinen Edward denken musste, regte sich in ihm ein so starkes Mitleid, dass heiße Tränen aus seinen Augen strömten und vor ihm in den Schnee fielen. Und welch Wunder – um die Tränen herum fing der Schnee zu schmelzen an; er löste sich in Wasser auf, sodass die darunter liegende Erde zum Vorschein kam. Und aus der Erde kamen kleine grüne Blättchen hervor, die wuchsen so schnell und kräftig, dass es nicht lange dauerte, bis da einige kräftige grüne Salatpflanzen standen. Berachius schaute so erstaunt und hingebungsvoll zu, dass er nicht bemerkte, wie auch über seinem Kopf die Zweige des Baumes auftauten. Die Knospen schwollen und brachen auf, prächtige rote Blüten entfalteten sich, und darunter wuchsen Äpfel, rund, rot und schließlich so groß, dass sie von selbst vom Baum fielen.

Berachius' Herz machte einen Freudensprung. Er füllte seinen Korb rasch mit allem, was er bekommen hatte. Aber bevor er wegging, um es dem kranken Kind zu bringen, legte er seine Hand auf den rauen Stamm des Baumes und sprach: »Hab Dank, lieber Apfelbaum, dass du mir von deinen Früchten gabst.« Danach kniete er auf der Erde nieder, berührte sie mit beiden Händen und sprach: »Hab Dank, liebe Erde, dass du mir von deinen Pflanzen gabst, damit der kleine Edward wieder gesund wird.« Dann stand er auf und brachte den Korb in das Schloss des Herzogs.

Und als Edward einen Apfel und einen Teller Salat gegessen hatte, konnte er sich aufsetzen in seinem Bett. Er aß einen zweiten Apfel und noch einen Teller Salat und sprang aus dem Bett.

Und als er einen dritten Apfel und einen dritten Teller Salat gegessen hatte, rannte er hinaus zur Hütte von Berachius, um ihm zu danken.

»Ich habe nur geholt, was du brauchtest«, sagte Berachius, »gib deinen Dank dem Apfelbaum und unserer Mutter Erde. Sie haben dich gesund gemacht.«

Weil du meinen Namen nicht vergessen hast

Auf der Kuppe eines Hügels im Lande Erin saß ein alter Mann. Sein Haar war silbergrau und hing in Locken auf seine Schultern. Wer aber in seine hell-blauen Augen blickte, vermeinte jemanden in der Blüte seiner Jahre zu sehen, so viel Mut und Freude sprachen aus ihnen.

Hier, an dieser Stelle, saß er oft. Der Hügel fiel sanft ab bis zu einem stillen, runden See, der an allen Seiten von ähnlichen Hügeln umgeben war. Der alte Mann ließ seinen Blick gerne über den Wasserspiegel schweifen, in dem sich alles spiegelte: die Bäume, das grüne Gras, die Wolken und der blaue Himmel. Wenn er dort so saß, dann konnte er über die Dinge nachdenken, die er in seinem langen Leben mitgemacht hatte.

Einst, als er jung war, war er jemandem begegnet, den er als seinen Meister erkannt hatte. Der hatte zu ihm gesprochen: »Patrick, suche das schönste Land, das auf Erden zu finden ist. Und musst du auch dein Leben lang suchen, ruhe nicht, bis du es gefunden hast.«

Also begann Patrick, große Reisen durch viele Länder zu unternehmen. Auch in diesem Land, in Erin, war er weit herumgewandert, und es war ihm von allen, die er kennengelernt hatte, am meisten ans Herz gewachsen. Und doch wusste er, dass es noch etwas anderes geben musste, ein Land, das er noch nicht gefunden hatte.

Daran musste er denken und ließ seinen Blick über den See und die Hügel schweifen. Er war so darin vertieft, dass er nicht bemerkte, wie ein Hirte nähergekommen war und sich neben ihn gesetzt hatte. Patrick blickte auf und sah ihn an; und ganz langsam, wie aus tiefen Wassern, stieg in ihm die Erinnerung auf.

Der Hirte schwieg und wartete, bis Patrick schließlich voll Erstaunen sagte: »Meister, du bist zurückgekommen?«

»Ja,« antwortete der Hirte, »und ich will von dir wissen, ob du das schönste Land gefunden hast.«

»Viele Länder habe ich kennengelernt«, sagte Patrick bedächtig, und es war, als sähe er eines nach dem anderen vor sich. »Und dieses Land scheint mir das schönste von allen. Aber das Eigentliche habe ich noch nicht erreicht – ich wollte, dass ich es endlich finden könnte.«

Als der Hirte das hörte, sprang er auf und sagte: »Patrick, weil du so unermüdlich gesucht hast, werde ich dir den Weg weisen.«

Er nahm seinen Stab, lief den Hügel hinunter zum Ufer des Sees, wo er mit dem Stock einen Kreis in die Erde zeichnete. Als er seinen Stock zurückzog und einen Schritt zurücktrat, öffnete sich an dieser Stelle die Erde, und Patrick sah eine Treppe, die in die Tiefe führte.

Der Hirte sprach: »Wenn du hier hinuntersteigst, kommst du in das Reich, das du suchst. Du wirst aber dreimal in große Gefahr kommen. Ruf' mich dann beim Namen, das wird dich beschützen.«

Der Hirte grüßte Patrick und ging fort. Patrick aber begann, Stufe um Stufe die Treppe hinunterzusteigen. Lange musste er so im Dunkeln hinuntersteigen, bis er endlich unten angekommen war. Ein gerader Weg öffnete sich vor ihm, und er bemerkte, dass er in ein unterirdisches Reich gekommen war.

Nach einiger Zeit gewahrte er Licht in der Ferne, und er lief darauf zu. Um ihn herum wurden Bäume und Sträucher sichtbar, und auf einmal stand er still, denn mit einem gewaltigen Sprung kam aus den Sträuchern ein Löwe auf ihn zu, der seinen Rachen aufriss und brüllte. Und als er sich umdrehte, um ihm auszuweichen, stand hinter ihm ein großer Wolf. Und als er sich weiter umblickte, kamen von allen Seiten aus den Sträuchern andere wilde Tiere auf ihn zu. Sie öffneten ihre Mäuler, um ihn zu zerreißen.

Im letzten Augenblick erinnerte er sich des Rates, den ihm der Hirte gegeben hatte, und er rief: »Guter Hirte, steh' mir bei!«

Im selben Moment verstummte das Gebrüll und Geheul der Tiere. Sie verschwanden genauso schnell, wie sie gekommen waren, und Patrick konnte seinen Weg fortsetzen.

Das Licht, das er gesehen hatte, wurde nun stärker. Er ging weiter und kam schließlich an einen Ort, wo gebohrt, gehämmert und gesägt wurde.

Große Maschinen machten einen gewaltigen Lärm, und magere, krumme Gestalten in schwarzen Anzügen rannten hin und her. In der Mitte stand ein riesiger Ofen, und als Patrick sich ihm näherte, rannten die Burschen auf ihn zu, ergriffen ihn, schleppten ihn zur eisernen Türe des Ofens, öffneten sie und warfen ihn in die Feuersglut.

Die Flammen brannten ihn so, dass er vor Schmerz zusammenfuhr und kein Wort mehr herausbringen konnte. Doch in seinem Herzen sprach er: »Guter Hirte, steh' mir bei!«

Da merkte er, dass der Hirte die Sprache des Herzens verstand, denn das Feuer erlosch sofort, das Gerassel und Gehämmer hörte auf, und er konnte weitergehen, als ob nichts gewesen wäre.

Nun führte der Pfad in die Höhe, und er kam an ein hohes, felsiges Ufer. In der Tiefe brauste ein wilder, reißender Fluss, aber über der anderen Seite des Abgrundes sah er die Sonne am hellen Himmel strahlen. Und weil er wusste, dass dort das Gelobte Land war, ging er näher an das Ufer heran und sah nun, dass eine Brücke über den Fluss führte. Aber, welch eine Brücke war das! Sie hatte kein Geländer und war sehr schmal. Als Patrick seinen Fuß auf sie setzte, glitt er aus, denn sie war so glatt wie Eis.

Und wieder sprach er: »Guter Hirte, steh' mir bei!« Und im selben Moment fand sein Fuß Halt. Doch bei jedem Schritt musste er nun den Hirten anrufen. Und so gelangte er, Schritt für Schritt, an das andere Ufer.

Dort fiel er erschöpft nieder und versank in einen tiefen Schlaf. Als er erwachte, merkte er, dass er auf einer leuchtenden Wiese angekommen war. Darauf wuchsen Blumen, die wie Sterne blinkten. Zwei Männer in weißen Gewändern kamen auf ihn zu und nahmen ihn an der Hand. Sie führten ihn in eine Stadt, die funkelte von Gold, Edelsteinen und Perlen.

Als Patrick an das Stadttor gekommen war, stand da sein Führer, der Hirte. »Dies ist das Land, von dem ich dir erzählt habe«, sagte er. »Es ist das Paradies. Ein schöneres Land gibt es nicht. Weil du mutig warst und meinen Namen nicht vergessen hast, konntest du es erreichen. Du darfst hier eine kurze Zeit bleiben. Dann sollst du ohne Gefahr zurückkehren zu der Stätte, wo deine Reise begonnen hat. Und wenn einst dein Leben auf der Erde zu Ende ist, wirst du hier ewig wohnen.«

Bär, hol Holz fürs Feuer!

Gallus war ein starker, breitschultriger Mann. Sein Gesicht war von einem roten Bart und rotem Haar umgeben. Manche hatten Angst vor ihm, andere liebten ihn sehr. Wenn er Ja sagte, dann meinte er Ja, und wenn er Nein sagte, dann hieß es Nein.

Am Bodensee, im Süden Deutschlands, hatte Gallus Ja gesagt zu diesem Land und seinen Menschen. Und er hatte Nein gesagt zu seinem Freund und Lehrmeister, dem Abt Columbanus, obwohl es ihn schwer angekommen war. Nun lag Gallus mit hohem Fieber auf seinem Lager aus Gras und Farn in seiner Hütte. Sein Körper glühte, sein Herz schlug rasch, aber seine Gedanken waren klar und deutlich.

Vor ihm stand Columbanus, hoch aufgerichtet und streng. Sein Haar begann schon grau zu werden, aber seine Gestalt war noch ungebeugt. Er hatte gerade von Gallus gehört, dass dieser nicht weiter mit ihm ziehen wolle in das Land, das hinter den Alpen lag.

Columbanus war ungehalten, weil er seinen Kameraden auf dieser Reise nicht entbehren konnte. »Du bist mir doch bis jetzt überallhin gefolgt«, sagte Columbanus, »aus dem fernen Hibernien, durch Britannien, über das Meer nach Gallien und hierher zu diesem See. Du bist zehn Jahre jünger als ich, du bist stärker als ich, du sprichst die Sprache der Menschen hier besser als ich. Ich brauche dich! Warum willst du nicht mit mir weiterziehen? Du schuldest mir Gehorsam. Was ist der Grund? Sind es die hohen Berge, das Eis und der Schnee, die dich abschrecken?«

»Du weißt, Columbanus«, sagte Gallus, »dass ich vor keiner Hitze, Kälte oder Anstrengung zurückschrecke. Es ist das Land, es sind die Menschen, die mich hier halten. Auch bin ich schon längere Zeit krank. Ich könnte keine zehn Schritte mehr mit dir gehen.«

»Ich gebiete dir, mit mir zu gehen«, sagte Columbanus heftig.

»Mein Körper, der so schwach ist, gebietet mir aber, hier zu bleiben«, sagte Gallus, »und ich spüre auch, dass dies richtig ist.«

Als Columbanus erkannte, dass sein Freund nicht umzustimmen war, trat er einen Schritt zurück und sprach streng: »Weil du mir nicht gehorcht hast, muss ich die Strafe aussprechen, die darauf steht. Du wirst nicht mehr den heiligen Dienst am Altar verrichten, solange ich lebe.«

Beide schwiegen eine lange Zeit, dann sagte Gallus: »Ich nehme die Strafe an, wenn es mir auch schwerfällt. Jetzt, da du gehst, danke ich dir für alles, was du für mich getan hast. Meine Gedanken werden immer bei dir sein. Lebe wohl!«

»Lebe wohl«, sagte Columbanus, verließ die Hütte und begab sich auf die Reise.

So blieb Gallus allein zurück. Freundliche Menschen aus der Nachbarschaft pflegten ihn, sodass er gesund wurde und seine alte Kraft zurückbekam. Schließlich beschloss er, den Ort zu suchen, wo er in diesem Lande wohnen wollte. Er nahm das kleine Fischerboot, in dem er schon so oft auf den See hinausgefahren war, und ging auf die Suche nach einer geeigneten Wohnstatt.

»Herr«, bat er still in seinem Herzen, »weise mir den Ort, an dem ich wohnen darf.«

Wie er so diese Frage in seinen Gedanken bewegte, stieg am Ufer ein Fischadler auf und flog mit mächtigen Flügelschlägen zu den Bergen auf der anderen Seite des Sees. Dort ließ er sich vom Wind in die Höhe tragen und zog große Kreise über den Wäldern, an der Stelle, wo morgens die Sonne aufgeht.

Gallus spürte, wie sein Herz frohlockte. Er steuerte sein Boot ans Ufer, gab es dem Fischer zurück, dem es gehörte, und machte sich auf den Weg. Er wanderte am Ufer entlang und folgte schließlich einem steinigen Pfad, der in die Berge führte.

Unterwegs stieß ein Kamerad namens Hiltibud zu ihm, den er in diesem Land kennengelernt hatte. Zusammen gingen sie weiter.

Hiltibud kannte die Gegend, und Gallus fragte ihn, ob der Ort, über dem er den Adler kreisen gesehen hatte, eine gute Wohnstätte für sie abgäbe. Es müsste aber eine einsame Stelle sein, denn Gallus wollte in der Stille leben.

»Herr, einsam ist es dort zwar«, antwortete Hiltibud, »aber es gibt da auch viele Bären, Wölfe und Schlangen.«

»Mach dir keine Sorgen«, sagte Gallus, »die werden verschwinden, oder sie werden uns helfen.«

Die beiden Männer wanderten ohne Aufenthalt weiter, und als der Nachmittag kam, hatten sie noch immer nichts gegessen. Hiltibud fragte, ob sie nicht einen Augenblick ruhen könnten, um etwas Nahrung zu sich zu nehmen. Aber Gallus antwortete: »Nein, ich werde nicht ruhen, bis ich den Ort gefunden habe, wo wir bleiben können.«

Es dauerte noch geraume Zeit, doch endlich kamen sie an ein Flüsschen, die Steinach. An dieser Stelle stürzte das Wasser aus großer Höhe senkrecht herunter, wo es eine Höhlung aus dem Felsen gewaschen hatte. Dann floss es weiter zu einem großen Teich und von dort aus den Berg hinunter.

Dort war eine kleine, von Bäumen umgebene Wiese. Hiltibud setzte sich müde ins Gras und sah, wie sich Gallus am Waldrand mit dem Fuß in einer Dornenranke verfing und hinfiel. Und weil er sich nicht aus eigener Kraft erhob, lief Hiltibud rasch zu ihm hin.

»Gib mir deine Hand, Meister, dann helfe ich dir.«

»Nein, Hiltibud, lass nur«, sprach Gallus, »wir gehen nicht weiter. Hier werde ich für immer Ruhe finden. Hier will ich wohnen, denn dies ist der Ort, den ich erwählt habe.«

Da die Dämmerung schon hereinbrach, bauten sie aus Zweigen eine einfache Hütte. Sie entzündeten ein Feuer und aßen und tranken, während die Nacht hereinbrach. Ihre Essensreste ließen sie an der Feuerstelle und legten sich in der Hütte zur Ruhe.

Es wurde Nacht, doch der Mond schien so hell, dass Hiltibud sehen konnte, wie am Waldrand ein großer, brauner Bär erschien und auf die Feuerstelle zulief. Er wühlte mit seinen Pranken in den Essensresten herum und begann, davon zu fressen.

Zu Hiltibuds Erstaunen stand Gallus auf, lief auf den Bären zu, stellte sich vor ihn hin und sprach: »Bär, du bist ein wildes Tier und raubst, was nicht dir gehört. Ich befehle dir im Namen Christi, unseres Erlösers, wieder in den Wald zu gehen und Holz für dieses Feuer zu holen. Wenn du das tust, dann werde ich dir zu fressen geben.«

Und Hiltibud sah mit Erstaunen, dass das mächtige Tier sich umdrehte und in den Wald trottete. Nach kurzer Zeit kam es mit einem riesigen Ast zurück und legte ihn in das Feuer.

»Du hast genau das getan, worum wir dich baten«, sprach Gallus, nahm ein Stück Brot und gab es dem Bären zu fressen. »Gehe jetzt und störe uns heute Nacht nicht mehr. Aber komm morgen wieder zurück, dann werden wir unser Brot mit dir teilen, wenn du bringst, worum wir dich bitten.«

Und so geschah es. Als die beiden Männer sich eine feste Hütte bauten, kam das Tier wieder aus dem Wald und schleppte die Baumstämme herbei, die sie dafür brauchten. Der Bär ernährte sich von dem Brot, das die Männer ihm gaben, und raubte ihnen fortan nichts mehr.

Nun wurde eifrig an der Hütte gearbeitet, und es kamen Männer aus dem Tal zu ihnen, die die Schläge der Axt und der Hämmer gehört hatten, um mitzuhelfen. Vier große Pfähle wurden an den Ecken in den Boden gerammt. Daran wurden Bretter befestigt, die mit der Axt aus den Stämmen gehauen waren. Alle Bretter passten genau, bis auf eines, das zu kurz war.

»Wie kann das sein?«, fragte Hiltibud. »Der Stamm war zu kurz, und am Ende saß außerdem ein großer Ast, der abbrach«, sagte einer der Männer. »Viermal die Breite meiner Hand fehlt.«

Da kam Gallus und holte die Männer, denn das Essen war bereit. Und so aßen sie Fisch, Wurzeln und Früchte, und Gallus dankte für alles, was dieser Wald ihnen schenkte.

Und gar bald sollten sie entdecken, dass ihnen noch viel mehr geschenkt war, denn als sie nach der Mahlzeit das Brett, das zu kurz war, noch einmal nachmaßen, rief einer der Männer: »Schaut nur, es steht über, es ist wohl einen halben Fuß zu lang.«

»So kürze es nicht«, sprach Gallus, »lass es nur überstehen, denn an diesem Holz ist eine ganz besondere Arbeit verrichtet worden.«

Und so geschah es. Von nun an trachteten die Männer, Gallus' Anweisungen genau zu folgen, denn sie merkten, dass Gottes Wort durch ihn wirkte.

Viele Jahre noch lebte Gallus an dieser Stätte. Die Tiere verloren ihre Wildheit und taten niemandem etwas zu Leide. Der Bär half mit seiner großen Kraft und fraß das Brot aus Gallus' Hand. Nur die Schlangen, die hier hausten, bevor Gallus gekommen war, hatten die Flucht ergriffen und ließen sich nie mehr blicken.

Einst kamen unerwartet mehrere Gäste, die wollten mit Gallus sprechen und seinen Rat einholen. Sie waren von weither angereist und hatten lange Zeit nichts zu essen bekommen. Hiltibud musste zum Fluss gehen, um Fische zu fangen. Missmutig ließ er das Netz ins Wasser – er hatte noch nie viel gefangen, und immer waren es nur kleine Fische gewesen.

Aber kaum hatte er diesmal sein Netz ausgeworfen, da sah er eine starke Bewegung in dem Wasser. Zwei Fischotter schossen durch das Wasser und trieben einen großen Fisch vor sich her, der, als er den scharfen Zähnen seiner Verfolger zu entrinnen suchte, direkt in Hiltibuds Netz geriet. Das gab einen heftigen Ruck! Hiltibud fiel beinahe um und konnte noch gerade mit beiden Händen das Netz greifen. Unter Aufbietung aller Kräfte zog er den wild zappelnden Fisch an Land.

Nass und voller Schrammen, doch glücklich über den guten Fang, kehrte er zur Hütte zurück. Da war die Freude groß, und ein reichliches Mahl wurde angerichtet. Es war sogar mehr, als sie verzehren konnten.

Als Gallus bereits sehr alt geworden war, kam einmal ein Knecht vom Schloss Arbon und bat ihn, rasch mit ihm zu kommen.

»Muss ich ganz hinuntersteigen zum Schloss am See?«, fragte Gallus. »Das kann ich nicht mehr, meine Beine sind alt und steif. Aber sag mir, weswegen soll ich zu euch kommen?«

»Es gibt dort einen Kranken, dem niemand helfen kann, und wir wissen, dass dein Wort die Kraft hat, Menschen zu heilen«, sprach der Knecht.

Gallus seufzte, stand auf und ging mit dem Knecht. An einer Wegbiegung wandte er sich zu Hiltibud und sprach: »Guter Freund, ich bin fünfundneunzig Jahre alt. Wenn einst mein Stündlein geschlagen hat, so lasse meinen Körper in einen Wagen legen, der von wilden Pferden gezogen wird. Die mögen mich hierher bringen. Denn die wilden Tiere wissen, wo ich wohne.«

So gingen sie langsam Schritt um Schritt, viele Tage lang, den Berg hinunter, bis sie zum Schloss Arbon kamen. Dort war man froh, dass Gallus die weite Wanderung unternommen hatte, doch zugleich auch besorgt, denn jedermann sah, wie alt und müde er war.

Jetzt saß Gallus jeden Tag bei dem Kranken, bis das Fieber wich und der Mann allmählich wieder gesund wurde. Doch nun musste Gallus sich hinlegen, und er stand nicht mehr auf. Er wurde immer stiller und bleicher und sprach immer weniger. Eines Morgens erwachten die Menschen im Schloss, weil große Scharen von Singvögeln in den Bäumen saßen und mit aller Kraft sangen und jubelten, so laut, dass man sein eigenes Wort nicht mehr verstehen konnte. Als der Burgherr und seine Frau herauskamen, um nach der Ursache zu schauen, breiteten sie die Flügel aus und stiegen auf zum Himmel, immer höher, bis niemand sie mehr sehen konnte.

Gallus lag in seiner Kammer, bewegungslos, und das Sonnenlicht fiel auf sein Antlitz. Es war, als lausche er dem Gesang der aufsteigenden Vögel. So war Gallus an diesem Morgen gestorben.

Hiltibud aber erinnerte sich an die Worte seines Meisters und bat um einen Wagen. Als er bereitstand und die Knechte mit großer Anstrengung zwei wild schnaubende Rösser angespannt hatten, wurde die Bahre mit Gallus' Leichnam auf den Wagen gelegt. Die Pferde wurden losgelassen, und sogleich zogen sie den Wagen mit großer Geschwindigkeit ohne Umwege in die Berge, bis sie bei der Wiese an der Steinach angekommen waren. Dort hielten sie an. Die Männer, die den wilden Pferden so schnell sie konnten nachgeritten waren, hoben die Bahre vom Wagen. Gallus' Leichnam wurde auf den Boden der kleinen Hütte gelegt. Zwei Kerzen standen dort, eine am Kopfende und eine am Fußende, die brannten all die Tage mit großer, heller Flamme, und sie wurden nicht kleiner. Und jeder, der dort hinkam und das Licht sah, wurde froh in seinem Herzen. Ja, sogar Blinde empfingen ihr Augenlicht wieder. Die Pferde aber blieben auf der Wiese, still, als ob sie fühlten, dass ihr Meister nicht mehr bei ihnen war. Erst als Gallus' Leichnam an einem Ort, wo viel Blumen und Gras wuchsen, der Erde zurückgegeben wurde, zogen sie weiter, zu den Weiden und den Hügeln, wo die anderen wilden Tiere lebten.

Lauter rote Rosen

Rosen

Elisabeth war die Tochter des Königs von Ungarn. Jedermann liebte das kleine Mädchen, das im Königsschloss wohnte. Die Höflinge und Gäste brachten ihr die kostbarsten Geschenke und das schönste Spielzeug. Ihre Eltern machten ihr das Leben so angenehm, wie sie nur konnten, ja, es wird erzählt, dass Elisabeth in einer Wanne aus reinem Silber gebadet wurde.

Als sie laufen gelernt hatte, ging Adelheid, ihre Betreuerin, regelmäßig mit ihr spazieren. Sie wanderten dann auf dem Weg, der von der hochgelegenen Burg hinunter ins Tal führte, zu den Dörfern, wo die Bauern, die Handwerker und die Kaufleute wohnten. Dort trafen sie auch spielende Kinder an. Diese hörten dann auf zu spielen, grüßten sie und Adelheid, und manche streckten die Hand aus und sagten: »Ich habe Hunger, habt ihr nichts zu essen für mich?«

Elisabeth kannte nur die Kinder auf der Burg, die sahen kräftig und wohlgenährt aus. Sie sah jetzt, dass die Dorfkinder mager waren, und sie fing an zu verstehen, dass sie nicht genug zu essen hatten.

Oft musste Elisabeth an diese Kinder aus dem Dorf denken, und eines Tages beschloss sie, sich die Küche im Schloss anzusehen. Sie lief durch die langen Gänge, stieg die steinernen Treppen hinunter und öffnete vorsichtig die schwere Küchentüre. Wie viele leckere Dinge sah sie dort! Neugierig lief sie herum, um sich alles anzuschauen. Auf einmal roch sie den Duft frischen Brotes und erblickte in einer Ecke frische rotbraune Brötchen, die gerade aus dem Ofen gekommen waren.

Sie erinnerte sich an die bleichen Kinder, die gerufen hatten: »Ich habe Hunger«, und sie sah hier, was sie brauchte. Rasch raffte sie ihren Rock

auf und legte ein paar Brötchen hinein. Dann lief sie damit schnell aus der Küche heraus, die Treppe hinauf und weiter durch die Gänge. Der Koch aber hatte es bemerkt und rannte hinter ihr her. Aber als er sie fast eingeholt hatte, öffnete sich die Türe am Ende des Ganges, und Elisabeths Mutter erschien, die Königin. Elisabeth blickte auf, wurde unsicher und stolperte. Sie ließ ihr Röckchen los – und da geschah etwas Unerwartetes:

Kein Brot fiel auf den Steinboden, sondern lauter rote Rosen. Eine nach der anderen fiel sanft auf den Boden, und ihr Duft verbreitete sich im Gang und in der ganzen Burg. Verwundert ergriff der Koch eine Rose und nahm sie mit in die Küche. Die Königin nahm ihre Tochter auf den Arm und gab die Rosen einem Diener, mit dem Auftrag, sie den Armen zu bringen als ein Geschenk der kleinen Elisabeth.

Johannes der Täufer

Nicht lange danach erschienen auf der Burg einige vornehme Ritter und Edelfrauen. Sie hatten den Auftrag, Elisabeth abzuholen. Denn sie sollte die Frau des jungen Landgrafen von Thüringen werden.

So wurde ein großes Abschiedsfest gefeiert, und Elisabeth reiste mit den Rittern und Edelfrauen zu der großen Burg des Landgrafen, der Wartburg.

Hier sprachen die Menschen eine andere Sprache, und nur langsam lernte Elisabeth diese Sprache sprechen und verstehen. Lange suchte sie jemanden, mit dem sie wirklich sprechen konnte.

Eines Tages saß sie in der kleinen Burgkapelle. Vor ihr stand der Altar mit den sieben brennenden Kerzen. So war es zu Hause bei ihren Eltern auch gewesen, und doch war sie traurig darüber, dass sie niemanden hatte, mit dem sie reden konnte. Da bemerkte sie am Altar einen großen Mann mit ernstem Gesicht. Sie sah, dass er ein braunes Gewand trug mit einem ledernen Gürtel. Er hatte langes, dunkles Haar. Sein Gesicht war streng, doch er blickte sie mit freundlichen Augen an. Plötzlich begriff sie, dass er sie in ihrer eigenen Sprache ansprach, und vor Freude stiegen ihr die Tränen in die Augen. Der Mann legte drei weiße Kerzen in ihre Hände und sprach: »Elisabeth, lies den Namen auf diesen Kerzen. Es ist mein Name. Wann immer du diesen Namen anrufst, werde ich bei dir sein. So wirst du niemals mehr einsam sein, was auch geschehen möge.«

Als Elisabeth die Kerzen betrachtete, stand auf jeder von ihnen derselbe Name: Johannes der Täufer. Da blickte sie zu ihm auf und fragte leise: »Johannes der Täufer?«

»Ja«, sagte er, »ich bin Johannes der Täufer. Denk' an mich, so wird dir nichts zu schwer sein.«

Sie betrachtete noch einmal die drei Kerzen, die sie in ihren Händen hielt, und als sie aufblickte, war er verschwunden.

Elisabeth nahm die Kerzen mit in ihre Kammer. Immer, wenn sie sich einsam fühlte oder Kummer hatte, entzündete sie die Kerzen, alle drei zugleich, und niemals während ihres ganzen Lebens sind sie heruntergebrannt.

Ludwig und Elisabeth

Auf dem Innenhof der Burg, zwischen den Gebäuden, stand ein Käfig mit einem jungen Löwen. Einst war das Tier ausgebrochen und lief brüllend auf dem Innenhof herum. Die Menschen schrien vor Angst und verbargen sich hinter den Türen der Burg. Ludwig, der Sohn des Landgrafen, trat dem Löwen furchtlos entgegen. Er schaute ihn an und befahl ihm mit fester Stimme, in seinen Käfig zurückzugehen. Der Löwe gehorchte und kehrte in seinen Käfig zurück, dessen Tor rasch hinter ihm geschlossen wurde.

Da wussten die Menschen, dass Ludwig zum Manne geworden war. Jetzt war die Zeit gekommen, da er Elisabeth zur Frau nehmen sollte. Bevor dies geschah, sandte er ihr ein Geschenk. Es war ein Handspiegel, in den man von zwei Seiten hineinblicken konnte. Auf der einen Seite des Spiegels erblickte man sein eigenes Gesicht, auf der anderen Seite aber erschien ein Bild des Christus. Elisabeth dankte Ludwig für dieses Geschenk. Nicht lange danach wurden sie miteinander vermählt. Oft gebrauchte sie diesen Spiegel, doch bevor sie sich selbst darin betrachtete, blickte sie erst nach dem Bild auf der Rückseite. Wenn sie danach ihr eigenes Gesicht anschaute, war es schön und rein.

Noch einmal Rosen

In den Häusern in der Umgebung der Wartburg lebten manche arme Menschen. Und immer wieder ging Elisabeth den langen Weg hinunter, um sie zu trösten, zu pflegen und ihnen Brot zu bringen. Immer mehr Ritter und Edelfrauen auf der Burg spotteten darüber und beschuldigten sie, dass sie ihnen Nahrung wegnähme, um sie den Armen zu geben.

»Willst du denn, dass wir genau so arm werden wie sie?«, riefen sie ihr zu.

»Wenn es an mir liegt«, antwortete Elisabeth, »brauche ich nicht reicher zu sein als sie.« Und so gab sie nicht nur ihr Essen, sondern auch ihre eigenen Kleider weg.

Eines Tages, als sie wieder die Burg verlassen hatte, um zu den Häusern der Armen zu gehen, folgte ihr Ludwig auf seinem Pferd. Als er sie erreicht hatte, hielt er sein Pferd an und bückte sich, nahm ihren Mantel und schlug ihn auf, um zu sehen, was sie aus der Burg mitgenommen hatte. Und wie einst bei dem kleinen Mädchen die ungarische Königin und der Koch, so sah nun auch ihr Gemahl Ludwig Rosen unter ihrem Mantel.

Ludwig sprang vom Pferd, legte ihr den Mantel wieder um und küsste sie. »Bringe den Menschen so oft Rosen, wie du nur willst«, sprach er, »ich werde nie mehr danach fragen.«

Und er kehrte zurück zur Burg.

Der Aussätzige

Wenn Elisabeth Brot für die Bedürftigen mitnahm, wurde sie verspottet und angefeindet. Richtig böse wurden die Menschen jedoch, wenn sie Kranke von der Straße auflas und in die Burg brachte.

Einst hatte sie am Straßenrand einen Aussätzigen gefunden und voller Mitleid mitgenommen. Sie führte ihn in die Burg, half ihm die Treppen hinauf und brachte ihn in ihr Gemach. Dort wusch sie ihn und gab ihm zu essen. Schließlich legte sie ihn in ihr eigenes Bett, in dem sie und Ludwig sonst schliefen.

Die Menschen auf der Burg sprachen mit Abscheu darüber. Denn Aussatz ist eine ansteckende Krankheit, die jeden, der mit ihr in Berührung kommt, befallen kann.

Als Ludwig am Abend nach Hause kam, wurde er in sein Schlafgemach geführt, um ihm zu zeigen, was Elisabeth getan hatte. Sie aber saß still in einem Winkel des Zimmers. Ludwig ging auf das Bett zu, ergriff die Decke und schlug sie zurück, um zu sehen, ob seine Diener die Wahrheit gesprochen hatten.

Doch als er die Decke zur Seite gelegt hatte, kniete er ehrfürchtig nieder. Denn was er da sah, das war kein Aussätziger, sondern der schönste Mensch der Welt: da lag Christus selbst, von einem Lichtglanz umgeben, der so rein und hell war, dass Ludwig lange Zeit kniend verharrte und ihn immerzu anblicken musste.

Dann deckte er ihn wieder zu, wandte sich zu Elisabeth und sprach: »Hab Dank, durch deine Tat habe ich Ihn schauen dürfen!«

Der Kaiser

Auf dem höchsten Turm der Wartburg lehnt sich der Wächter weit hinaus und blickt angespannt in Richtung der Ebene, die unter ihm liegt. Er sieht eine Staubwolke und einen großen Tross von Reitern in farbigen Mänteln.

Als sie näherkommen, erkennt er auf dem Banner, das vorangetragen wird, das Wappen des deutschen Kaisers. Jetzt schlagen die Reiter den Weg ein, der zur Burg führt. Wusste dort überhaupt jemand von diesem Besuch? Schnell greift der Wächter nach seinem Horn und lässt dreimal ein durchdringendes Signal ertönen.

In der Burg kommen die Menschen in Bewegung, die Kunde geht von Mund zu Mund: »Der Kaiser ist im Anzug und stattet uns einen unangekündigten Besuch ab. Gleich kann er hier sein.«

Nun kommt Ludwig selbst herzu und teilt seine Befehle aus. Das Haus wird in aller Eile geputzt. Die Köche gehen hastig an die Arbeit. Im Burgsaal wird die große Tafel gedeckt. Ein Festmahl wird vorbereitet. Dann eilt jeder in seine Kammer und legt Festgewänder an. Und kaum ist das geschehen, erklingt schon das Trompetensignal der Ankömmlinge vor dem Burgtor. Die Frauen und Kinder schauen aus den Fenstern in den Innenhof hinunter, wo der Kaiser höchstpersönlich mit seinem Gefolge einreitet.

Ludwig spricht ein herzliches Willkommen, und die hohen Gäste folgen dem Burgherrn zum großen Saal, wo jeder sich in seinen schönsten Gewändern zeigt. Als alle ihren Platz gefunden haben, blicken die Edelleute verlegen zum Stuhl neben dem Kaiser herüber. Dort sollte Elisabeth sitzen. Doch ihr Platz ist leer. Auch jetzt noch, da alle ihre Plätze einnehmen.

Dann jedoch öffnet ein Page die Türe, und sie erscheint. Das Gemurmel im Saal verstummt, alle schweigen und blicken in tiefer Verwunderung hinüber zur Gräfin, die ihren Platz neben dem Kaiser eingenommen hat. Was ist vorgefallen?

Elisabeth hatte im letzten Moment gehört, dass der Kaiser zu Besuch käme. In großer Eile suchte sie ein Festgewand, doch sie konnte keines finden. Alles, was sie besaß, hatte sie den Armen geschenkt. Sie besaß nichts weiter als die gewöhnlichen Alltagskleider. Sie schämte sich sehr, besonders um ihres Mannes willen. In ihrer Not lief sie zur Kapelle und kniete dort nieder. Dort betete sie, es möge ihr gegeben werden, würdig zu erscheinen. Denn sie wusste, dass jeder, der Gott wirklich bittet, auch empfängt.

Und so sahen sie die Gäste und Burgbewohner eintreten: umhüllt mit einem Mantel aus glänzendem Licht. So schön war sie noch nie gewesen wie jetzt, da sie so neben dem Kaiser saß, und jeder, der sie anschaute, wurde froh in seinem Herzen.

Als die Dämmerung hereinbrach, ging das Festmahl seinem Ende zu. Die hohen Gäste verließen die Burg. Doch eines verließ sie nimmermehr: die Erinnerung an Elisabeth.

Der Mantel des Franziskus

Einst stand Bruder Franziskus von Assisi vor dem Kardinal Ugolino. Das war in Italien, weit entfernt von der Wartburg. »Franziskus«, fragte der Kardinal, »weißt du von deiner Schwester, von Elisabeth? Sie tröstet und heilt die Menschen, wie auch du es tust. Sie vertraut auf Gottes Hilfe, genau wie du. Sie ist dir wirklich eine Schwester. Und du musst wissen, Franziskus: Es geht ihr nicht gut. Die Menschen sind oft gemein und hässlich zu ihr. Willst du deiner Schwester nicht helfen? Sie wird dir dankbar sein, wenn du ihr deinen Mantel schenkst.«

So ward Elisabeth eines Tages von einem Boten der Mantel des Franziskus überbracht. Darüber wurde sie sehr froh. Immer, wenn sie die Kapelle betrat, um zu beten, legte sie sich den braunen Mantel des Franziskus um. Dann fühlte sie, dass sie, weit weg, einen Freund und Bruder hatte. Und das machte sie stark und ruhig.

Wir warten auf dich

Gegen Ende ihres Lebens wohnte Elisabeth in Marburg, in einem Haus, in dem sie die Kranken pflegte. Sie arbeitete hart, und sie fühlte, dass ihr nicht mehr viel Zeit blieb. Auch musste sie öfter ausruhen, weil ihr die Arbeit immer schwerer fiel. So saß sie eines Abends, nach einem langen Tag, vor dem Fenster. Sie war müde von der Arbeit und blickte hinaus.

Da sah sie, wie ein Mann auf sie zukam. War es der Aussätzige, den sie in ihr eigenes Bett gelegt hatte, oder war es Christus selbst? Er kam näher und wies nach oben, auf die Wolken. Elisabeth blickte auf und sah, dass da oben, in den Wolken, ein großes Festmahl angerichtet war.

Der Mann sprach zu ihr: »Es ist Zeit. Wir warten auf dich. Kommst du mit mir?«

»Ja«, sagte Elisabeth, »ich komme, um mit dir das Mahl zu feiern.«

Als sie dahingegangen war, kamen von überall her Vögel herbeigeflogen. Die sangen schöner denn je, zu Ehren Elisabeths und der Taten, die sie in ihrem Leben an den Armen und Kranken getan hatte.

Der Quälgeist

Die Geburt eines Sohnes

Einst herrschte ein mächtiger König in Spanien. Er war streng zu seinem Volk, und gegenüber seinen Feinden bewies er Stärke. Er war auch sehr reich, doch niemand wagte es, ihn um eine milde Gabe zu bitten. »Erfüll nur täglich deine Pflicht, dann bekommst du auch, was dir zusteht«, war seine Devise. Selten kamen Bettler an die Tore seines Schlosses, denn für gewöhnlich wurden sie mit Stockschlägen vertrieben. Die Menschen fürchteten seine Strenge, priesen jedoch auch seine Gerechtigkeit.

Doch der König war nicht glücklich. Er sah die Königin immer häufiger allein am Fenster ihres Zimmers sitzen. Sie schaute hinaus, sah das glänzende Korn auf den Äckern und die Obstbäume, deren Äste schwer von all den Äpfeln und Pflaumen herabhingen. Sie hörte den Gesang und das Gezwitscher der Vögel und weinte. Dann schaute sie zu ihrem Mann auf und fragte: »Wie lange bleiben wir noch allein, warum bekommen wir kein Kind?«

Darauf wusste der König keine Antwort. Es waren schon viele Ärzte am Hof gewesen, doch keiner konnte ihnen helfen. Auch andere kluge Menschen hatten ihnen den einen oder anderen Rat gegeben, und doch wollte kein Kind kommen. Was sollten sie nur tun? Der König war mit seiner Weisheit am Ende.

Eines Tages klopfte ein alter Mann an die Pforte des Schlosses. Er wünschte, mit dem König zu sprechen. Dieser betrachtete den Besucher, der in der Kleidung eines Bettlers, doch mit der Haltung eines freien Mannes vor ihm stand. Kein Schmuck funkelte an seinen Händen, doch aus seinen Augen strahlte ein helles, warmes Licht. Der König fragte verwundert: »Was wünschst du, alter Mann. Sprich frei heraus!«

»Es ist kein Wunsch, der mich hierherführt«, antwortete der Mann. »Ich habe alles, was ich brauche. Ich bin gekommen, weil ich Euch einen Rat geben kann.« Der König bedeutete ihm zu sprechen und der alte Mann sagte: »Ich weiß, dass Ihr und die Königin Euch sehnlichst ein Kind wünscht. Jedoch möchte das Kind, das zu Euch kommen will, nicht in dem Reichtum geboren werden, den Ihr angesammelt habt. Es wünscht, in einem Reichtum geboren zu werden, den Ihr mit anderen teilt. Denn nur der Reichtum, an dem auch andere teilhaben, ist von bleibendem Wert. Wenn Ihr Eure Schatzkammern öffnet, wird die Königin binnen eines Jahres ein Kind empfangen.«

Von diesem Augenblick an half der König mit seinen Schätzen den Bedürftigen im Land. Ein jeder wurde dadurch mit Freude erfüllt, und die Königin war glücklich, denn schon bald spürte sie, dass sie ein Kind unter dem Herzen trug. Innerhalb eines Jahres brachte sie einen Sohn zur Welt. Alle im Palast freuten sich mit ihr. Kein Kind bekam jemals so viel Fürsorge, wie dieser Königssohn. Und jeder liebte ihn, nicht nur die Höflinge, sondern auch das Volk, das erstaunt davon sprach, wie sehr sich ihr König verändert habe, seitdem die Königin guter Hoffnung war.

Doch es gab einen, der die allgemeine Freude nicht teilte. Das war der Teufel Beelzebub, der einen Kampf gegen alles Göttliche auf Erden führte. Er kochte vor Wut darüber, dass dieses Kind geboren wurde. Deshalb ersann er eine List, um ihn aus dem Weg zu räumen. So wartete er eines Abends, bis die Königin den Jungen, nachdem sie ihn versorgte hatte, in sein Bettchen legte. Beelzebub achtete sorgfältig darauf, dass alle im Schloss schliefen. Als er niemanden mehr hörte, schlich er hinein, nahm das Kind und brachte es aus dem Schloss. Dort zwang er einen Soldaten, der gerade Wache hielt, das Kind weit, weit fortzubringen und es dort auszusetzen, wo die wilden Tiere es finden würden. Danach eilte der Teufel zurück ins Gemach des Kindes, nahm die Gestalt des Königssohnes an und sprang in das Bettchen. So begann der Betrug, durch den das so junge Glück des König und seiner Königin zerbrach. Und damit auch das Glück des spanischen Volkes.

Der Soldat, der große Furcht vor Beelzebub hatte, ging mit dem Kind fort. Unterwegs fand er einen alten Korb und machte daraus ein Bettchen für den Kleinen. Dann lief er Tag und Nacht, bis er in einen großen Wald unweit der Stadt Rom kam. Er dachte, dass er ihn hier wohl aussetzten könne. Da er aber Mitleid mit dem Kind hatte, wählte er einen Platz in der Nähe einer kleinen Hütte. Dort kletterte er in einen hohen Lorbeerbaum mit dichter Krone und hängte den Korb hinein. »Mögen die Menschen dich hier finden, armes Kind«, sagte er, »und mögen die wilden Tiere dich nicht bemerken.«

Bei den Pflegeeltern

In der kleinen Hütte lebte ein Einsiedler. Sixtus war sein Name. Er hatte die Gewohnheit, jeden Morgen einen Spaziergang durch den Wald zu machen. So begab er sich auch an jenem Morgen auf den Weg, in dessen Nähe der Soldat den Korb in den Baum gehängt hatte. Er ging an dem großen Lorbeerbaum vorbei, den er gut kannte, und zu seiner Verwunderung hörte er das Weinen eines Kindes. Sixtus sah sich um, konnte jedoch nichts Ungewöhnliches entdecken. Er ging um den Baum herum, aber auch dort war nichts zu sehen. Dann lauschte er aufmerksam und bemerkte, dass dieses Geräusch von oben kam, direkt aus dem Baum. Er griff einen niedrighängenden Ast, kletterte auf den Baum, bis er im kühlen Schatten des Blätterdaches einen Korb fand mit einem wunderschönen Kind darin. Es gelang ihm, den Korb von den Ästen zu befreien und ihn vorsichtig hinabzulassen. Während er den Korb zu seiner Hütte brachte, sprach er leise mit dem Kind, und es schien, als ob es ihn verstand. Es hörte auf zu weinen und wartete mit großen Augen, bis Sixtus ihm zu essen gab.

Der gute Einsiedler wusste natürlich nicht, wo der Junge herkam. Auch wie alt er wohl sein mochte, konnte er nur raten. War er zwei oder drei Jahre alt? Und wie er hieß, wusste er auch nicht. Also musste er ihm einen Namen geben. So nannte er ihn Laurentius, das bedeutet: der Lorbeergeschmückte.

Sixtus musste viel arbeiten. Er pflanzte und säte in seinem Gärtchen. Im Sommer erntete er Gemüse und Korn, im Herbst Äpfel, Pflaumen und Oliven. Er hackte Holz für den Ofen und ging in die Stadt, um Einkäufe zu erledigen. Was Sixtus auch tat, immer war Laurentius dabei und half ihm. So lernte er im Lauf der Jahre so zu arbeiten wie Sixtus, zu essen wie er und auch zu schlafen, wie sein guter Pflegevater schlief.

Da Laurentius den Einsiedler so gernhatte, machte er am Anfang alles ebenso wie er. Als sie jedoch in die Stadt gingen, sah er dort andere Kinder in seinem Alter, die miteinander spielten. Auch hörte er, dass sie zur Schule gingen, wo sie viel lernten. Manchmal blieb er stehen, wenn die Kinder nach ihrem Spiel in ein großes Gebäude gingen, in dem der Lehrer ihnen Unterricht gab. Dann schaute er schon mal zu Sixtus und fragte: »Warum bekomme ich keinen Unterricht, wie all die anderen Kinder?«

So geschah es, dass Sixtus ihn eines Tages in die große Stadt Rom brachte. Er kannte dort einen Grafen und eine Gräfin, die sehr reich waren und Laurentius als Sohn annehmen wollten, weil sie selbst keine Kinder hatten. Zum Abschied sagte Sixtus: »Laurentius, mein Sohn, geh mit Gott. Du wirst deinen Weg gehen und ich den meinen. Doch wenn die Zeit reif ist, werden unsere Wege wieder zusammenkommen. Darum sage ich dir Lebwohl und Auf Wiedersehen!«

Der Graf und die Gräfin nahmen Laurentius wie einen eigenen Sohn in ihrem Haus auf. Sie schickten ihn zur die Schule, wo er inmitten der anderen Kinder eifrig lernte. Doch diese Kinder waren sehr neugierig. So kamen sie auch dahinter, dass Laurentius nicht der eigene Sohn des Grafen und der Gräfin war. Sie entdeckten auch, dass der Einsiedler nicht sein Vater war, und fanden heraus, wie er gefunden wurde. Es kam ihnen sonderbar vor, dass er nicht wusste, wer seine richtigen Eltern waren. Sie fingen an, ihn damit zu hänseln, und sagten, dass er nicht einer der ihren sei, da man ihn in einem Lorbeerbaum gefunden habe. In Wirklichkeit waren sie jedoch eifersüchtig auf ihn, denn jeder, der Laurentius sah, bemerkte, dass er von höherer Abstammung sein musste. Alles was er tat, war gut. Er begriff schnell und war sehr hilfsbereit.

Je mehr die Jungen und Mädchen ihn schikanierten, desto stiller wurde er. Tag und Nacht sann er darüber nach, wer wohl seine wirklichen Eltern waren. Schließlich hielt er es nicht mehr aus und ging zu seinen Pflegeeltern. Er bedankte sich für die gute Zeit, die er bei ihnen verbracht hatte, doch nun müsse er in die Welt hinaus, um seine wahren Eltern zu suchen. Graf und Gräfin, die ihn all die Jahre wie ihren eigenen Sohn behandelt hatten, überreichten ihm sein Erbteil: einen großen Beutel mit Gold, von dem er einige Jahre leben konnte. Sie nahmen Abschied und gaben ihm ihren Segen.

Die Teufel im Wald

Die Jahre verstrichen, in denen Laurentius auf der Suche nach seinen Eltern durch viele Länder zog. Überall hatte er gefragt, ob jemand seine Eltern kennen würde, doch nirgendwo eine Antwort gefunden. Aber er ließ den Mut nicht sinken und suchte unbeirrt weiter. Eines Abends erreichte er, müde vom Wandern durch ein ausgedehntes Waldgebiet, eine Lichtung, in deren Mitte sich ein großer Baum erhob. Er war so erschöpft, dass er nicht mehr weiterkonnte. So sah er sich nach einem sicheren Platz für die Nacht um. Da er die wilden Tiere fürchtete, kletterte er in den freistehenden Baum. Oben in der Baumkrone, zwischen all den Blättern, lehnte er sich gegen den Stamm und ruhte sich aus. Er überlegte, wie lange er schon auf Wanderschaft war und in wie vielen Ländern er gesucht hatte. Er dachte daran, dass manche Menschen ihm geholfen, andere ihn aber ausgelacht, beschimpft und fortgejagt hatten. Er seufzte und fragte sich, wie er seine Eltern jemals finden solle. Gab es einen Menschen, der ihm sagen konnte, wer seine wirklichen Eltern waren? Wer weiß, vielleicht lebten sie gar nicht mehr.

Plötzlich wurde er aufgeschreckt. Direkt unter ihm, am Fuß des Baumes, hörte er das Knacken von Zweigen, als ob jemand dort entlangging. Danach vernahm er das Brechen von Holz, etwas später das Knistern und Zischen eines lodernden Feuers. Vom Rauch, der am Baumstamm entlang nach oben stieg, bekam er Tränen in den Augen. Doch er achtete nicht darauf, denn er hörte zu seiner Verwunderung lautes Kreischen, Grunzen, Gekicher, Gelächter, dann wieder Fluchen und Gebrüll; alles durcheinander. Durch das dichte Laub, das ihn umschloss, konnte er nichts sehen. Als er es wagte, die Blätter etwas zur Seite zu schieben, bemerkte er im hellen Schein des Feuers eine Gruppe großer und kleiner Teufel. Jeder von ihnen wollte reden, sie fielen einander dauernd ins Wort und erzählten johlend ihre Geschichten.

Als der größte Teufel sprach, spitzte Laurentius seine Ohren.

»Ihr Angeber«, rief er. »Ihr Dummköpfe denkt, dass ihr schon ganz schön was angerichtet habt, um dem Herrn des Himmels und der Erde in die Quere zu kommen. Aber hört erst einmal meine Geschichte! Davon werden euch die dummen Ohren wackeln.«

Laurentius hörte die kleinen Teufel murmeln: »Was für ein Aufschneider, so ein Prahlhans«, und sie kitzelten ihn mit brennenden Ästchen. Aber neugierig waren sie doch geworden, und so krochen sie näher zueinander, als der große Teufel mit seiner Geschichte begann.

»Einst ging ein sehr frommer Mönch zum König von Spanien. Es war zu jener Zeit, als die Königin kein Kind bekommen konnte. Ich hatte dem König eingeredet, dass er all seinen Reichtum für sich selbst nötig habe und in seinem Keller anhäufen solle. Aber dieser Mönch wusste das natürlich wieder mal besser. Er brachte dem König bei, wie man mit Schätzen umgehen müsse. Und der König war klug genug, das auch zu begreifen. Und als er sein Gold schließlich verteilte, bekam seine Frau ein Kind. Und dieses Kind war ein großer Feind von uns. Das hatte der Mönch durchschaut. Und jetzt hört mal zu: Ich – nicht dumm – griff mir das Kind und ließ es von einem Soldaten aussetzen. Dann legte ich mich selbst ins Kinderbettchen des Königs. Stockblind waren die Eltern, und haben gar nichts gemerkt. Und wie sehr habe ich ihnen das Leben sauer gemacht! Wenn der Diener mit dem Essen auf dem Tablett hereinkam, lief er in seiner prächtigen Uniform, eitel wie er war, mit der Nase in der Luft zum König. Tja, da habe ich ihm ein Bein gestellt, und da lag er dann. Er und das Essen rollten über den Flur. Wenn ich meine schönsten Prinzenkleider aus Samt und Seide trug, kroch ich durch Dornengebüsch und Gräben. Ihr könnt euch vorstellen, wie ich dann aussah und roch! Tiere piesacken konnte ich wie kein anderer. Weder Katze, Hund noch

Kuh waren vor mir sicher. Aber das Allerschönste passierte, als ich den Schlüssel zur Schatzkammer zu fassen kriegte. Als der König zur Jagd war, habe ich die Tür aufgemacht, sodass Hinz und Kunz hineinkonnten. Wenn die Wache nichts gemerkt hätte, dann wäre die Kammer jetzt wie leergefegt. Doch trotz der Wache hatte ich mein Ziel erreicht. Seitdem hielt der König seine Schätze wieder unter Verschluss, und kein Mensch bekam etwas davon, er behielt alles für sich allein. Und damit hatte ich den frommen Pilger übertrumpft. Was sagt ihr dazu?«

Die anderen Teufel lachten sich ins Fäustchen und klatschten in die Hände, doch war da einer, der nicht mitmachte. Der schmiss ein Stück Holz ins Feuer, dass die Funken nur so flogen. Und als schließlich alle still waren, sagte er: »Beelzebub, bist du wirklich ein so ausgekochter, waschechter Teufel? Man sollte dich in der Hölle ins heißeste Feuer werfen! Ich merke schon, dass du nicht weißt, wie die Geschichte weiterging, sonst würdest du nicht so prahlen. Ich bin dem Soldaten gefolgt und habe bemerkt, dass er schwach war und Mitleid mit dem Jungen bekam. Deshalb versteckte er ihn in einem Lorbeerbaum. In der Nähe wohnte der Einsiedler Sixtus, der ihn bald darauf fand. Bei ihm wuchs der Königssohn auf. Glaube also nicht, dass dein Feind besiegt ist. Er sucht schon seit Jahren nach seinen Eltern, und all die Rückschläge haben ihn stark gemacht. Lange Zeit ist es mir gelungen, ihn für dumm zu verkaufen. Doch bald wird er seine Eltern finden. Und dann kannst du dich nur noch aus dem Staub machen.«

Die Teufel johlten noch eine Weile, doch Laurentius hörte es schon nicht mehr. Er wusste nun, wer sein Vater und seine Mutter waren, und wo er sie finden konnte. Als der Morgen anbrach und das Gesindel verschwunden war, kletterte er vom Baum und machte sich auf den Weg.

Wer ist der echte Kronprinz?

Nach einigen Wochen erreichte er den Hof des Königs von Spanien. Dort ging es inzwischen schlimm zu. Weil Beelzebub alles in Verwirrung gestürzt hatte, ließ der König viele Wachen aufstellen, die darauf zu achten hatten, dass nichts Ungewöhnliches geschah. Auch mussten sie jeden Fremden gefangen nehmen, der sich in die Nähe des Schlosses wagte.

So wurde auch Laurentius aufgegriffen, gefesselt und in eines der Verliese gebracht. Doch war das Glück ihm hold. Denn als er auf das Schloss zulief, saß die Königin traurig an ihrem Fenster. Sie blickte auf, sah den Jüngling, und ihr Herz begann schneller zu schlagen. Sie wusste selbst nicht, warum dies so war. Deshalb ließ sie ihn aus dem Verlies holen und zu sich bringen. Und als er vor ihr stand, wusste sie, dass sie ihn gernhatte. Dem König, der herbeigeholt wurde, erging es nicht anders. Und so baten sie ihn, zu erzählen, wer er war und was ihn zum Schloss führte.

Durch seine Geschichte begriffen sie, dass ihr eigener Sohn zu ihnen zurückgekehrt war, und sie umarmten und küssten ihn voller überschwänglicher Freude. Seit seiner Geburt waren sie nicht mehr so glücklich gewesen wie in diesem Augenblick.

Doch Laurentius sprach: »Vater und Mutter, zeigt mir denjenigen, der sich all die Jahre als euer Sohn ausgegeben hat.«

Der Vater nahm ein silbernes Hämmerchen und schlug damit auf den Gong, der neben ihm stand. Als sich die Tür öffnete, trat ein Jüngling ein. Er war genauso alt und ebenso groß wie Laurentius, in allem glich er ihm, doch in seinen Augen funkelte ein bösartiges Licht.

Laurentius richtete sich auf, trat auf ihn zu und sagte mit fester Stimme: »Ich befehle dir im Namen des Herren, der sich der Herr der Wahrheit nennt, zu sagen, wer du bist und wie du hier hereingekommen bist.«

Der Bösewicht antwortete: »Du zwingst mich, zu bekennen, dass ich der Teufel Beelzebub bin. Ich bin der Quälgeist aller Menschen, die dem Guten dienen. Darum habe ich das Kind der Königin gestohlen und seine Gestalt angenommen. Alles, was dann folgte, wisst ihr selbst.«

»Und nun sage mir, wo der wirkliche Prinz von Spanien ist«, befahl Laurentius.

»Das bist du«, brüllte der Teufel. Vor Wut stampfte er so fest auf den Boden, dass alles erzitterte. Dann stürmte er aus dem Zimmer. Während er verschwand, schlugen Flammen aus dem Schloss, die nur mit großer Mühe gelöscht werden konnten.

In den folgenden Jahren lebte Laurentius mit seinen Eltern in Glück und Frieden. Es ging ihnen gut, bis der König und die Königin starben und Laurentius zum König von Spanien gekrönt werden sollte. Nach dem Tod seiner Eltern reiste er durch das Land, das er nun regieren sollte, und dachte nach. Er lief sinnend durch alle Gemächer des Schlosses, und im Thronsaal empfing er alle Großen seines Reiches.

Einer von ihnen, mit Namen Blasius, war ein ganz besonderer Mann. Auch er stammte aus einer königlichen Familie. Er war weise, gut und stark. Laurentius bat ihn, an seinen Hof zu kommen, denn er erinnerte sich, was der gute Sixtus zum Abschied gesagt hatte. Immer deutlicher entsann er sich seiner Worte: »Laurentius, mein Sohn, geh mit Gott. Du wirst deinen Weg gehen und ich den meinen. Doch wenn die Zeit reif ist, werden unsere Wege wieder zusammenkommen. Darum sage ich dir Lebwohl und Auf Wiedersehen!«

Die Erinnerung an seinen Pflegevater und dessen letzte Worte wurde so stark, dass er oft auf den höchsten Turm des Schlosses stieg und dort Ausschau hielt. So wunderte es ihn schließlich nicht, als auf den Hügeln ein Reisender erschien, den er kannte wie keinen anderen. Er eilte ihm entgegen und umarmte ihn.

Als sie das Schloss erreichten, sagte Laurentius: »Du warst für mich ein Vater, Sixtus. Lass mich nun für dich sorgen.«

Der alte Mann aß und trank. Er ruhte sich aus und ließ sich berichten, wie es Laurentius ergangen war. Dann ließ er sich das Schloss zeigen und zum Schluss auch die Schatzkammer. Laurentius ließ die Schätze durch seine Hände rinnen, und legte sie dann wieder auf ihren Platz. Einen Beutel voller Goldstücke nahm er mit; gerade so viel, wie für eine lange Reise erforderlich war. Dann rief er die Großen seines Reiches zusammen, stellte sich neben Sixtus und sprach: »Ich habe euch wegen eines wichtigen Beschlusses hierher gerufen. Ihr seht in mir den Nachfolger meines Vaters, dem König. Doch ich habe beschlossen, einem anderen zu folgen, der auch mein Vater war. Es ist Sixtus, der hier neben mir steht. Er hat sich um mich gekümmert, als ich noch ein Kind war, und nun ist er zu mir gekommen. Mit ihm will ich gehen, in das Land, in dem er wohnt. Unter euch gibt es einen, dem ich die Regentschaft übertragen will. Es ist Blasius. Er wird ein guter König sein. Wie mein Vater es schon getan hat, wird er Besitz und Herrschaft mit euch teilen.«

So nahm Laurentius Abschied von seinem Schloss und seinen Fürsten, von seinem Land und seinem Volk. Er ließ alles hinter sich und ging mit Sixtus zu dem Ort, an dem er aufgewachsen war. Dort angekommen, sah er die alte Hütte, den Wald und den Lorbeerbaum und dachte: Hier bin ich zu Hause. Er wusste nicht, dass sich das Römische Reich, in das er zurückgekehrt war, in großer Not befand. Es sollte nicht lange dauern, bis er damit zu tun bekam.

Decius

An der nördlichen Grenze des Römischen Reiches befanden sich die germanischen Völker im Aufstand. Sie verweigerten dem Kaiser in Rom den Gehorsam. Dieser Kaiser, mit Namen Philippus, war ein geduldiger Mann. Er sandte einen Boten aus, um mit ihnen zu sprechen. Dieser kam verwundet und mit zerrissenen Kleidern traurig zurück nach Rom. Die Germanen hatten ihn misshandelt und fortgejagt. Deshalb beauftragte der Kaiser seinen obersten Feldherrn Decius, gegen sie in den Kampf zu ziehen. Decius besiegte die Aufständischen, unterwarf sie und zwang sie erneut zur Kaisertreue.

Als er auf dem Rückweg mit seinen Soldaten den Sieg feierte, genoss er seine Macht und fand es unerträglich, dass in Rom noch jemand über ihm stand. Sein Stolz verführte ihn dazu, nach dem Thron zu trachten, und er fasste einen feigen Entschluss.

Inzwischen hatte Philippus vom Sieg seines Feldherrn gehört und eilte ihm entgegen. Er wollte ihm die Ehre erweisen und ihn selbst zurück nach Rom geleiten. Doch bevor er sich auf den Weg machte, rief er insgeheim Sixtus zu sich und sprach: »Treuer Freund, du weißt, dass ich einen großen Schatz besitze. Da ich auf Reisen gehe, um meinen Feldherrn zu begrüßen, muss ich diesen Schatz hier zurücklassen. Doch mich beunruhigt ein unbestimmtes Gefühl. Deshalb suche ich jemanden, der während der Zeit, in der ich fort bin, diesen Schatz bewacht. Mein Freund, kennst du einen Mann, dem ich diese Aufgabe anvertrauen kann?«

»Verehrter Kaiser«, antwortete Sixtus, »ich kenne einen Mann, einen Königssohn, der große Schätze besaß und davon niemals etwas für sich beansprucht hat. Es ist mein Pflegesohn Laurentius. Ihm könnt Ihr diese Aufgabe anvertrauen.«

So wurde Laurentius zum Kaiser gerufen, der alle anderen fortschickte, damit sie allein waren. Er sprach: »Es geht um einen ganz besonderen Schatz, Laurentius. Bis heute habe ich ihn sorgfältig gehütet, doch eigentlich ist er dazu da, verschenkt zu werden. Demjenigen, der mir diesen Schatz anvertraute, gelobte ich, ihn verteilen zu lassen, auf dass noch größerer Reichtum entstehe. Weil ich die Stadt nun verlassen muss und vielleicht schlimme Zeiten kommen, sollst du für mich den Schatz hüten. Denkst du, du kannst das?«

»Majestät«, sagte Laurentius, »ich bin der Sohn des Königs von Spanien. Ich war sehr reich und gab jedem in meinem Land, was ihm zustand.«

Philippus nickte und fuhr fort: »Bedenke, dass auf diesem Schatz ein Geheimnis ruht: Es darf nichts von ihm übrigbleiben, alles muss verschenkt werden. Mit dieser Aufgabe betraue ich dich, falls ich von meiner Reise nicht mehr zurückkehren sollte.« Der Kaiser erhob sich und legte seine Hände auf Laurentius' Schultern, sah ihn an und sprach: »Ich sehe, dass Furcht dir fremd ist, da Gottes Segen auf dir ruht. Niemand wird dir etwas antun können. Lebwohl!«

Der Kaiser verließ Rom und zog seinem Feldherrn entgegen. Noch am Abend desselben Tages ritt er in das Lager des Feldherren Decius. Er dankte ihm, umarmte und pries ihn. Decius führte den Kaiser zu einem fürstlichen Zelt, das abgesondert inmitten einer Gruppe von Bäumen stand. Er verbeugte sich vor dem Kaiser und reichte ihm einen Becher, den der Kaiser, der sehr durstig war, bis zur Neige leerte. Danach zog Decius sich zurück.

In der Ferne hörte der Kaiser seine Soldaten. Er ließ seinen Blick über das umliegende Land und die Berge schweifen, die im letzten Abendlicht leuchteten. Dann merkte er, dass er sehr müde wurde. Er öffnete das Zelt, ging hinein und schloss es hinter sich. Decius wartete ganz in der Nähe. Als es schließlich dunkel geworden war, richtete er sich auf und sagte: »Es kann nur einen Kaiser in Rom geben. Und der will ich sein. Ich ganz allein.«

Am folgenden Morgen wurde Decius auf seinem Schild stehend von seinen Soldanten emporgehoben und als Sieger über den Feind und neuer Kaiser von Rom gefeiert. Bald darauf ritt er mit seinem Heer in die Stadt.

Der Schatz

Decius wünschte nicht nur die Herrschaft über das Römische Reich, er hatte auch ein Auge auf den Schatz geworfen, den Philippus Laurentius in Obhut gegeben hatte. Schon in den ersten Tagen seiner Regentschaft konnte er an nichts Anderes mehr denken. Er ließ Laurentius holen und sagte: »Der Kaiser besaß einen Schatz, und wir wissen, dass er ihn dir anvertraut hat. Ich befehle dir zu sagen, wo du ihn verborgen hältst.«

Laurentius lächelte und bestätigte, dass es sich in der Tat um einen verborgenen Schatz handele, und nur er selbst wisse, wo dieser versteckt sei. Decius schluckte und erwiderte, dass er die Herrschaft über das gesamte Reich habe und somit auch über den Schatz. Da er also dem Kaiser gehöre, müsse er nun zum Vorschein kommen, und bitte schnell.

»Und ich habe von Kaiser Philippus den Auftrag bekommen, ihn geheimzuhalten«, erwiderte Laurentius.

Decius merkte, dass er Laurentius nicht mit Worten überzeugen konnte, und befahl seinen Soldaten, ihn zu geißeln. Doch Laurentius hielt den Schmerz aus und schwieg.

»Majestät«, sagte er schließlich, »ich kann Euch den Schatz zeigen. Ich benötige drei Tage, um ihn hierher zu bringen. Es ist ein gewaltiger Schatz. Wenn Ihr mir diese drei Tage zugesteht, wird es mir wohl gelingen.«

Der Kaiser dachte: Wenn ich den Schatz erst einmal sehe, dann kriege ich ihn auch zu fassen. Und so willigte er in den Vorschlag ein.

Laurentius machte sich an die Arbeit. Drei Tage und Nächte lang nahm er Bündel für Bündel des verborgenen Schatzes und gab sie den armen, kranken, gebrechlichen und verkrüppelten Menschen. Er verteilte die Edelsteine und Perlen, das Gold und das Silber. Überall, wo er hinkam, weinten die Menschen vor Freude und Dankbarkeit. Nun konnten sie Essen für sich und ihre Kinder kaufen. Sie konnten wieder leben, ihre Not hatte ein Ende. Er nannte ihnen den Zeitpunkt, an dem er wieder vor Decius erscheinen musste, und bat sie, sich um diese Zeit auf dem Platz vor dem königlichen Palast einzufinden. Nach drei Tagen hatte Laurentius alle Menschen in den Armenvierteln von Rom besucht und den Schatz unter ihnen verteilt. Dann ging er zu Decius.

»Wo ist dein Schatz?«, brüllte dieser.

»Kommt mit nach draußen«, sagte Laurentius, »dann könnt Ihr ihn mit eigenen Augen sehen.«

Als der habsüchtige Kaiser auf den Balkon seines Palastes trat, sah er unzählige Menschen auf dem Platz. Er schnauzte: »Was wollen die hier?«

»Seht gut hin und lauscht mit Eurem Herzen«, sagte Laurentius zu ihm. Und der Kaiser sah Lahme, die von ihren Freunden getragen wurden, er sah verkrüppelte Männer, Frauen und Kinder, Taube, Blinde, und endlos viele Bettler. Es waren die Menschen, von denen Decius gewöhnlich den Blick abwandte, um sie nicht sehen zu müssen. Diese Unglücklichen, die in den elenden Vierteln seiner Stadt lebten und so gut wie nie vor seinem Palast erschienen, füllten nun den Platz bis in den äußersten Winkel. Doch ihre Gesichter waren nicht müde, traurig oder wütend, wie sonst. Nein, sie lachten und sangen, und ihre Augen strahlten vor Freude.

Ganz verwirrt durch alles, was er dort sah und hörte, blieb der Kaiser länger auf dem Balkon, als er eigentlich wollte. Plötzlich wandte er sich ab, packte Laurentius beim Arm und sagte mit rauer Stimme: »Was soll das, darum habe ich nicht gebeten. Ich wollte den Schatz. Drei Tage habe ich dir gegeben. Die sind vorbei.«

Und während Laurentius antwortete, dachte er an Philippus und den Auftrag, der nun erfüllt war.

»Es war ein verborgener Schatz, o Kaiser. Er wurde ausgeteilt an all die Menschen, die Ihr hier seht. Und er ist in die Herzen Eures Volkes gelegt. Seht Ihr nicht die Hoffnung und Freude, das Vertrauen und die neue Kraft in all diesen Menschen? Das ist der Schatz, der nun bei jedem von ihnen ist. Es gibt keinen größeren Schatz als den, der in den Herzen der Menschen lebt.«

Der Kaiser bebte vor Wut. Er hatte Gold sehen wollen, lauteres Gold und fühlte sich nun von Laurentius betrogen, denn den Schatz besaßen nun die Menschen, die er verachtete. Er selbst hatte nichts davon gesehen. Seine Wut war so groß, dass er seinen Knechten befahl, das Volk fortzujagen und auf dem Platz einen Scheiterhaufen zu errichten. Er ließ ein eisernes Bett holen, Laurentius darauf festbinden und es ins Feuer stellen.

Der Kaiser hatte sich durch seine Wut hinreißen lassen, doch als die Flammen stets höher um das Bett loderten, bekam er es mit der Angst zu tun. Laurentius hatte sich weder durch seine Worte noch durch die Peitschenschläge zu irgendetwas zwingen lassen. Ja, es schien sogar, als ob sie ihn nicht einmal berühren konnten.

Und nun musste Decius mitansehen, wie sein Gegner, ohne sich zu rühren, in den Flammen lag. Das Feuer jedoch züngelte nach allen Seiten und verbrannte die Soldaten, die immer neue Scheite daraufwerfen mussten. Laurentius jedoch blieb unversehrt. Widerstand er dem Feuer aus eigener Kraft, oder war da jemand, der ihm half? Man erzählte sich, dass einer der Ratsherren einen Jüngling neben Laurentius sah, der ihn mit einem Leinentuch gegen das Feuer schützte. So hielt er die Flammen fern und fächelte ihm Kühlung zu.

Ob Laurentius seinen Beschützer auch gesehen hat, wissen wir nicht. Doch rief er dem Kaiser zu: »Die Flammen versengen mich nicht, sie bringen mir Kühlung. Ihr jedoch werdet einst von großer Hitze heimgesucht werden, wenn Ihr begreift, was Ihr mir angetan habt.«

Decius musste schließlich zugeben, dass Laurentius gesiegt hatte. Auch das Volk war sich darüber im Klaren. Es verehrte ihn als Heiligen, und zu allen Zeiten erzählten Eltern ihren Kindern die Geschichte von Laurentius.

Auf mein Wort, Herr!

Radegund war eine germanische Prinzessin aus dem Lande Thüringen. Als sie gerade dreizehn Jahre alt war, wurde sie von dem Frankenkönig Chlotar zu dessen Burg mitgeführt, wo sie bleiben musste und aufwuchs, bis sie erwachsen war und Chlotar sich mit ihr trauen ließ.

Radegund aber wusste, dass Getrautwerden treu sein bedeutet, und diese Treue gelobte sie ihrem Mann.

»Ich werde dir alle Zeit treu sein«, sprach sie, »wenn auch du mir und meinem Bruder gegenüber, dem Einzigen, der mir geblieben ist, Treue walten lässt. Füge ihm und mir kein Leid zu, dann werde ich bei dir bleiben.«

König Chlotar liebte sie sehr. So fügte er ihr und ihrem Bruder viele Jahre lang kein Leid zu. Dies ging so, bis er es eines Tages nicht mehr ertragen konnte, dass das Land ihres Bruders schöner war als sein eigenes, und dass dieser mehr Freunde hatte als er. In einer Anwandlung schlimmer Eifersucht suchte er Streit mit Radegunds Bruder und tötete ihn.

Radegund, der dies von einem Diener gemeldet wurde, floh aus der Burg. Sie wollte nicht mehr bei Chlotar bleiben, dem Manne, der ihren Bruder umgebracht hatte.

Und da sie die Burg sehr früh am Morgen schon verlassen hatte, war sie bereits ein gutes Stück vorangekommen, bevor Chlotar die Flucht bemerkte. Er ließ sofort sein Pferd satteln und nahm die Verfolgung auf, so rasch er nur konnte.

Radegund kam unterdessen zu einem Acker, auf dem ein Bauer dabei war, Hafer zu säen. Sie sprach ihn an und sagte: »Bauer, du musst mir helfen. Wenn mein Gemahl, der König, angeritten kommt, so sage ihm, dass hier, seit du dieses Korn gesät hast, niemand vorbeigekommen ist.«

Der Bauer wusste nicht, ob er das wohl wagen sollte; doch da sah er zu seiner großen Verwunderung, dass der eben gesäte Hafer bereits aufging und immer rascher wuchs, bis die Halme nicht lange danach voll ausgewachsen und reif auf dem Feld standen.

Radegund hatte sich gerade im Haferfeld versteckt, und die glänzenden Halme hatten sich schützend über sie gebogen, da kam König Chlotar, der der Spur seiner Frau gefolgt war, in schnellem Galopp angestürmt.

Als der König den Bauern erblickte, hielt er sein Pferd an und rief zu ihm herüber, ob da nicht jemand vorbeigekommen sei?

»Herr«, antwortete der Bauer, »so wahr als ich lebe, seit ich dieses Korn gesät habe, ist hier kein Mensch vorbeigekommen. Auf mein Wort, Herr.«

Einen Augenblick lang betrachtete Chlotar verwundert die hohen Halme, die schon im Frühjahr reif auf dem Feld standen. Dann wendete er sein Pferd und ritt zurück zu seiner Burg.

So wurde Radegund durch einen Bauern und durch das Wunder des Hafers, der so schnell wuchs, gerettet.

Nehmt mit, was ihr tragen könnt!

Zu Haarlem auf der Burg wohnte ein grausamer Ritter. Er herrschte über die umliegenden Dörfer, und er war gefürchtet wegen seiner aufbrausenden Art und harten Hand. Wenn er ausritt und seine Ländereien besuchte, beugte jeder, dem er begegnete, das Haupt zum demütigen Gruße, denn seine Hand griff rasch zur Peitsche oder sogar zum Schwert.

Lange ertrug das Volk die Willkür und das Unrecht seines Herrn, bis der aufgestaute Zorn zu einem flammenden Feuer wurde und Jung und Alt sich erhob und zum Schloss zog. Die Festung wurde von allen Seiten umzingelt, und das Volk war fest entschlossen, nicht zu weichen, bis der Tyrann überwunden war. Der Ritter musste erkennen, dass seine Kraft gegen diese Übermacht nichts vermochte und dass er abgeschnitten war von jeglicher Hilfe.

Allmählich gingen die Vorräte zur Neige, und die Verteidiger wurden vom Durst gequält und durch Hunger geschwächt. Wenn der Ritter selbst auf den Zinnen erschien, ballten die Bauern ihre Fäuste und schrien ihre Wut gegen ihn heraus, während die Kinder Steine nach ihm warfen. Seine Faust umklammerte das Schwert, aber dann musste er sich bleich und mit verbissener Miene zurückziehen.

Manchmal aber trat Emma, die Burgfrau, auf die Zinne. Dann wurde es jedes Mal ganz still unter den Belagerern. Sie grüßten sie, weil sie sie mochten. Denn sie war immer freundlich und gut zu ihnen gewesen. Sie blickte über den Burggraben hinweg hinunter auf die Hunderte von Männern, die die Burg umzingelten und darauf warteten, dass der Ritter sich ergeben würde.

Kerzengerade stand Emma da in ihrem weißen Gewand. Ihr Herz empfand keinen Hass gegen diese Menschen. Sie begriff sehr gut, welches

Unrecht dem Volk angetan worden war: die Unterdrückung, die vielen Demütigungen. Ja, sie liebte dieses verzweifelte Volk.

Doch auch wenn sie sich umwandte und wieder in die Burg zurücktrat, wo ihr Gemahl auf sie wartete, konnte sie keinen Hass empfinden. Sie kannte seine Unruhe und seine wilde Natur. In ihr lebte die heilige Liebe, die wie die Sonne alles mit ihrem Licht überstrahlt.

Schließlich kam der Tag, da der Ritter sein stolzes Haupt beugen musste und die Bewohner der Burg zusammenrief. Er sprach zu ihnen: »Teure Frauen, tapfere Männer, unsere Vorräte sind zu Ende, und es gibt niemanden, der uns Hilfe böte. Wir müssen uns ergeben, der Hunger zwingt uns dazu.«

Als er ausgesprochen hatte und in die Runde blickte, trat Emma hervor und fragte, ob sie mit dem Volk sprechen dürfe. Das wurde ihr zugestanden, und die Knechte öffneten die schweren Tore und ließen die Zugbrücke herunter. Emma trat auf den Anführer zu, beugte das Haupt vor ihm und sprach: »Hauptmann, es ist so weit, die Burg wird Euch übergeben, aber gesteht mir zu, dass ich Euch eine Frage stelle.«

»Sprecht, edle Frau«, antwortete dieser.

Emma sprach: »Ihr habt den Kampf gegen unsere Männer gewonnen, ihr Leben ist in Eurer Hand. Was aber wird mit den Frauen in der Burg geschehen?«

Der Anführer sagte kurz angebunden: »Ihr habt uns nichts getan, ihr könnt die Burg verlassen.«

»Ich danke Euch«, sagte Emma, und sie lächelte. Dann sprach sie weiter: »Müssen wir dann unseren Besitz in der Burg zurücklassen?«

»Nehmt mit, was ihr tragen könnt«, lautete die Antwort.

Emma blickte ihn an und fragte mit Nachdruck: »Ihr gesteht also jeder Frau zu, das Wertvollste, was sie besitzt, mit herauszutragen?«

Der Anführer nickte.

»Auf Euer Wort, Hauptmann?«, fragte Emma.

»Auf mein Wort, edle Frau«, antwortete der Anführer und gab ihr ein Zeichen, dass sie dies den Bewohnern der Burg ausrichten möge.

Emma neigte ihr Haupt, um ihm zu danken, und drehte sich um. In die Burg zurückgekehrt, forderte sie die Frauen auf, ihr kostbarstes Gut zu sammeln. Sie selbst wandte sich zu ihrem Mann und sprach: »Ich darf das Teuerste, das ich besitze, mit mir heraustragen; mache dich also so leicht, wie du nur kannst.«

So verließen die Frauen in einer langen Reihe die Burg, jede trug das ihre, und allen voran ging Emma, schwankend unter einer schweren Last. Auf ihrem Rücken trug sie den Ritter, denn der war ihr kostbarstes Gut. Sie durchschritt die engen Reihen des zusammengeströmten Volkes. Die Menschen standen schweigend da und blickten hasserfüllt auf den Tyrannen. Doch niemand griff ein. Sie ließen ihn gehen, um seiner Frau willen, die sie lieb hatten, und weil der Hauptmann sein Wort gegeben hatte.

Die Burg wurde gestürmt, in Brand gesteckt und dem Erdboden gleichgemacht. Kein Stein blieb auf dem anderen. Doch der Ritter war gerettet.

Ich komme für meinen Freund

Antonius war erst zwanzig Jahre alt und doch schon ein reicher Mann. Seine Eltern waren gestorben, und er hatte ihr gesamtes Vermögen geerbt. So besaß er viele Häuser und Ländereien. Er hatte Gold und Edelsteine und Schränke voller schöner Kleider. Die Menschen sahen ihn in immer wieder neuen kostbaren Gewändern und bewunderten ihn, weil er so edel und vornehm war. Die Bauern, die auf seinen Ländereien arbeiteten, gehorchten ihm, weil er gerecht und ehrlich war. Alle blickten mit Ehrfurcht zu ihm auf.

Und gerade das machte, dass er einsam war und stets mehr das Gefühl bekam, dass ihm etwas fehlte, etwas, das vielleicht das Allerwichtigste für einen Menschen ist: »Ich hätte so gerne einen Freund«, sagte er von Zeit zu Zeit zu sich selber, und dieser Gedanke wuchs in ihm zu einer starken Sehnsucht heran: zu dem Wunsch, einen Freund finden zu können.

Eines Tages klopfte jemand an die Tür seines Hauses. Es war ein leises, bescheidenes Klopfen. Sicher ein Bettler, dachte Antonius. Immerfort kamen Bettler, den ganzen Tag über. Es war, als ob sie ständig Hunger hätten und erwarteten, dass er den ganzen Tag für sie bereit stand. Und ärgerlich darüber, dass er gestört worden war, tat er, als ob er nichts gehört habe.

In der folgenden Nacht hatte er einen Traum. Ihm träumte, ein Mann stünde vor seiner Türe, der fragte ihn: »Warum hast du mir heute nicht geöffnet?«

Antonius erschrak und fragte: »Warst du es, der bei mir anklopfte?«

»Ja«, sagte der Mann, »und ich kam, weil du mich gebeten hattest zu kommen. Ich will gern dein Freund sein. Allein, die Tür war verschlossen. Ich konnte nicht hereinkommen.«

»Das tut mir leid«, sagte Antonius, »aber sag mir, was kann ich tun, um dein Freund zu werden?«

Und der Mann antwortete: »Ich bin Christus, und jeder, der mit mir befreundet sein will, muss alles, was er besitzt, herschenken und den Armen geben, und das verlange ich auch von dir. Denn wenn du kein Haus mehr hast, um dich darin einzuschließen, dann kann ich allezeit zu dir kommen. Wenn du alles weggegeben hast, dann komm und folge mir.«

Als Christus dies gesagt hatte, wandte er sich um. Er verließ das Haus, ging durch das Dorf und schlug dann den Weg ein, der in die Wüste führte. Und Antonius sah, wie er durch die Wüste lief, bis er schließlich hinter einem Hügel verschwand. Als Antonius begriff, dass er fortgegangen war, wollte er aufspringen und ihm nacheilen, um bei ihm bleiben zu können – und erwachte jäh.

Es war noch früh am Morgen. Doch Antonius brannte vor Sehnsucht, das auszuführen, was ihm gesagt worden war. Er stand auf und ging zuerst zu den Bauern, die auf seinen Ländereien arbeiteten. Jedem von ihnen schenkte er ein Haus und Land dazu. Wieder zu Hause angekommen, fing er an, seinen Besitz an die Armen im Dorf zu verteilen. Und das Haus, das er selbst bewohnte, gab er seinem Verwalter. Noch bevor der Abend hereingebrochen war, hatte er alles verteilt, er konnte das Dorf verlassen und in die Wüste gehen.

Als es dunkel wurde, fand er am Rande der Wüste eine leer stehende Hütte, in der nahm er seine Bleibe.

Die Menschen verwunderten sich sehr über ihn, doch sie waren auch dankbar, weil er sie so reich beschenkt hatte, und kamen jeden Tag, um ihn mit Essen und Trinken zu versorgen.

Einmal träumte er, dass er in der Türöffnung seiner Hütte stand und den Blick über die Wüste schweifen ließ. Ganz in der Ferne, zwischen dem gelblich roten Sand und den blendend-weißen Kalksteinhügeln, konnte er eine dunkle Höhle erkennen. Er sah, wie Christus den Weg zu dieser Höhle einschlug und in sie hineinging.

Als Antonius am nächsten Morgen erwachte, wusste er, dass er seinem Freund noch weiter folgen musste. Wohnte Christus vielleicht in dieser Höhle? So ließ er die Hütte hinter sich und wanderte weiter.

Es war ein langer Weg. Wieder war es beinahe dunkel geworden, als er bei der Höhle anlangte, und er beschloss, hineinzugehen, um die Nacht dort drinnen zu verbringen.

Er setzte sich auf den Boden und versuchte, seine Augen an die Dunkelheit zu gewöhnen. Doch mit Schrecken sah er plötzlich, dass er ringsum von den furchtbarsten Tieren umgeben war. Solche Tiere hatte er noch nie gesehen. Sie kamen langsam auf ihn zu und zischten und knurrten dabei.

»Was machst du hier? Du hast hier nichts zu suchen. Mach, dass du wegkommst!«

Doch Antonius wusste sicher, dass Christus hier hineingegangen war. Er war fest entschlossen, ihm zu folgen, und er sprach: »Ich komme zu meinem Freund, ich werde nicht von hier weggehen.«

»Das ist unsere Höhle, geh weg, sonst zerreißen wir dich!«

Die Tiere näherten sich ihm und fauchten. Sie zischten, brüllten und streckten ihre Klauen nach ihm aus, aber Antonius wusste, dass er jetzt nicht nachgeben durfte, und er blieb an seiner Stelle.

Da sprangen die wilden Tiere von allen Seiten heran und warfen sich auf ihn. Sie zogen ihn an seinen Haaren über den Boden, bissen und kratzten ihn und stießen ihn mit ihren Hufen.

Als dies immer länger dauerte und Antonius schlimme Schmerzen litt, da dachte er auf einmal an seinen Freund. Wo mochte er wohl sein? Warum ließ er ihn allein? Hatte er ihm nicht selbst bedeutet, dass er in diese Höhle gehen sollte? Als er sich das fragte, wurde das Dunkel von einem schwachen Lichtschein aufgehellt. Die Tiere krochen zurück zur Wand und verzogen sich in den Spalten und Schlupfwinkeln der Grotte. Antonius' Schmerzen ließen nach, und er blickte auf.

Er merkte, dass sein Freund jetzt bei ihm war, und sprach: »Jesus, wo warst du die ganze Zeit über, als ich hier lag und von den Tieren gequält wurde?«

»Ich war ganz nahe bei dir, Antonius«, antwortete Jesus. »Aber ich wollte wissen, ob du mir wirklich folgen willst. Jetzt, da ich gesehen habe, dass du mutig zu kämpfen vermagst, weiß ich, dass ich dir vertrauen kann.«

Viele Jahre lang wohnte Antonius in dieser Höhle, und nie mehr kamen die Ungeheuer zurück. Da wusste er, dass für ihn die Zeit zum Weiterziehen gekommen war.

Seine Wanderung führte ihn diesmal viele Tage durch die Wüste, bis er an eine Stelle kam, die lag so weit von allen menschlichen Siedlungen entfernt, dass niemand mehr kommen konnte, um ihm Essen und Trinken zu bringen. Es war eine kleine Oase mit einer klaren Quelle und einem Stück fruchtbarem Boden. Unter den Palmbäumen, die dort wuchsen, gab es auch Schatten. Antonius begann, um die Quelle herum einen Acker anzulegen und baute darauf Getreide und Gemüse an. Von dem Ertrag dieses Ackers lebte er dort viele Jahre. Immer wieder kamen Tiere zu ihm. Einige wollten sein Korn zertrampeln, doch er ging zu ihnen hin und sprach streng mit ihnen. Und sie wehrten sich nicht, sondern lauschten seinen Worten und verschwanden wieder.

Als Antonius schon neunzig Jahre alt geworden war, hörte er, dass es noch einen anderen Einsiedler gab, der Paulus genannt wurde und mitten in der tiefsten Wildnis wohnte. Den wollte er aufsuchen. Aber als er schon eine Weile unterwegs war, endete der Weg plötzlich, und er wusste nicht mehr, in welche Richtung er gehen musste. Weil er bewiesen hatte, dass er keine Angst vor den wilden Tieren hatte und ihnen auch nie etwas zuleide tat, hatten sie Vertrauen zu ihm gefasst und wollten ihm nun gern helfen.

Und so kam aus dem Wald ein großer Wolf angelaufen und ging ihm voran. Er geleitete ihn sicher durch die Wildnis, bis er bei der Hütte des alten Paulus angekommen war. Antonius dankte dem Wolf und klopfte an die Türe des Klausners, worauf dieser herauskam. Die beiden Männer waren nun lange Zeit zusammen und sprachen viel miteinander. Ein Hirsch kam aus dem Gebüsch und lag zu Paulus' Füßen, und als es Essenszeit war, flog ein Rabe herbei, der trug im Schnabel ein großes Stück Brot.

Als Antonius sich verwunderte, sprach Paulus: »Immer wenn es Zeit zum Essen ist, bringt mir dieser Rabe mein Brot. Doch heute hat er mir ein doppelt so großes Stück gebracht.«

Nun brachen sie das Brot miteinander, und jeder aß seine Hälfte. Dann kehrte Antonius wieder zu seiner Oase zurück.

Als er sehr alt geworden war – die Menschen sagen, er hätte hundertfünf Jahre gelebt –, saß er eines Tages vor der Tür seiner Hütte in der Oase. Da stand auf einmal Christus neben ihm, der sprach: »Leg nun die Kleider ab, die du hier all die Zeit getragen hast, und empfange den Mantel, den ich für dich mitgebracht habe.«

Und so geschah es. Antonius bemerkte, dass er jetzt einen blauen Mantel trug, so blau wie der Himmel selbst.

»Dies ist mein Geschenk für dich«, sprach Christus. »All deinen Besitz, all deine schönen Kleider hast du den Armen geschenkt. Nun trägst du ein Gewand, das du nie mehr ablegen wirst; es wird niemals Flecken bekommen oder verschleißen. Jeder soll sehen, dass mein Freund Antonius den Mantel trägt, den ich ihm geschenkt habe.«

Und Christus nahm ihn bei der Hand und leitete ihn ins große Himmelshaus, wohin jeder Mensch geht, der seine Arbeit auf Erden vollbracht hat.

Wo ist das Schloss?

In den Tagen, da die zwölf Apostel in die Welt ausgesandt wurden, kam Jesus auch zu Thomas. Er sprach zu ihm: »Thomas, jedem Apostel erteile ich seinen Auftrag. Dir trage ich auf, nach Osten, nach Indien zu gehen.«

»Herr«, antwortete Thomas, »Indien ist weit weg und gefährlich. Weshalb sendest du mich gerade dorthin?«

»Der König sucht einen Baumeister. Er möchte sich das schönste Schloss der Welt bauen lassen. Allein du, Thomas, kannst das tun. In meinem Namen sollst du dieses Bauwerk errichten.«

Als Jesus dies gesagt hatte, nahm er Thomas mit zum Markt, und es dauerte nicht lange, da erschien in prächtigen Seidengewändern der indische Adlige Abbanes. Als er auf dem Markt umherblickte, trat Jesus auf ihn zu und fragte ihn, was er suche. Abbanes sprach: »Ich suche einen kundigen Baumeister, der einen neuen Palast für meinen Fürsten bauen kann.«

Jesus wies auf Thomas und sprach: »Abbanes, dies ist der beste Baumeister, der mir bekannt ist. Ihr könnt ihm vertrauen: Ein besseres Schloss kann niemand als er für Euch bauen.« So ward Thomas angenommen und zog mit dem Höfling nach Indien. Der König empfing ihn und erteilte ihm den Auftrag für sein Schloss. Er gab ihm dafür große Schätze und ging selbst für zwei Jahre in ein anderes Land. »Wenn ich zurückkehre, muss es vollendet sein«, waren seine Abschiedsworte.

Während der König im Ausland weilte, zog Thomas durch das ganze Reich. Überall, wo er hinkam, verteilte er die Schätze an die Armen. Diese nun kamen in großen Scharen zu ihm, nicht allein des Goldes und Silbers wegen, sondern auch, um die Worte zu vernehmen, die Thomas sprach. Und wo er hinkam, erzählte er, wie Gottes Sohn auf die Erde gekommen war, wie er gestorben und vom Tode auferstanden war und dass er nun in den Herzen der Menschen Wohnung nehmen wolle.

Nach zwei Jahren kehrte der König zurück. Er ließ Thomas zu sich kommen und fragte: »Ich habe dich beauftragt, das schönste Schloss der Welt zu bauen. Wo ist es? Lass es mich sehen!« Thomas antwortete: »Mein König, Eure Augen vermögen es jetzt noch nicht zu sehen. Im Himmel habe ich Euer Schloss gebaut. Da steht es in aller Pracht und vollem Glanz.«

Der König, der das nicht begreifen konnte, wurde ärgerlich und fragte: »Und was tatest du mit meinen Schätzen, die ich dir für den Bau gegeben habe?«

»Die Schätze, o König«, sprach Thomas, »die schenkte ich den Armen. Euren wahren Schatz sollt Ihr dadurch im Himmel finden, wenn Ihr nach diesem Leben durch die Himmelspforte gehen werdet.«

Der König fühlte sich von Thomas betrogen. Er wusste noch nicht, dass die schönsten Wohnungen nicht auf Erden, sondern im Himmel gebaut werden. Er wurde sehr zornig und befahl, Thomas in Fesseln zu legen und ins Gefängnis zu werfen. Innerhalb einer Woche sollte er zu Tode kommen.

In diesen Tagen nun wurde der Bruder des Königs so krank, dass er starb. Er wurde im Himmel empfangen und durfte wählen, wo er hier zu wohnen gedachte. Voll Bewunderung ging er umher und wies alsbald auf das schönste Bauwerk, das er sah: ein prächtiges Haus, verziert mit Gold, Silber und Edelsteinen.

»Dieses Schloss », sprachen die Himmlischen, »ist von deinem Bruder, dem König. Er hat es durch Thomas erbauen lassen, aber er möchte es nicht haben. Wenn du noch einmal auf die Erde zurückkehren magst, kannst du es von ihm kaufen.« Der Bruder des Königs bat nun, zur Erde zurückkehren zu dürfen, und so geschah es.

Ins Leben zurückgekehrt, stieg er hinab ins Gefängnis und öffnete die Türen. Er nahm die Fesseln von Thomas' Händen und führte ihn hinaus.

Boten, die das gesehen hatten, liefen rasch zum König und sprachen: »Herr König, Euer Bruder ist wieder zum Leben erwacht und hat Thomas aus dem Gefängnis befreit. Sie sind auf dem Wege zu Euch.«

Und so empfing sie der König mit großer Verwunderung, und sein Bruder sprach: »O König, Ihr seid verwundert darüber, dass ich, Euer Bruder, der gerade erst verstorben war, hier nun lebend vor Euch stehe. Nachdem ich gestorben war, ward ich in den Himmel geführt und sah dort prächtige Wohnungen. Aber die schönste, o König, ist das Schloss, das dort durch Thomas für Euch errichtet ist. Ich durfte aus dem Himmel zu Euch zurückkehren, um Euch dies zu berichten. Dieses Schloss würde ich gern von Euch erwerben, denn ich glaube, Ihr wollt es nicht haben.«

Der König aber antwortete: »Mein Bruder, hab' Dank, dass du wieder zur Erde zurückgekehrt bist, um mir dies zu erzählen. Nun, da ich höre, dass das Schloss meines Baumeisters tatsächlich besteht und wahrhaft schön ist, bitte ich dich: Lass dir für dich selbst von Thomas dort ein Schloss bauen, denn dasjenige, das nun dort steht, ist mein. Und wenn er es nicht tut, dann wird für uns beide in dem meinigen Platz genug sein. Aber Thomas soll von nun an der erste Baumeister an meinem Hofe sein. Auch muss er uns berichten, von wem er seine Kunst erlernt hat.«

So wurde Thomas durch den König wieder zu Ehren gebracht. Und was er ihm erzählte, wurde in Büchern aufgeschrieben, damit jeder, der es wissen möchte, es darin lesen kann.

Und immer sprudelte Wasser hervor

Als am Pfingstmorgen die Glocken der kleinen Dorfkirche zu läuten begannen, wurde in einer Hütte am Rande des Dorfes ein Kind geboren. Es war ein Junge, und die Eltern nannten ihn Pascal, nach dem spanischen Wort für Pfingsten – »Pasqua de Pentecosta«.

Viel mehr als eine kleine Holzkiste und ein grob gewebtes Leintuch gab es nicht, um das Kind hineinzubetten. Doch es schien ihm zu genügen, denn der Kleine war immer fröhlich und zufrieden. Sobald er laufen konnte, nahm ihn sein Vater, ein Schafhirte, mit zur Herde hinaus. Er lernte, wie man die Tiere führte und fütterte, und wurde so im Laufe der Jahre selbst ein Hirte. Als sein Vater sah, dass er alt genug war, schenkte er ihm einen Teil der Herde.

Doch bevor Pascal zum ersten Mal allein hinauszog, ging er in den Wald. Dort kannte er einen großen Baum; von dem holte er sich einen kräftigen, geraden Ast und schnitzte sich daraus seinen Hirtenstab. Von jetzt an trug er diesen Stab immer bei sich. Er stützte sich darauf, wenn er müde war, er sprang damit über die Gräben oder bog damit die Äste der Sträucher zur Seite, wenn sich darin ein junges Tier verfangen hatte. Niemals aber sah jemand, dass er mit diesem Stab ein Tier oder einen Menschen geschlagen hätte.

Nun ist Spanien ein Land der heißen Sonne. Vor allem während der langen Sommertage ist es so heiß und trocken, dass man oft nach Wasser suchen muss. Die Menschen bewahren das Wasser sorgfältig, und die Tiere suchen den Schatten auf und warten durstig auf die Kühle des Abends.

Pascal liebte seine Schafe und Hunde. Er sah ihre flehenden Augen, wenn die Sonne hoch vom Himmel herabbrannte. Er tat dann, was ihm sein Herz eingab, und stieß seinen Stab in die Erde. Und das Merkwürdige geschah, dass immer an dieser Stelle Wasser aus dem Boden hervorsprudelte und zu einer Quelle wurde, an der die Tiere ihren Durst löschen konnten.

Einst begegnete Pascal einer Gruppe anderer Hirten mit ihrer Herde. Sie sahen müde und niedergeschlagen aus und klagten, dass sie bereits seit Tagen nichts zu trinken hätten. Pascal wunderte sich darüber und fragte, warum sie ihren Stab nicht in den Boden stießen, es würde schon von selbst Wasser hervorquellen. Die Hirten blickten ihn etwas erstaunt an, dann versuchten sie es doch. Aber wie sehr sie auch mit ihren Stöcken in der Erde bohrten, sie wirbelten nur Staub und Sand auf, und kein Wasser kam zum Vorschein.

Pascal wunderte sich, denn dies hatte er noch nie erlebt. Er nahm seinen eigenen Stab, stieß ihn in die Erde, und siehe: Frisches, klares Wasser sprudelte hervor, und die Hirten mit ihren Tieren konnten trinken, so viel sie wollten.

Die Hirten blickten einander kopfschüttelnd an und sprachen schließlich: »Der wusste natürlich, dass vor seinen Füßen Wasser im Boden war, darum hat er sich dort hingestellt. Wir wollen ihn auf die kahle Hochebene mitnehmen, dorthin, wo wegen der Trockenheit noch nie etwas hat wachsen können. Da soll er uns doch einmal zeigen, was er kann.«

Aber als sie mit ihm den Steilhang erklommen hatten und an der steinigsten Stelle angekommen waren, sprudelte auch dort wieder Wasser hervor, sobald Pascals Stab den Boden berührt hatte.

Seitdem blickten die Hirten mit scheuer Ehrfurcht und vielleicht auch etwas neidisch zu ihm auf.

Eines Tages kam ein Klosterbruder zu ihm mit der Frage, ob er nicht bei ihnen wohnen und Priester werden wolle.

»Ich will euch in eurem Kloster gerne helfen«, sprach er, »ihr könnt mich zum Torwächter machen. Aber für einen Priester bin ich nicht gelehrt genug. Der muss am Altar stehen. Lasst mich mit meinem Stab arbeiten. Denn ich kann meine Herde nicht im Stich lassen.« So wurde Pascal, der schon ein Hirte war, jetzt auch ein Torwächter, und jeder war's zufrieden.

Er sollte nicht alt werden. Als sein Leben zweiundfünfzig Jahre zählte, spürte er, dass er immer schwächer wurde, und seine Freunde sahen, dass er nicht mehr lange bei ihnen sein würde.

Am Pfingstmorgen dieses Jahres begannen die Glocken der kleinen Dorfkirche zu läuten. Pascal schlug die Augen auf, blickte die Freunde an, die um ihn standen, und sprach: »Meine Lieben, dies ist der Tag, an dem ich geboren wurde. Heute gehe ich auch wieder fort von euch. Möge es euch wohlergehen! Und wenn ihr dann meinen Leib in die Erde bettet, so legt meinen Stab in meine rechte Hand. Den will ich bei mir haben, wo ich auch hingehe.«

So wich die Kraft des Giftes

Bevor Christus zum Himmel auffuhr, sandte er seine Jünger aus in alle Länder der Welt. Da sprachen sie den Menschen Trost zu, legten den Kranken die Hand auf und heilten sie in seinem Namen. So zog auch Johannes aus, und überall, wo er trösten und heilen konnte, tat er dies im Namen seines Meisters. Denn aus dessen Kraft wurden die Menschen gesund.

Da sprachen die Römer zu Johannes: »Unser Kaiser hat verboten, in Christi Namen Menschen zu heilen. Auch dir ist es untersagt, und tust du es dennoch, so wirst du bestraft werden.«

Weil Johannes aber wusste, dass sein Herr mächtiger war als der Kaiser der Römer, störte er sich nicht an ihren Worten und heilte noch mehr Kranke als zuvor.

Da ergriffen römische Soldaten den Johannes auf Befehl ihres Hauptmannes und brachten ihn auf einem Schiff in die große Stadt Rom. Dort wurde vor einem der Stadttore ein großes Feuer entfacht. Darüber hängten die Soldaten ein Fass mit Öl. Und als das Öl zum Sieden gebracht war, tauchten sie Johannes hinein.

Die Menschen, die dies mitansahen, weinten, denn sie dachten, dass Johannes nun verbrennen würde. Doch als das Feuer erloschen war und man das Fass zu Boden ließ, erhob er sich aus dem Öl, war gesund und unverletzt und redete mit den Menschen wie zuvor. Weil nun aber die Hitze keine Macht über Johannes hatte, behandelten die Soldaten ihn mit Scheu und Ehrfurcht, und sie ließen ihn gehen, wohin er wollte.

Bei den Heiden lebte einst ein Priester, der sprach zu Johannes: »Ich sehe, dass du Menschen zu heilen vermagst. Doch ich habe erst dann Vertrauen in deine Fähigkeiten, wenn du es wagst, das Gift in diesem Becher auszutrinken, den ich hier in meinen Händen halte.«

»Auch das Gift hat keine Macht über mich«, antwortete Johannes. »Er, der mich vor der Hitze des siedenden Öles beschützt hat, wird auch die Macht dieses Giftes von mir nehmen.«

Darauf ergriff Johannes mit seiner linken Hand den Becher. Mit seiner Rechten schlug er das Zeichen des Kreuzes darüber. Da sahen die Umstehenden, wie aus dem Trank eine Schlange kroch und rasch im Freien verschwand.

So wich die Kraft des Giftes aus dem Trank, und Johannes setzte den Becher an die Lippen und leerte ihn.

Einige dachten, er werde jetzt tot zu Boden fallen. Andere, die gesehen hatten, wie die Schlange aus dem Becher kroch, erkannten, dass die Wirkung des Bösen aus dem Trank gewichen war. Und als Johannes nicht zu Boden fiel, sondern den Becher ruhig dem Priester zurückgab, riefen sie: »Wie stark bist du, Johannes! Weder Hitze noch Gift können dir etwas anhaben.«

»Nein«, sprach Johannes, »stark ist mein Herr, der mich vor allem Übel beschützt!«

Und die Menschen fassten Vertrauen zu ihm und seinen Worten.

Hier will ich König sein

Der indische König Avennir war ein strenger und gerechter Herrscher. Auch war er so mächtig, dass kein Feind es wagte, gegen ihn zu kämpfen, sodass sein Volk in Frieden lebte.

Eines schönen Tages war der gesamte Hofstaat des Fürsten in Aufruhr. Der oberste Ratsherr des Königs hatte plötzlich den Hof verlassen, und niemand wusste, warum. Einige hatten ihn in Richtung der Wüste weggehen sehen. Avennir sandte Soldaten hinter ihm her mit dem Auftrag, ihn zurückzubringen und vor seinen Thron zu führen. Es würde ihm nichts geschehen, doch der König wolle von ihm hören, warum er weggegangen sei.

Endlich kamen die Soldaten mit dem Ratsherrn zurück. Sie brachten ihn vor den Thron, und er kniete vor dem König nieder. Avennir betrachtete ihn. An Stelle seines vornehmen seidenen Gewandes trug er eine grob gewebte Kutte. Seine Waffen hatte er abgelegt. Er hielt sein Haupt leicht gesenkt, doch schien er keine Angst zu haben. Hatte er denn keine Ehrfurcht mehr vor ihm, dem König? Ein jeder pflegte doch das Haupt bis zum Boden zu neigen, wenn er vor ihm stand.

»Erzähle mir, wohin du gegangen bist«, sagte der König Avennir, »und sei ehrlich – ich will es wissen. Es soll dir nichts geschehen. Steh auf und sprich!«

Der Ratsherr stand auf und sprach: »O König, ich bin in das Reich gegangen, das hinter der Wüste liegt. Ich ging hin, weil ich dort leben möchte und dem Fürsten dieses Landes dienen will.« Und er erzählte Avennir von diesem Reich:

»Wer an seine Pforten kommt, muss alle Reichtümer, die er besitzt, dort zurücklassen. Nur Arme erhalten Zugang. Man muss auch alle Waffen ablegen, denn dieses Land kennt keinen Krieg. Die Früchte an den Bäumen sind unsere Nahrung, und das Wasser aus den Quellen ist unser Trank. Dieses Land heißt Charis, und das bedeutet, dass niemand selbst etwas besitzt, sondern dass uns jeden Tag alles neu geschenkt wird.«

Avennir fragte: »Und warum lebst du lieber dort als in meinem Land? Und wer ist der Fürst, von dem du sprachst?«

Der Ratsherr antwortete: »Die Jahre, die ich dir zu dienen hatte, waren vorbei. Ich konnte gehen, wohin ich wollte. Ihr habt mich reich gemacht, aber euer Reichtum bedrückte mich, und ich musste ihn gegen Diebe und Räuber verteidigen. Das wollte ich nicht mehr. Darum ging ich in das Land Charis. Der Fürst, der dort herrscht, schenkt jedem, was er täglich braucht.«

Der König schüttelte unwillig das Haupt. Nur mit Mühe bezwang er seinen Zorn und sprach dann: »Ich habe gelobt, dass dir nichts geschehen soll. Dieses Versprechen werde ich nicht brechen. Doch deine Worte sind töricht. So lebe nur weiter in dem Land der Toren, und lass' dich hier nicht mehr blicken.«

Der Ratsherr verließ den Saal, und der König bestieg an diesem Abend den höchsten Turm seines Schlosses. Da sah er seinen Diener gehen. Er sah, wie er sein Land verließ und in die Wüste ging, immer weiter, bis er ihn schließlich aus den Augen verlor.

Nicht lange danach herrschte große Freude im Schloss. Die Königin hatte einen Sohn zur Welt gebracht, und der bekam den Namen Josaphat. Es war ihr erstes Kind. Ein ausgelassenes Fest wurde gefeiert, denn der König war nicht mehr der Jüngste, und nun gab es einen Thronfolger.

Avennir ließ die Sternkundigen seines Landes zusammenrufen. Fünfunddreißig Weise kamen, und der König stellte ihnen die Frage, was sie über die Zukunft des neugeborenen Prinzen sagen konnten. Vierunddreißig von ihnen verbeugten sich tief vor dem Fürsten und sagten, sie hätten in den Sternen gelesen, er würde einst der würdige Nachfolger seines Vaters werden.

Einer von ihnen aber, der weiser war als die anderen, trat auf den König zu und sagte: »Herr, er wird zwar König werden, doch auf einem anderen

Thron als dem Euren. Die Sterne weisen in das Land Charis, das Land, zu dem kein Reicher Zugang hat.«

»Aber er ist mein Thronfolger«, rief Avennir. »Er muss der König meines Landes werden. Ich werde ihn an alles zu binden wissen, was reich, gesund und stark ist.«

So ging der König ans Werk und ließ ein Schloss erbauen, das lag in der Mitte des Landes. Der Garten, der es umgab, war von einer hohen Mauer begrenzt, und niemand konnte vom Schloss aus über sie hinwegschauen. Nur junge, gesunde Diener durften sich in diesem Schloss aufhalten, und bewaffnete Soldaten mussten das Tor bewachen. In dieses Schloss wurde Josaphat gebracht, und der König ordnete an, dass er es nie verlassen dürfe.

So wuchs der Prinz heran. Er lernte alles, was ein Prinz wissen muss. Aber je mehr er lernte, desto trauriger wurde er. Er lernte viel über die Welt, doch er konnte diese Welt selbst nicht kennenlernen, weil er hinter Mauern leben musste.

»Warum darf ich hier nicht raus?«, fragte er immer wieder. Und da der Vater schließlich hörte, wie bekümmert sein Sohn war, gab er Befehl, ihm die Umgebung des Schlosses zu zeigen.

Der Trupp setzte sich zu Pferd in Bewegung. Doch voraus liefen Diener, die mussten in die Hände klatschen und alle armen, kranken und alten Menschen wegjagen, damit Josaphat sie nicht zu Gesicht bekäme.

Allein, eines Tages begegneten sie doch einem Bettler. Josaphat hielt sein Pferd an und fragte seinen Diener: »Was ist das für ein Mensch?«

»Das ist ein Bettler«, antwortete der Diener.

»Und warum bettelt er?«, fragte der Prinz.

»Weil er selber nichts hat, muss er von dem leben, was andere ihm geben«, lautete die Antwort.

Darüber musste der Prinz lange nachdenken.

Ein andermal lag am Wegrand ein Aussätziger. Auch darüber verwunderte sich der Prinz, und er fragte:

»Was geschieht, wenn jemand krank ist?«

»Es kann sein, dass er wieder gesund wird, es kann aber auch sein, dass er stirbt«, war die Antwort.

Und wieder hatte Josaphat eine Frage, als er einem alten Mann begegnete, der zitterte und dessen Haut ganz runzlig war. »Was geschieht mit jemandem, der alt ist?« – »Der wird eines Tages sterben«, war die Antwort.

Und nachdem Josaphat lange darüber nachgedacht hatte, fragte er:

»Und ich selbst? Kann ich auch krank werden? Kann ich auch alt werden und sterben?«

Und die Diener antworteten: »Ja, Herr, es ist so, wie Ihr sagt.«

So lernte Josaphat die Welt und die Menschen kennen. Schließlich fragte er: »Ihr seid hier alle reich, gesund und stark. Seid ihr glücklicher als arme, kranke und alte Menschen?«

Aber darauf konnten seine Lehrer und Diener ihm keine Antwort geben, denn darüber hatten sie noch nie nachgedacht.

Da hörte der alte Weise Barlaam aus dem Lande Charis von den Fragen des jungen Prinzen. Und er machte sich auf den Weg zu Josaphat. Als Josaphat ihm seine Fragen stellte, antwortete er: »In dem Land, wo ich wohne, leben nur arme Menschen, und die sind glücklich. Kranke und alte Menschen kommen zu uns, und viele von ihnen bleiben dort.«

Und als Josaphat darum bat, dieses Land einmal sehen zu dürfen, nahm ihn Barlaam an der Hand und führte ihn durch die Wüste in das Land Charis. Am Tor entledigte er sich seines scharfen Schwertes und legte seinen kostbaren Schmuck ab. Seine Goldstücke ließ er beim Wächter zurück. Nur so, wie er war, trat er ein, und ein jeder, dem er dort begegnete, war ganz er selbst, so wie er war, und lebte ohne Waffen, ohne Schmuck und Geld.

»Hier will ich König sein!« sagte Josaphat. »Dies ist mein Reich.«

Doch die Legende berichtet, dass Barlaam ihn hieß, in sein eigenes Land, wo sein Vater herrschte, zurückzukehren und dort so lange zu bleiben, bis er einen anderen gefunden habe, der an seiner Stelle dort König sein wolle. Dann könne er zu Barlaam zurückkehren.

Und so geschah es. Nach vielen Jahren kehrte Josaphat zurück. Er fand Barlaam und lebte und herrschte von da an im Lande Charis.

Sein Wort ist süß wie Honig

Ambrosius lebte in Italien, in der Stadt Mailand. Dort war er Bischof, und viele Menschen kamen zu ihm, um ihn predigen zu hören. Denn jedermann hörte ihn gerne. Wenn er sprach, beschrieb er alles so deutlich, dass die Menschen ihn gut verstehen konnten. Vor allem aber merkten sie, dass sie froh wurden, wenn er sprach. »Sein Wort ist so süß wie der Honig der Bienen«, sprachen sie zueinander.

Nun hatte schon sein Vater dies vorausgesagt, als Ambrosius noch ein ganz kleines Kind war. Und das kam so:

Einst, an einem schönen, sonnigen Tag, trugen ihn der Vater und die Mutter in seiner Wiege hinaus in den Garten, auf eine Wiese voller Blumen und blühender Obstbäume. Überall ertönte das leise Summen der Bienen, die in den Blumenkelchen Honig suchten.

Da hörten seine Eltern, die auf der Terrasse saßen, plötzlich, wie das Summen lauter wurde und die Bienen sich in einem großen Schwarm in der Mitte der Wiese versammelten und auf das Kind in der Wiege zuflogen. Sie bedeckten nicht nur die Wiege, sondern auch das Kindlein, ja sein ganzes Gesicht.

Der kleine Ambrosius schlief und atmete durch den Mund, der halb geöffnet war. So krochen die Bienen nicht nur über seine geschlossenen Augenlider, sondern auch in seinem Mund aus und ein.

Seine Eltern erschraken sehr, wagten aber nicht hinzugehen, weil sie Angst hatten, dass die Bienen das Kind mit ihren Giftstacheln stechen würden. So blieben sie auf der Terrasse stehen und warteten ab, bis sie endlich hörten, dass sich die Bienen laut summend wieder erhoben. Sie flogen in einem großen Schwarm immer höher in den Himmel hinein, bis sie nicht mehr zu sehen waren.

Die Eltern liefen schnell zur Wiege und fanden den Körper des kleinen Ambrosius mit Bienenhonig bedeckt. Vor allem sein Mund aber war voller Honig. Da sprach der Vater:

»Es ist ein Wunder, dass dir die Bienen nichts zuleide getan haben, mein Kind. Sie haben ihren Honig in deinem Mund gelassen. Ich denke, dass die Worte, die du später sprechen wirst, so süß sein werden wie der Honig, den du gleich schmecken wirst, wenn du erwachst.«

Warum die Engel Musikanten sind

Musik ist eine himmlische Kunst. Das ist für viele Menschen ein großes Geheimnis. Anders jedoch war es für Cäcilia, denn sie kannte die himmlische Musik. Die durfte sie von ihrem Engel hören, den sie so sehr liebte, dass er ihr von Zeit zu Zeit erschien.

Er lehrte sie die Welt begreifen. Er schenkte ihr Mut und Freude und beschirmte sie in Gefahr. Und manchmal sang er sein Lied in Tönen, die kein Mensch nachspielen kann, und in Worten, die für einen menschlichen Mund unaussprechbar sind.

Eines guten Tages lernte sie Valerian kennen. Sie bewunderte ihn, weil er groß, stark und gesund und aufrichtig war. Sie sah, wie er als Ritter von seinen Freunden geachtet und von seinen Feinden gefürchtet wurde. Er kam in ihr Haus, weil er sie liebte, und nach einiger Zeit fragte er sie, ob sie ihn heiraten wolle.

»Wie ist das, wenn ich mit dir verheiratet bin?«, fragte sie ihn, da sie von diesen Dingen nichts wusste.

»Dann gehörst du ganz mir«, antwortete Valerian, während er den Arm um sie legte und sie an sich zog.

Darüber musste Cäcilia nachdenken, und als sie abends allein war, fragte sie: »Gehöre ich dann ganz ihm?« Und wie immer, wenn sie in ihrer eigenen Kammer eine Frage stellte, war es auch jetzt: Nach einer kurzen Zeit stand ihr Engel vor ihr. Der schaute sie an und schüttelte leise den Kopf. Und da wusste Cäcilia, dass sie auch ihrem Engel gehörte, für immer und überall, wo sie auch sein mochte. Was würde Valerian dazu sagen?

Valerian hatte viele Freunde, und sie alle wollten mit ihnen die Hochzeit feiern. »Zu einer Hochzeit gehört Musik«, riefen sie, »lasst uns nur machen, wenn ihr heiratet, werden unsere Fiedeln, Posaunen und das Glockenspiel erklingen.«

Und so geschah es. In der großen Kathedrale saßen Valerian und Cäcilia nebeneinander vor dem Altar. In den Querschiffen der Kirche saßen Valerians Freunde, in glänzendes Rot und Gold gekleidet. Jeder von ihnen hatte sein Musikinstrument bei sich, und sie warteten auf das Zeichen ihres Dirigenten.

Als der den Einsatz gab, begannen sie zu spielen. Und Cäcilia war glücklich, dass auf ihrer Hochzeit eine so schöne Musik erklang. Das erste Stück hatte lange, feierliche Töne, und als der letzte Akkord gespielt worden war, hallte er noch eine Zeit lang nach in den Gewölben und Seitenkapellen der großen Kathedrale.

Cäcilia lauschte diesen Klängen, solange sie noch zu hören waren. Dann wurde es ganz still, und in dieser Stille bemerkte sie, dass ihr Engel vor ihr stand. Er blickte sie an und sagte: »Du gehörst nicht nur ihm, du gehörst auch mir. Auch in meinem Reich wird für dich Musik gespielt, willst du sie hören?«

»Oh, ja«, sagte Cäcilia, »aber ich kann von hier nicht fort. Ich kann Valerian nicht alleinlassen, auch seine Freunde nicht, die für uns spielen.«

Der Engel lächelte und sagte: »Wenn das nächste Stück anfängt, bist du wieder zurück, ich erbitte nur einen Augenblick von dir, das ist sehr viel im Himmel. Geh mit mir, du gehörst doch auch ein bisschen mir.«

»Ja«, sagte Cäcilia, und sie seufzte glücklich. Sie reichte dem Engel ihre Hand, und während die Wände zurückwichen, stieg er mit ihr empor.

Sie kamen in weite, silberweiße Wolkensäle. Und so wie der Engel oft gesungen hatte, so erklang die Hochzeitsmusik für sie. Es waren leise, schwebende Klänge, die den ganzen Raum des Wolkenreichs erfüllten.

»Sind das eure Fiedeln?«, fragte Cäcilia neugierig.

»Ja, sicher«, sagte der Engel, »auch wir haben unsere Fiedeln.«

»Und wo sind die Posaunen? Ich höre sie wohl in der Ferne, aber ich sehe sie nicht.«

Nach dieser Frage nahm der Engel Cäcilia wieder bei der Hand und stieg noch höher bis über das Wolkenreich hinaus. Das war das Reich, wo die Sonne immer scheint. Der Himmel erstrahlte von ihrem mächtigen

Goldglanz. In diesem Licht glänzten viele Posaunen, große und kleine. Sie erklangen in tiefen Donnertönen und in hohen, hellen Klängen. Cäcilia hielt die Hand des Engels ganz fest. Posaunen auf der Erde klingen durchdringend, aber um vieles stärker erschallten die Horn- und Trompetenstöße hier im Reich der Sonne. Dennoch wagte sie dem Engel ins Ohr zu sagen: »Die Posaunen sind wunderbar, aber ich fand auch das Glockenspiel so schön. Hat der Himmel auch Glocken?«

Zum dritten Mal breitete der Engel jetzt die Flügel aus und nahm Cäcilia mit, bis hinauf unter die weite Himmelskuppel. Dort stand sie unter den Sternen, die hell und kühl glänzten. Während sie ehrfurchtsvoll aufsah und sich nicht sattsehen konnte an der Pracht all der Tausenden von glitzernden Sternen, hörte sie in der Ferne helle Töne wie von kleinen und großen silbernen Glocken. »Wo sind sie?«, fragte Cäcilia.

»Hörst du das denn nicht?«, fragte der Engel.

»Ich höre sie dort, wo die Sterne stehen.«

»Dann hast du es richtig gehört«, antwortete der Engel, »jeder Stern hat seinen Glockenton, und all die reinen Sternentöne zusammen sind ein einziges großes himmlisches Glockenspiel. Höre genau hin und lausche nun auch den Posaunen und den Fiedeln und wie alles zusammenklingt. Es ist Hochzeitsmusik, die hier für dich gespielt wird, weil du auch unsere geliebte Braut bist. Denn Menschen, die auf der Erde heiraten, heiraten auch im Himmel. Aber nun ist es Zeit, wieder zurückzugehen. Gib mir deine Hand.«

Und während Cäcilia die Augen schloss, spürte sie, wie sie aus der Höhe herabsank, und als sie ihre Augen wieder aufschlug, war der Engel fortgegangen, und sie saß neben Valerian in der hohen Kathedrale und sah ihre Freunde. Die erhoben gerade ihre Instrumente und stimmten den zweiten, schnellen Teil der Hochzeitsmusik an. Die Töne eilten hintereinander her und drehten sich spielerisch umeinander herum. Sie tanzten hinauf und hinab, manchmal spitz und scharf und dann wieder flüsterzart. Hatten Valerians Freunde jemals so schön gespielt?

Das fragte Valerian Cäcilia auch, als die Hochzeitsfeier vorbei war und sie in ihrem Gemach waren. »Wunderbar war die Musik deiner Freunde«, sagte Cäcilia, »und wunderbar musizierten die Engel im Himmel. Beide haben sie gespielt, weil wir Menschen auf der Erde und im Himmel geheiratet haben.«

Der Legende nach hat Valerian verstanden, dass Cäcilia nicht nur ihm, sondern auch dem Himmel gehörte. Und deshalb sei er ein guter Gemahl gewesen.

Schließlich stimmte er zu

In der großen Stadt Rom herrschte die schreckliche Krankheit, die Pest. Zu der Zeit lebte dort ein Mann namens Gregorius. Tag und Nacht war er bei den Kranken. Er tröstete und pflegte sie, und nachts betete er, dass diese Krankheit vorbeigehen möge. Als es so weit war, da war auch der höchste Priester Roms, Pelagius, gestorben. Da lief das Volk auf die Straße und rief: »Gregorius muss unser höchster Priester werden!«

Gregorius flehte die Menschen an, einen anderen zu wählen, da er sich selbst nicht würdig fand. Weil aber niemand auf ihn hören wollte, versuchte er, aus Rom zu flüchten. Aber der Wächter am Stadttor hatte den Auftrag, ihn nicht hindurchzulassen. Auch die anderen Tore wurden Tag und Nacht bewacht, sodass er die Stadt nicht verlassen konnte und betrübt zu seinem Haus zurückkehrte.

Da er sich aber immer noch als unwürdig empfand, zog er seine vornehmen Kleider aus und verkleidete sich als ein armer Kaufmann. Er schloss sich den anderen Kaufleuten an, die gerade die Stadt verlassen wollten, und überredete sie, ihn mit nach draußen zu nehmen. Sie hatten ein Pferd und einen Wagen mit großen leeren Fässern. So kroch er in eines dieser Fässer und entwich unbemerkt mit den Kaufleuten aus der Stadt. Sie brachten ihn in einen Wald in der Nähe, und dort verbarg er sich in einer Höhle. Drei Tage blieb er da, bis er gefunden wurde. Und wie ging dies zu?

Die Männer von Rom hatten ihn in der Stadt nicht mehr gesehen und fingen an, ihn in der Umgebung zu suchen. Da sahen sie auf einmal mitten in den dunklen Wäldern eine mächtige Säule aus Licht aufsteigen, die bis an den Himmel reichte und unten in einer dunklen Höhle endete. An dieser Lichtsäule entlang stiegen Engel auf und ab.

Ganz still vor Ehrfurcht näherten sich die Männer der Höhle und fanden so das Versteck des Gregorius. Und als sie ihm erzählten, dass sie ihn gefunden hatten, weil die Engel mit ihrem Licht aus dem Himmel in sein dunkles Versteck herabgestiegen waren, sodass sich dort immer mehr Licht ansammelte, erkannte er, dass die Engel ihm bei seiner schweren Aufgabe beistehen würden. So willigte er ein, der höchste Priester Roms zu werden.

Weil ihr das Augenlicht fehlte

In der Burg Hohenstein, am Abhang der Vogesen, wohnten Herzog Eticho und seine Frau Bereswinde. Die Herzogin saß am Fenster und nähte an einem Himmel für die Wiege, die neben ihr stand. Eticho stand von ihr abgewandt und blickte hinaus. Vor seinen Augen dehnte sich das Land, über das er herrschte. Es prangte in der Sonne, zu Füßen des Berges, der die Burg trug.

»Ich will einen Sohn haben, einen Nachfolger, der einmal mein Land regieren soll.«

»Es wird nicht mehr lange dauern, dann werden wir wissen, was Gott uns schenkt, einen Jungen oder ein Mädchen.«

»Ich will einen Sohn haben«, sagte der Herzog, drehte sich um und verließ mit schweren Schritten die Kammer. Die Tür fiel ins Schloss. Noch keinen Monat später kam Bereswindes Dienerin zu ihrem Herrn und bat ihn, er möge kommen, um seine neugeborene Tochter zu sehen. Und Eticho erblickte ein wunderschönes Kind, das still in den Armen seiner Mutter lag.

Er holte tief Atem, als ihm klar wurde, was das bedeutete. Enttäuscht und schweigend kehrte er wieder in seine Kammer zurück.

Während der nächsten Wochen, wenn die Mutter und die Dienerin mit dem Kind spielten, bemerkten sie, dass es immer still in die Ferne blickte, ohne dass seine Augen ihren Bewegungen folgten. Ja, es bemerkte die Menschen in seiner Nähe erst, wenn es sie hörte oder wenn es eine Berührung spürte.

Eine weise alte Dienerin, die schon vielen Müttern und Kindern geholfen hatte, sprach es schließlich aus: Dieses schöne Kind konnte sie nicht sehen, weil ihm das Augenlicht fehlte. Es war blind.

Ein blindgeborenes Kind! Herzog Eticho war wütend, als er davon erfuhr. So wütend war er, dass er der Mutter zurief, er wünsche es nicht auf seiner Burg zu behalten. Ja, es solle fortgebracht werden, ganz gleich, wohin …

Und als er mit jeder Woche zorniger wurde und darauf bestand, gab die arme Bereswinde das Kind einem treuen Diener und ließ es fortbringen, weit weg, in das Kloster Palma, wo ihre Schwester für das Mädchen sorgen sollte.

So gingen die Jahre vorüber. Bereswinde gebar ein zweites Kind, einen Sohn, und Eticho war sehr stolz auf ihn. Sie nannten ihn Hugo, und er sollte der Nachfolger seines Vaters werden.

Seine Tochter aber wuchs in dieser Zeit zu einer schönen Jungfrau heran. All die Jahre wohnte sie im fernen Palma, und nie durfte sie nach Hause zu Besuch kommen. Denn sie war noch immer blind.

Fern von Palma lebte der Bischof Erhard. Der träumte eines Nachts, dass ein Engel ihm den Befehl gab, sich nach Palma zu begeben. Dort werde er ein blindes Mädchen antreffen, das er bei einer Quelle im Walde taufen solle.

So eindringlich redete der Engel zu ihm, dass Erhard sich sofort aufmachte und die Reise antrat. Vierzehn Tage benötigte er für die lange Wanderschaft nach Palma. Als er dort angekommen war, fand er die Tochter des Herzogs und nahm sie mit in den Wald, wo eine Quelle entsprang. Er hieß sie niederknien und besprengte sie mit dem klaren Wasser der Quelle. Dazu sprach er die Taufworte und nannte sie bei dem Namen, den er im Traum vernommen hatte.

»Ich nenne dich Odilia«, sagte er, »das bedeutet: Sonne Gottes. Möge Gottes Sonne in deinem Herzen erstrahlen. Und, wenn Gott es will, auch in deinen Augen.«

Als diese Worte verklungen waren und das Wasser Odilias Augen berührte, fingen sie an zu glänzen, und Odilia sah zum ersten Mal in ihrem Leben die Welt, die sie umgab. Der erste Mensch, den sie erblickte, war Erhard. Sie dankte ihm aus tiefstem Herzen. Dann umarmte sie die Menschen, die um sie herum standen, und war zum ersten Mal in ihrem Leben wirklich glücklich.

Im Kloster erschien ihr nun alles so klein, und sie verspürte den Drang, ihre Eltern zu besuchen und auch ihren Bruder zu sehen, dem sie noch nie begegnet war. So kam eines Tages ein Bote nach Hohenstein, der brachte einen Brief für Hugo, der nur für ihn bestimmt war.

Noch nie hatte er einen Brief von seiner Schwester empfangen, und als er ihn gelesen hatte, wurde er so froh wie nie zuvor. Er sprang auf, rannte zu seinem Vater und rief schon von Weitem: »Vater, Vater, meine Schwester Odilia schreibt mir, dass sie mich gerne kennenlernen möchte, und sie fragt an, ob sie hierher auf die Burg kommen darf.«

Doch in Eticho stieg wieder der alte Zorn auf, und die Enttäuschung meldete sich wieder, als er dies hörte. Ein barsches Nein war seine Antwort. Bestürzt und betrübt verließ Hugo seinen Vater. Tagelang saß er am hohen Fenster, das auf die Ebene hinausblickte, und schaute traurig hinaus.

Da dachte er bei sich: Mein Vater hat das Ganze sicherlich nicht richtig verstanden. Ich werde Odilia selbst bitten, zu uns zu kommen. So sandte er seinen Diener mit zwei Pferden aus, der sollte Odilia abholen. Während der nächsten Tage saß er wieder am Fenster und schaute hinaus, bis er endlich zwei Reiter erblickte, einen Mann und eine Frau.

Da stand schon sein Vater hinter ihm, packte ihn bei der Schulter und brummte: »Wer sind diese Leute, die dort kommen? Ich erwarte keinen Besuch!«

»Aber ich«, antwortete Hugo. »Ich erwarte meinen Diener, der meine Schwester mitbringen soll.«

Da wurde Eticho so wütend über Hugos Ungehorsam, dass er einen Stock ergriff und seinen Sohn so schlimm verprügelte, dass er von zwei Dienern weggetragen werden musste und lange Zeit nicht gehen noch stehen konnte.

Odilia kam nun also auf Hohenstein an, und ihr Vater, voller Schrecken, was er seinem Sohn angetan hatte, ließ sie herein, und sie durfte bleiben. So lebte sie nun Monat um Monat in der Burg. Die Leute aber tuschelten miteinander: Odilia sei durch ein Wunder geheilt worden und könne wieder sehen, aber vor allem sei sie wunderschön. Ob eine so schöne Frau denn nicht heiraten müsse?

Dasselbe dachte auch Eticho. Und während Bereswinde froh war, Odilia wieder bei sich zu haben, wurde ihr Mann immer stärker von einer Unruhe ergriffen, die ihn darauf dringen ließ, dass Odilia doch endlich einem der Ritter, die sie zur Frau begehrten, das Jawort geben solle. Denn es kamen viele, die um ihre Hand anhielten. Doch Odilia wies alle ab. »Vater«, sagte sie immer wieder, »mein Herz kann nicht einem Mann alleine gehören – es gehört vielen Menschen.«

Endlich flammte in Eticho wieder die alte Wut auf, und er rief: »Hör zu: Den nächsten Ritter, der um deine Hand anhält, wirst du heiraten, wer es auch sein möge! Ich habe nun lange genug gewartet!«

Da begriff Odilia, dass sie fliehen musste. Als der nächste Ritter eingetroffen war und sie zur Frau begehrte, lief sie ganz allein den Berg hinunter und über die weite Ebene, bis sie bei Sonnenaufgang von einem Fährmann über den Rhein gesetzt wurde. Am anderen Ufer lief sie weiter, bis sie aufs Neue in eine bergige Gegend kam.

Inzwischen hatte ihr Vater die Flucht entdeckt. Gemeinsam mit dem Ritter nahm er die Verfolgung auf und jagte hinter ihr her, den Berg hinunter und weiter über die Ebene.

Odilia erklomm gerade mühsam einen Berghang, als sie Hufgetrappel hinter sich hörte. Voll Angst schaute sie sich nach einer Stelle um, wo sie sich verstecken könnte. Doch sie sah nichts, lauter hartes Felsgestein ragte zu beiden Seiten des Weges empor. Als sie sich keinen Rat mehr wusste, kniete sie nieder und betete: »Du, der du der Herr der Erde bist, hilf mir aus meiner Not!« Und als sie aufblickte, hatte sich vor ihr die Felswand aufgetan, um sie einzulassen.

Als die Ritter auf ihren Pferden herangestürmt kamen und sie ergreifen wollten, sahen sie gerade noch, wie Odilia in die Höhle ging, die sich hinter ihr schloss. Erschreckt und voller Furcht starrten sie den Felsen an. Sie betasteten den Stein und wichen ehrfurchtsvoll zurück. Kam die Erde selbst Odilia zu Hilfe?

Da endlich erfüllte sich das Herz des rauen Eticho mit Reue darüber, was er seiner Tochter angetan hatte, und er dachte bei sich, Gott selbst müsse sie lieben, wenn er sie hatte sehend werden lassen und sie nun vor ihm in Schutz nahm.

»Meine Tochter«, rief er, »vergib mir! Ich will dir fortan helfen und dich nicht mehr gegen deinen Willen zu etwas zwingen!«

Da öffnete sich der Felsen, und als Odilia aus dem Dunkel trat und das helle Tageslicht sie übergoß, sahen die Männer, dass sie schöner war als je zuvor. Eticho nahm sie vor sich auf sein Pferd und schickte sich an, den Rückweg anzutreten. Als sie wegreiten wollten, fing es in dem Felsen an zu brausen. Aus der Öffnung schoss Wasser hervor und strömte ins Tal hinab. Es floss noch viele Jahre weiter, und es ging die Sage, dass Menschen, deren Augen krank waren, an dieser Quelle Genesung fanden.

Zu Hause angekommen, schenkte der Herzog seiner Tochter das große Anwesen Niedermünster am Fuße des Berges. Dort wohnte Odilia fortan. Und schon bald trat ein, worauf sie gehofft hatte: Es kamen Arme, Unglückliche, kranke und müde Menschen. Die nahm sie in ihr Haus auf. Sie half ihnen, tröstete und pflegte sie. Manche konnten nach kurzer Zeit wieder in die Welt zurückkehren. Viele blieben auch länger dort, und alle sagten: »Odilia ist unter uns stets wie die Sonne, die uns wärmt und neues Leben schenkt. Sie ist Gottes Sonne, die uns wieder Kraft zum Leben gibt.«

Für dich geh' ich durchs Feuer

Bei der alten knorrigen Eiche stand Egge, der Sohn des Stadtrichters. Hinter dem rauen Stamm versteckt, wartete er auf das Mädchen, das jeden Tag hier vorbeikam. Er konnte an nichts anderes mehr denken als an ihre schöne Gestalt und ihr liebes Gesicht. Sie wollte er zur Frau!

Agnes – so hieß das Mädchen – kam aus der Schule. Ihr Heimweg führte sie aus der Stadt und an der alten Eiche vorbei. Sie wusste nicht, dass sie beobachtet wurde, doch als Egge unerwartet hinter der Eiche hervorsprang und ihr keck den Weg abschnitt, fragte sie verwundert: »Wer bist du? Was willst du?«

»Agnes«, sagte Egge, »ich bin der Sohn des Richters dieser Stadt. Ich bin sehr reich. Du bist das schönste Mädchen, das ich kenne. Ich habe dich lieb und will, dass du meine Frau wirst.«

Einen Augenblick lang schien es, als ob Agnes ihn gar nicht hörte und an ihm vorbeisah. Dann drehte sie sich weg und sagte leise: »Weißt du nicht, dass ich die Braut des reichsten Bräutigams der Welt bin?«

Der Junge wich einen Schritt zurück und rief ungläubig: »Niemand ist reicher als ich. Mit meinen Schätzen kannst du alles kaufen, was dein Herz begehrt.«

»Du irrst dich«, antwortete Agnes. » Mein Bräutigam hat mir Schätze aus seinem Reichtum geschenkt, wie du sie mir niemals wirst geben können.«

»Es gibt niemanden, der mehr besäße als mein Vater und ich«, rief Egge, »zeig' mir, was er dir geschenkt hat.«

»Fünf Kostbarkeiten sind es«, antwortete Agnes. »Dieser Ring an meiner rechten Hand zeigt, dass ich ihm gehöre und dass du kein Recht auf mich hast. Diese Halskette mit roten Steinen trage ich, weil ich ihn so liebe, dass ich für ihn durchs Feuer gehen würde. Mein golddurchwirkter Mantel beschirmt mich gegen alles Böse. Den Gürtel, den ich um meine Hüfte trage, hat er mir umgelegt und dabei gesagt: ›Wenn du dies trägst, wirst du alles durchstehen können.‹ Und ein unvergänglicher Schatz wartet meiner, wenn er mich zu sich in sein Reich mitnimmt.« Mit diesen Worten wandte sie sich von ihm ab und ging nach Hause.

Der Junge schrie auf. Er rannte in die Stadt zurück und irrte durch die Straßen, bis er sein Haus erreicht hatte. Dort schloss er sich in seinem Zimmer ein, ließ sich auf sein Bett fallen und weinte in ohnmächtiger Wut.

Das hörten seine Eltern. Sie befürchteten, er würde sich vor Kummer etwas antun, und fragten ihn, was ihn denn so bedrücke. Da erzählte er ihnen, was geschehen war, und rief schließlich aus: »Ich kann es nicht ertragen, dass sie die Braut eines anderen ist! Sie muss mir gehören!«

Sein Vater, der Richter, ließ nachforschen, wer der Bräutigam sei, und bekam zu hören, dass er Christus heiße. Und da er Christus nicht kannte und seinem Sohn helfen wollte, ließ er Agnes vor den Richterstuhl bringen.

Als er sie erblickte, verwunderte er sich darüber, dass sie noch so jung, ja fast noch ein Kind war. Zuerst sprach er freundlich mit ihr und versuchte sie zu überreden, die Braut seines Sohnes zu werden. Als sie sich aber weiterhin weigerte, wurde er böse und fing an, ihr zu drohen. Doch Agnes blickte an ihm vorbei auf das Fenster, durch welches das Sonnenlicht hereinfiel und ihr Antlitz beschien. Auch ihr Fingerring und die Steine ihrer Kette begannen zu funkeln. Selbst ihr Mantel und ihr Gürtel erglänzten im Sonnenlicht.

Der Richter musste die Augen von ihr abwenden. Er spürte, dass er keine Macht über sie hatte, und aus Angst und Wut darüber rief er aus: »Wenn du mir nicht gehorchen willst, so wird das Feuer dich schon zwingen!« Er befahl seinen Knechten, Holz herbeizuholen und auf dem Marktplatz einen Scheiterhaufen zu errichten.

Während sie die Holzscheite aufschichteten, strömten die Menschen aus der ganzen Stadt zusammen und drängten sich um den Scheiterhaufen. Bald nachdem das Feuer entzündet wurde, züngelten die Flammen hoch empor, und das Volk wich vor der Hitze zurück.

Doch Agnes blieb vor dem Scheiterhaufen stehen. Ihre Hand strich über die roten Edelsteine ihrer Kette, und sie glänzten auf wie nie zuvor. »Für dich«, flüsterte sie, »geh' ich durchs Feuer.« Ohne Zögern ging sie auf die Flammen zu.

Sie hatte kaum den Fuß auf einen der großen Holzblöcke gesetzt, als die Menschen einen Ritter gewahrten, der neben ihr stand. Sein Kettenhemd strahlte heller als die Sonne. Er hüllte Agnes in seinen roten Mantel. Dann streckte er seinen rechten Arm aus und wies auf die Flammen, die alsbald zurückwichen und einen Pfad freigaben. Der Ritter schritt auf diesem Pfad, Agnes im Schutze des Mantels an seiner Seite, durch die Flammen, bis beide hoch über den Menschen standen. Mit lauter Stimme, die das Lodern des Feuers übertönte, rief er: »Wer mich liebt, dem stehe ich bei. Wer mir treu bleibt, den rette ich aus dem Feuer. Wer meine Braut ist, ist immer bei mir.«

Und er führte Agnes durch die Flammen aus der Stadt heraus und in sein Reich, wo sie für immer bei ihm wohnen durfte.

Und die Fische hörten zu

Nach Assisi

Antonius, der später Antonius von Padua genannt wurde, kam in Lissabon zur Welt. Kaum konnte er laufen, stapfte von Haus zu Haus und unternahm bald immer größere Ausflüge. Er war recht klein und schmal, und niemand hätte gedacht, dass er schon ganz allein unterwegs sein konnte. Aber er lief so gerne, dass er am liebsten die ganze Welt durchwandert hätte.

Als er ein Mann geworden war und das Haus seiner Mutter verließ, wagte er sich auf die Reise nach Assisi in Italien, wo der heilige Franziskus lebte. Es war ein langer Fußmarsch von vielen Wochen. Der Weg führte ihn von seinem Vaterland Portugal durch die heißen, dürren Landschaften von Spanien und Süd-Frankreich. Doch das konnte ihn nicht abhalten, er wollte unbedingt bei Franziskus sein. Also lief er so lange, bis er dort angelangt war.

Trotz Krankheit und Schwäche erreichte er schließlich sein Ziel. In der Stadt Assisi wussten die Menschen sogleich, wo er hinwollte. Sie nahmen ihn mit zu einer kleinen Kapelle im Wald. Da stand der Heilige, inmitten einer großen Schar von Schülern, die ihn umringten. Antonius setzte sich dazwischen und sah ehrfürchtig auf zu dem Mann in der braunen Kutte mit der langen Kapuze. Die Menschen um ihn herum waren lebhaft im Gespräch und flüsterten sich alles Mögliche zu. Er spitzte die Ohren und hörte viele unterschiedliche Sprachen. Offensichtlich kamen auch diese Männer aus anderen Ländern, genau wie er. Vielleicht wollten sie Mönche werden und sich dem heiligen Mann anschließen.

Franziskus ließ seinen Blick über die dort Versammelten schweifen. Nach einiger Zeit bemerkte er den neuen Gast. Um ihn besser sehen zu können, richtete er sich auf. Dann sprach er: »Sei willkommen, Antonius. Du hast eine lange Reise gemacht. Bist du gekommen, um einer meiner Brüder zu werden?«

»Das würde ich sehr gern«, sagte Antonius und wurde rot.

»Was kannst du?«, fragte der Heilige.

»Ich kann nichts, Franziskus. Ich habe kein Handwerk gelernt und auch die Bücher der gelehrten Menschen nicht studiert. Doch wenn Gott mir die Gnade erweist, dann kann ich in einer Sprache sprechen, die jeder versteht.«

»Und worüber sprichst du dann?«

»Ich spreche über den Himmel, der in den Herzen der Menschen wohnen will, und ich erzähle von den Engeln, die die Sprache des Herzens verstehen.«

»Dann sprich zu uns, Antonius. Erzähl von den Engeln. Wir werden dir gerne zuhören!«

Da sprach Antonius und beschrieb, dass die Engel heller als die Menschen seien und jederzeit versuchten, allen Leuten zu helfen, wenn es um sie herum dunkel würde. Er erzählte vom Kummer der Engel, den sie erlebten, wenn sie die Menschen nicht mehr verstehen könnten. Und von ihrer Enttäuschung, wenn diese nicht auf ihre zarten Stimmen hören wollten.

Zuletzt sagte er leise: »Eigentlich sind die Engel gerne bei den Menschen, denn obwohl sie oft hässlich zueinander sind, wurde doch das Christkind bei ihnen auf Erden geboren. Damals kam das Licht vom Himmel auf die Erde. Und da schauen die Engel gerne hin.«

So sprach Antonius. Und alle, die ihm zuhörten, bemerkten, dass seine Worte auf eine besondere Weise zu ihnen drangen. Sie hörten sie tief im Innern klingen, jeder in seine Muttersprache.

Als er zu Ende gesprochen hatte, schwiegen seine Zuhörer und sahen einander erstaunt an. Auch Franziskus wunderte sich, doch zugleich wurde er von einer mächtigen Freude erfüllt. Ist dieses Wunder nicht auch früher schon geschehen? Vor langer Zeit, bei dem großen Pfingstfest, nachdem Christus von den Toten auferstanden war? Hatte nicht damals sein Jünger Simon Petrus auch so gesprochen, dass ihn ein jeder in seiner eigenen Sprache verstehen konnte? Franziskus kannte diese Sprache. Er wusste, dass dies die neue Sprache war, die jeder lernen konnte. Er selbst hatte so nicht nur zu den Menschen, sondern auch zu Vögeln und grimmigen Wölfen gesprochen.

Nachdem er dies alles bedacht hatte, wandte er sich an seinen neuen Freund und sagte: »Antonius, wenn du unser Bruder sein willst, dann nehme ich dich gern auf.« Antonius war sehr froh darüber, so froh, dass er sogleich fragte, was er denn tun könne.

Da sprach Franziskus ernst: »Bruder des Wortes, ich sende dich nach Rimini, was am Adriatischen Meer liegt. Die Einwohner dieser Stadt sind so beschäftigt, dass sie gar nicht hören, was wir ihnen sagen. Sie begreifen nicht, was wir ihnen erzählen wollen, und jagen uns aus den Toren der Stadt. Und ich glaube, dass sie auf dich doch hören werden.«

Nach Rimini

So wurde Antonius einer der Brüder von Franziskus und zog kurz darauf nach Rimini. In der Stadt angekommen, lief er auf gut Glück zum Hafen, wo mächtige Schiffe lagen, die aus fernen Landen kamen. Auf dem Deck eines der großen Segelschiffe sah er Männer mit dunklen Gesichtern, die wohl aus Afrika kamen. Er roch den Duft von Gewürznelken und Zimt und fragte sich, wo die wohl herkamen? Und da er so gerne reiste, beschlich ihn die Lust, auf diesen Schiffen mitzufahren. Doch er entsann sich, dass er nun ein Bruder von Franziskus war und dieser ihn in Rimini brauchte.

Er schaute sich um, und es gab viel zu sehen. Schiffe wurde beladen und gelöscht, Waren wurden gekauft und verkauft. Wagen kamen und fuhren wieder. Jedermann war beschäftigt, und niemand achtete auf Antonius, der all das geschäftige Treiben betrachtete. Und als er jemandem eine Frage stellte, hörte dieser ihn nicht einmal.

Es konnte ihn auch kein Mensch verstehen, so viel Lärm war überall. Auf der Treppe eines Herrenhauses stand ein Sänger mit seiner Gitarre. Sein Kamerad, der das Geld einsammelte, klimperte auffordernd mit der Büchse. Ein großer Verkaufsstand erstreckte sich quer über den Kai. Dahinter arbeitete ein Mann mit Kochmütze neben einem qualmenden Ofen. Während er backte, rief er lautstark über den Platz, dass er die köstlichste Pizza der ganzen Stadt verkaufe. Ein Bettler mit einer ausgefransten Jacke schlurfte mit seiner Mütze in der Hand durch die Menge und bat um Almosen. Während die Umstehenden Münzen für ihn aus den Taschen fischten, schauten sie einem Zauberkünstler zu, der einen rot-gelben Anzug trug und seine Künste zum Besten gab. Jedes Mal, wenn er etwas wegzauberte hatte oder plötzlich wieder auftauchen ließ, klatschten alle in die Hände.

Bei den Ladeplätzen der Schiffe lungerten einige Burschen herum. Wenn von der Ladung etwas ins Wasser fiel, sprangen sie ins Hafenbecken, um es wieder herauszufischen. Und wenn sie mit ihrer Beute an Land kletterten, brach sogleich ein Streit aus, denn jeder wollte etwas davon ergattern. Kurzum, es ging so laut zu, dass der kleine Mönch seine eigene Stimme nicht mehr hören konnte.

Dennoch lächelte Antonius und schaute sich mit seinen klaren Augen um. Nicht weit entfernt sah er ein kleines Boot, das an einem Steg lag und von niemandem benutzt wurde. Er zwängte sich durch die Menschenmenge, stieg in das Boot und ließ es einige Meter in den Hafen treiben.

Von den Engeln

Inzwischen ging es auf den Abend zu. Auf den Schiffen wurden die Ladeluken geschlossen. Am Verkaufsstand gingen die letzten Pizzas über den Ladentisch, die Arbeiter begannen aufzuräumen, und auf dem Wasser wurde es langsam ruhig. Was unterdessen rund um das kleine Boot geschah, hatte niemand bemerkt - bis auf einen kleinen Jungen, der an der Kante des Kais stand. Mit großen, staunenden Augen schaute er zu Antonius, dann drehte er sich um, zwängte sich durch die Menschenmenge und lief zu seiner Mutter. Er nahm ihre Hand und zog sie mit sich zum Kai. Dort zeigte er auf Antonius, der in dem Boot mit seiner Erzählung begonnen hatte. Er sprach nicht für die Menschen, denn die waren immer noch zu beschäftigt. Er sprach vor Hunderten und Aberhunderten von Fischen. Rund um das Boot herum streckten sie ihre Köpfchen aus dem Wasser und bewegten sich sacht hin und her. In immer größer werdenden Kreisen, ganz dicht beieinander, lauschten sie Antonius' Worten.

»Was sagt er?«, fragte der Junge.

»Ich kann nichts hören«, antwortete die Mutter. Der Junge lief wieder den Kai entlang und holte den Sänger mit seinem Kameraden herbei. Die beiden starrten erstaunt auf das Schauspiel, das sich zwischen dem kleinen Steg und den großen Schiffen im Hafen abspielte. Dann kam auch der Bäcker vom Pizzastand. Dem Zauberer liefen die Zuschauer davon, denn sie wollten auch sehen, was dort am Kai geschah. So lief er ihnen einfach hinterher. Selbst der Bettler schlurfte herbei. Die jungen Burschen krochen zwischen den Beinen der Menschen hindurch, und hockten sich ganz vorne an den Kai.

Inzwischen war es mucksmäuschenstill geworden. Jeder spitzte die Ohren und hörte, wie Antonius den Fischen vom Himmel erzählte.

»So wie ihr Fische im Meer lebt, so leben die Engel im Himmel«, sprach Antonius. »Der Himmel, müsst ihr wissen, ist so tief und so weit wie das Meer. Und so wie das Meer an diesen Hafen grenzt, so berührt auch der Himmel die Erde. Ihr, liebe Fische, hebt eure Köpfchen aus dem Wasser, um zu hören, was ich euch erzähle. Ebenso steigen die Engel aus dem Himmel zu den Menschen hinunter, um zu sehen und zu hören, was auf Erden geschieht. Denn seit Christus auf Erden Mensch geworden ist, ist die Erde der schönste Ort im Universum. Und darum wollen die Engel gern bei den Menschen sein.«

So sprach Antonius lange Zeit, bis es zu dämmern begann. Und das Wunderbare war, dass jeder ihn verstehen konnte: die Fische, die Seeleute, die aus fernen Ländern auf ihren Schiffen hergekommen waren, und auch die Einwohner von Rimini.

Schließlich wurde es so dunkel, dass die Menschen nach Hause wollten. Gleichzeitig wollten sie aber noch mehr von Antonius hören. Also lief der Herbergsvater mit dem dicken Bauch über den Steg, bis er in die Nähe von Antonius kam. Er bat ihn, aus dem Boot zu steigen. Morgen sei auch noch ein Tag, und in seiner Herberge hätte er eine warme Mahlzeit und ein Bett für ihn. Und wenn die Menschen seine Geschichte hören wollten, dann könne der Meistererzähler auch gern ein paar Tage bleiben. Antonius willigte ein und blieb, bis es wieder Zeit wurde, nach Assisi zurückzukehren.

Als er die Stadt verließ, versammelten sich die Menschen, um ihm auf Wiedersehen zu sagen, denn alle wollten, dass er wiederkäme. Er spürte, dass er eine Stadt voller Freunde gefunden hatte.

Als sie ihm danken wollten, hob er seine Hand und sagte: »Eigentlich müsst ihr den Fischen danken. Aus den Tiefen der See hörten sie mich und kamen herauf. Dadurch, dass sie so andächtig lauschten, konntet auch ihr meine Worte verstehen.«

Wenn du lange genug wartest

Im Lande Kanaan lebte einst ein Mann namens Offerus. Er hatte die Gestalt eines Riesen und war unbeschreiblich stark. Der König des Landes wollte ihn gern zum Diener haben, denn er besaß die Arbeitskraft vieler Männer, und im Kriege war er ein mächtiger Kämpfer. Doch Offerus hatte beschlossen, nur dem größten aller Könige zu dienen.

Er zog durch viele Reiche, bis er den König gefunden hatte, der unter den Menschen als der mächtigste galt. Vor dessen Thron also trat der riesenhafte Mann, und der König nahm ihn mit Freuden in Dienst, denn Könige können starke Diener immer gut brauchen.

So blieb Offerus dort und arbeitete für den König, bis eines Tages ein Fest im Palast stattfinden sollte. Auch er durfte dabei sein. Nachdem viel gegessen und getrunken worden war, trat ein Sänger auf, der, seinen Gesang auf der Laute begleitend, eine Geschichte erzählte. Es war eine spannende Geschichte, und alle saßen still da und hörten gebannt zu. Offerus aber sah, dass der König manchmal ein Kreuz schlug, und das tat er immer dann, wenn der Sänger vom Teufel sprach. Ob der König wohl vor irgendetwas Angst hatte?

Als das Fest zu Ende war, ging Offerus zum König und fragte ihn, warum er so oft das Kreuz geschlagen habe. Der König wollte zuerst darauf keine Antwort geben. Offerus aber sagte, er könne dem König nur dann weiterhin dienen, wenn er es ihm erzähle.

So musste der König wohl oder übel bekennen, dass er Angst vor dem Teufel habe und dass ihn das Kreuzeszeichen vor der Macht des Bösen beschützen solle.

»Der Teufel ist also mächtiger als du?«

Ja, das musste der König zugeben.

»Dann kann ich dir nicht weiter dienen«, sprach Offerus, »denn nur dem mächtigsten Herrscher will ich meine Dienste anbieten.«

Und er sagte dem König Lebewohl und machte sich auf die Suche nach dem Teufel.

Es dauerte nicht lange, da kam er in eine kahle, verlassene Gegend. Ein gewundener Weg führte ihn zwischen sandigen Hügeln hindurch, bis er auf einmal vor einem Trupp von Rittern stand, von denen sah einer ganz besonders abscheulich und wüst aus. Dieser kam auf Offerus zu und fragte ihn, was er begehre.

»Ich suche den Herrn Teufel«, antwortete Offerus.

»Da bist du an der richtigen Adresse«, antwortete der Ritter, »denn der bin ich selber. Was willst du von mir?«

»Ich will dem stärksten Herrn dienen, und ich habe gehört, dass du dieser stärkste bist.«

»Gewiss, gewiss«, grinste der Ritter. »Komm nur mit mir.«

So folgte Offerus dem Teufel. Nicht lange danach zogen sie einen breiten, geraden Weg entlang, als sie in einiger Entfernung ein Kreuz am Wegrand stehen sahen. Der Teufel duckte und wand sich, bog vom Wege ab und kletterte über Felsen und Gestrüpp, bis er auf Umwegen wieder den Hauptweg erreicht hatte.

»Sag mir doch«, fragte Offerus, »warum hast du einen solchen Umweg gemacht? Gab es irgendetwas, was dir unangenehm war?«

»Mir soll etwas unangenehm sein? Wie kommst du denn darauf«, rief der Teufel, doch während sie weiterliefen, schielte er immer nach links und rechts, ob da nicht wieder ein solches Kreuz stünde.

»Du hattest Angst vor dem Kreuz«, sagte Offerus. »Woher kommt das?«

Nun kam der Teufel nicht mehr darum herum, er musste zugeben, dass das Kreuz das Zeichen des Christus sei, und dass er es nicht ertragen könne.

»Dann ist Christus stärker als du«, stellte Offerus fest. »Und weil ich nur dem stärksten Herrn dienen will, kündige ich dir meinen Dienst auf. Ich werde Christus suchen.«

Bei dem Namen »Christus« zuckte der Teufel zusammen, zog ein saures Gesicht, blickte gehetzt um sich und machte, dass er weg kam.

Offerus setzte seine Wanderung fort. Nach langer Suche kam er endlich zu einem frommen Einsiedler. Der könne ihm weiterhelfen, hatten die Leute gesagt.

Der Einsiedler sah den gewaltigen Mann nahen und öffnete ihm die Türe seiner Hütte, um ihn einzulassen. Offerus bückte sich tief, als er durch die Öffnung schritt, setzte sich auf ein Bund Stroh und lehnte sich mit dem Rücken gegen die Wand der Hütte.

»Wenn du Christus finden willst, wirst du viel fasten müssen«, sagte der Klausner.

»Fasten? Das kann ich nicht.«

»Du musst außerdem viel beten«, fügte der Einsiedler hinzu.

»Beten, davon habe ich noch nie gehört«, seufzte Offerus. »Ich will Christus dienen, ich will etwas tun!«

Darüber musste der Klausner nachdenken. Bald darauf forderte er ihn auf, mit ins Freie zu kommen. Er wies auf ein Tal in der Ferne, in dem ein wilder Fluss rauschte, den man bis hierher hören konnte.

»Dort unten«, sagte der Einsiedler, »befindet sich ein Fluss. Oft wollen Reisende hinübergelangen. Aber es gibt da weder Brücke noch Steg, und das Wasser strömt so mächtig, dass schon manche darin umgekommen sind. Du bist so groß und so stark, dass du die Menschen hinübertragen kannst. Und wenn du das lange genug getan hast, so wird der Tag kommen, da auch Christus unter den Reisenden sein wird. So wirst du ihm begegnen können.«

Das schien Offerus ein guter Rat. Er lief den Hügel hinunter und kam zum Fluss. Wie wild der auch brauste, Offerus kannte keine Furcht.

Er baute am Ufer eine Hütte, in der er fortan wohnte. Auch nahm er sich einen kräftigen Stab als Stütze und begann dann mit seiner Aufgabe.

Viele Jahre verbrachte er damit, Reisende über den Fluss zu setzen, und immer kamen sie wohlbehalten am anderen Ufer an. Nichts war ihm zu viel, und dankbar nahm er alles an, was ihm die Menschen als Lohn für seine Dienste geben wollten. Wenn er ungeduldig oder enttäuscht war, dass es so lange dauerte, bis er Christus begegnen durfte, tröstete ihn der Einsiedler und machte ihm Mut zum Durchhalten.

Nach vielen Jahren geschah es, dass Offerus, als er gerade in seiner Hütte saß, um ein wenig auszuruhen, draußen eine Kinderstimme hörte, die ihn rief: »Komm heraus und setze mich über!«

Er trat aus seiner Hütte und schaute nach links und nach rechts, doch er sah niemanden. Da hörte er abermals diese Stimme, die ihn rief. Doch immer noch erblickte er niemanden. Als er die Stimme zum dritten Mal hörte und wieder gehorsam herauskam, um nachzuschauen, wer ihn rief, stand da ein Kind, das bat ihn, über den Fluss gebracht zu werden.

Offerus setzte das Kind auf seine Schultern, nahm den Stab und machte sich daran, es überzusetzen. Aber als er mit dem Kind in das Wasser hineinging, schwoll der Fluss an, das Wasser stieg höher und höher, und das Kind wurde so schwer wie Blei. Je weiter er in den Fluss hineinlief, desto höher stieg das Wasser, und desto schwerer lastete das Kind auf seinen Schultern. Ja, als er die Mitte des Flusses erreicht hatte, fürchtete er sogar, er müsse ertrinken.

Nur mit letzter Kraft erreichte er das andere Ufer. Dort setzte er das Kind ab und sprach: »Du hast mich in große Gefahr gebracht. Du warst so schwer, die ganze Welt hätte nicht schwerer sein können als du!«

Das Kind antwortete: »Darüber brauchst du nicht verwundert zu sein, Offerus; denn du hast nicht nur die ganze Welt auf deinen Schultern getragen, sondern auch den, der die Welt geschaffen hat. So wisse nun, dass ich Christus bin, dein König, dem du mit deiner Arbeit dienst. Und weil du mich getragen hast, sollst du einen neuen Namen erhalten. Bis heute hießest du Offerus, das bedeutet: der Träger. Von nun an sollst du Christofferus heißen, der Christ-Träger. Und damit du sehen kannst, dass ich die Wahrheit spreche, sollst du deinen Stab nehmen und ihn, wenn du wieder drüben angekommen bist, in die Erde stecken. Er wird am nächsten Morgen Blätter und Früchte tragen!«

Nach diesen Worten verschwand das Kind vor seinen Augen.

Christofferus aber machte sich auf den Rückweg durch den Fluss. Bei der Hütte angekommen, pflanzte er seinen Stab in den Erdboden. Und als er am nächsten Morgen aufstand, trug dieser Blätter und Früchte. Da wusste Christofferus, dass er ein Diener des größten Königs geworden war.

Und das Tor sprang auf

Einst trat der König von Irland früh morgens aus seinem Schloss, um zum nahe gelegenen Brunnen zu gehen und sich zu waschen. Unterwegs dachte er an die Königin, die er sehr liebte, und wurde traurig. Sie waren schon viele Jahre verheiratet, aber es waren ihnen noch immer keine Kinder geboren worden, und das war es, was den König so betrübte.

Während er dies dachte, war er beim Brunnen angekommen. Er schöpfte mit den Händen Wasser und wusch sich. Als er fertig war und aufblickte, sah er drei Gestalten in weißen Gewändern, die vor ihm standen.

Die mittlere von ihnen begann zu sprechen und sagte: »König von Irland, ein großer Kummer bedrückt dich, weil aus deiner Ehe noch kein Kind geboren wurde. Wir sind Engel, Gott hat uns gesandt, um dir zu sagen, dass die Königin binnen eines Jahres einen Sohn gebären wird. Er wird ein mächtiger Herrscher sein, wenn er dereinst Hochkönig von Irland geworden ist. Und wie dein Sohn ein König sein wird, so sollen es auch deine Enkel und Urenkel sein. Und auch deren Kinder und Enkel werden mächtige Herrscher sein, bis nach Hunderten von Jahren aus deinem Geschlecht ein Mann geboren werden wird, der Irland und Schottland verwandeln wird. Er wird Gott lieben wie kein anderer, und er wird Gottes Willen auf Erden tun, sodass Gott auch ihn lieben wird. Er wird der Zwölfte in der Reihe deiner Nachkommen sein, und man wird ihn Columban nennen. Um seinetwillen wirst du gesegnet, und es soll dir ein Sohn geboren werden.«

Und alles geschah so, wie es die drei Engel gesagt hatten. Nach einem Jahr wurde der Königin ein Kind geboren. Später wurde es ein mächtiger Herrscher. Auch Columban wurde Jahrhunderte danach aus diesem Geschlecht geboren.

Der kostbare Mantel

Kurz vor der Geburt hatte Columbans Mutter Ethne einen Traum. Ein Engel stand neben ihr, der brachte ihr einen kostbaren Mantel, der in vielen Farben glänzte. Er übergab ihr diesen Mantel, sie nahm ihn in ihre Hände und sah, dass er aus den Farben aller Blumen gewoben war.

Während sie ihn betrachtete und ihr Herz vor Freude über seine Schönheit erzitterte, beugte sich der Engel zu ihr und nahm ihr den Mantel wieder weg. Er hob ihn empor und breitete ihn weit auseinander.

Ethne wurde traurig und sagte zu dem Engel: »Warum nimmst du mir den Mantel wieder weg, du hattest ihn mir doch gerade gegeben?«

Der Engel antwortete: »Dies ist der Mantel eines Menschen, der so strahlend und stark ist, dass du ihn nicht länger behalten kannst.« Und während diese Worte ertönten, sah sie, wie sich der Mantel zum Himmel erhob und immer größer und größer wurde. Er breitete sich aus über die Felder, die Wälder, die Berge und schließlich über das ganze Land, in dem Ethne wohnte.

Ethne war immer noch ganz erfüllt von der Farbenpracht des Mantels, der sie nun von allen Seiten umgab, als der Engel zu ihr sprach: »Sei nicht traurig, sondern freue dich: Du wirst einen Sohn bekommen, der ein Prophet werden wird. Unzähligen Menschen wird er den Weg zum Himmel weisen. Sein Name soll Columban sein.«

Wolf und Taube

Als das Kind geboren war, nahm sein Vater es ihn die Arme und sprach: »Es ist eine kräftiges Kind. Wir wollen es Crimthan nennen, das bedeutet Wolf.«

Die Mutter aber hatte vom Engel vernommen, dass es Columban heißen solle, und das bedeutet Taube. So bekam das Kind beide Namen.

Auch später war es dem Jungen immer bewusst, dass er zuerst den Namen Crimthan bekommen hatte. Doch er wollte lieber den Namen Columban tragen, und so ist er in der Welt bekannt geworden.

Das Buch

Columban wollte, als er herangewachsen war, Gottes Diener werden, und er verließ schon bald seine Mutter, um in den Häusern der Mönche zu wohnen. Von dort aus zog er durch Irland, durch Felder und Wälder, übers Meer und über die Berge. Von deren Gipfeln aus konnte er das ganze Land überblicken. Er sah, wie es sich verdunkelte, wenn es stürmte und regnete, und wie es in wunderbaren Farben erglänzte, wenn die Sonne wieder durch die Wolken brach und die schwarzen Gebilde vom Licht verjagt wurden. Dann kam auch der Sturm wieder zur Ruhe, und die Menschen wagten sich ins Freie. Doch Columban saß auch oft in seinem Kämmerlein und beschrieb Blatt um Blatt mit kleinen schwarzen Buchstaben und großen, farbigen Initialen. So lernte er aus den Büchern der Mönche das Schreiben.

Als er bereits vierzig Jahre alt war, wanderte er einmal zum Kloster seines alten Lehrmeisters Ninian, um ihn zu besuchen. Dieser hatte ein schönes Buch bekommen. Und Columban saß nun jede Nacht an seinem Tisch und schrieb die Geschichten ab, die in diesem Buch standen. So schrieb er sich sein eigenes Buch. Als er damit fertig war, wurde es entdeckt, und Columban wurde vor den Abt des Klosters geführt. Der wurde böse, weil Columban ihn nicht um Erlaubnis gefragt hatte, und sprach zu ihm: »Das Buch, das du geschrieben hast, gehört mir, denn du hast es aus meinem Buch abgeschrieben. Wenn du uns verlässt, musst du es hier zurücklassen.«

Columban antwortete: »Du hast dein eigenes Buch. Darin ändert sich nichts dadurch, dass ich es abgeschrieben habe. Ich will es den Menschen zum Lesen geben. Darum werde ich es mitnehmen!«

Der Abt und Columban konnten sich nicht einigen, und als der Zwist schließlich vor den König gebracht wurde, gab dieser dem Abt recht. Da wurde Columban so zornig, dass er das Buch ergriff, das Haus des Ninian verließ und das Heer seiner Familie und seiner Freunde zu Hilfe rief.

So führte er Krieg gegen den König. Die Kämpfer Columbans besiegten die Soldaten des Königs. Die mussten flüchten, und dreitausend Männer fanden den Tod in dieser Schlacht.

Nach Iona

Columbans Männer feierten den Sieg mit einem großen Fest. Auch Columban selbst feierte mit, doch während der Tage danach musste er immer wieder das Buch anschauen und an die vielen Menschen denken, die in der Schlacht ihr Leben verloren hatten. Auch nachts dachte er immerzu daran, und er konnte keinen Schlaf finden. Er grübelte darüber nach, ob es wohl richtig war, dass so viele Menschen nur eines Buches wegen hatten sterben müssen. Schließlich wurde er sehr bekümmert. Er bekam das Gefühl, dass er nicht länger in einem Land leben könne, dessen Menschen er so viel Unglück bereitet hatte. So beschloss er, Irland zu verlassen und an einen Ort zu ziehen, zu dem ihn der Wind und das Meer führen würden.

Er fand zwölf Brüder bereit, mit ihm zu ziehen. Mit ihnen bereitete er ein Boot vor. Dann zerbrach er vor ihren Augen das Ruder und warf es aufs Land. Auch nahm er das Segel vom Mast. So ließen sie das Boot zu Wasser und übergaben es steuerlos der Strömung des Meeres.

Das Boot wurde nach Norden getrieben, so weit hinaus, dass die Männer die Küste Irlands nicht mehr sahen. Endlich tauchte vor ihnen eine kleine grüne Insel auf. Das Schifflein trieb darauf zu und wurde in einer schmalen Bucht mit schönen runden Steinen auf den Strand geschoben. Es war dieselbe Stelle, an der hundert Jahre zuvor auch Dughall Donn mit der kleinen Brigit gelandet war. Und auch Columban begegnete hier den Druiden in ihren langen weißen Mänteln.

Die Druiden waren froh darüber, dass Columban zu ihnen auf die Insel gekommen war, und dieser dankte ihnen für ihre Gastfreundschaft.

Columban zog ins Innere der Insel. In den Jahren, die folgten, baute er Häuser, unternahm viele Reisen und lebte zusammen mit seinen Brüdern insgesamt dreißig Jahre auf der Insel Iona. Man sagt, die Insel habe früher Hy geheißen und es sei Columban gewesen, der ihr den Namen Iona gegeben habe.

Die Gerste

Für den Bau der Häuser wurde viel Holz benötigt. So sandte Columban seine Brüder zu einem Bauern, der auf der Insel wohnte, mit der Bitte um Balken und Pfähle. Die Brüder kehrten zurück und brachten das Erbetene mit. Doch sie sagten: »Der Bauer hat uns das Holz zwar gegeben. Aber er findet, dass wir doch sehr viel verlangt haben. Er hofft, dass er noch genügend Holz für sich selbst übrig behält.«

»Dann müssen wir ihm etwas dafür geben«, antwortete Columban. Er nahm aus seinem Vorrat drei Scheffel Gerste, segnete sie und gab sie den Brüdern mit dem Auftrag, der Bauer solle das Korn aussäen. Es würde aufgehen und im nächsten Monat reif auf dem Feld stehen.

Als die Brüder zu dem Bauern kamen, wollte der das nicht glauben. Denn niemand, der im Juli sät, bekommt bereits im August erntereifes Getreide.

Aber er tat doch, was ihm aufgetragen war, und alles geschah so, wie Columban es vorausgesagt hatte: Goldgelb und mit vollen Ähren stand die Gerste einen Monat später auf dem Acker. Der Bauer konnte mähen und dreschen und hatte den ganzen Winter hindurch reichlich zu essen. Ja, er konnte sogar anderen von seinem Getreide abgeben und behielt außerdem noch Saat übrig.

Und das Tor sprang auf

Eigentlich gehörte die Insel Iona dem König Brude. So beschloss Columban, diesen Fürsten zu besuchen. Von einigen Brüdern begleitet fuhr er in seinem Boot hinüber nach Schottland. Dort fuhr er einen Fluss hinauf, bis zur Spitze des langen Sees, der Loch Ness genannt wird. Oberhalb der Anlegestelle lag, im Gebirge verborgen, die Burg des Königs. Columban und seine Freunde banden ihr Boot fest und stiegen den felsigen Pfad zur Burg hinauf.

Die Gegend war steinig und kahl. Ein kalter Wind wehte um die Felswände, und Nebel hinderte die Sicht. Doch Columban lief voran und ließ sich durch nichts beirren. Einmal erblickten sie einen Wächter, der rasch vor ihnen weglief.

»Er wird unsere Ankunft melden«, sagte Columban.

Als sie die hochgelegene Burg erreichten, fanden sie das große Tor verschlossen. Die Brüder riefen und pochten, aber niemand antwortete oder öffnete das Tor. König Brude hatte nämlich befohlen, es vor den Fremdlingen zu verriegeln und verschlossen zu halten. Columban aber stimmte mit mächtiger Stimme ein Lied an:

Mein Herz bebt vor Freude,
denn für euch, o König, will ich singen.

Dann machte er das Zeichen des Kreuzes und legte seine Hände auf das Tor. In diesem Augenblick sprangen die Schlösser auf, und die schweren hölzernen Torflügel wichen zur Seite. Sie öffneten sich weit, sodass die Mönche die Burg betreten konnten.

Der König erschrak heftig. Waren diese Fremdlinge mächtiger als er, der doch dieses Tor hatte verschließen lassen? Noch nie hatte es jemand geschafft, die Schlösser zu zerbrechen. Er hastete die Treppen hinab und beeilte sich, den Fremdlingen entgegenzugehen. Dann verbeugte er sich tief vor Columban und hieß ihn willkommen.

Columban erwies dem König seine Ehrbezeugung, und die beiden schlossen Freundschaft. König Brude war damit einverstanden, dass die Mönche auf Iona lebten, und er schenkte ihnen die Insel als Wohnstätte.

Gegen den Wind

Auf dieser Burg wohnte auch Broichan, der höchste Druide in Brudes Reich. Er hatte gesehen, wie das Tor vor Columban aufgesprungen war, und er war eifersüchtig auf dessen Kraft. Wer war dieser Fremdling, der einfach so in ihre Burg eindringen konnte? Broichan beschloss, ihn spüren zu lassen, dass er selbst noch größere Zauberkraft besaß.

»Wann gedenkt ihr, uns zu verlassen?«, fragte er.

»In drei Tagen werden wir mit unserem kleinen Schiff davonsegeln«, antwortete Columban.

»Das möchte ich dann doch einmal sehen«, war die drohende Antwort. »Es wird ein Wind wehen, der euch daran hindern wird, auf den See hinauszufahren.«

Da antwortete Columban: »Über dich und mich und über den Wind herrscht der allerhöchste Gott. Es liegt in seiner Hand, ob wir hier wegkommen werden.«

Broichan lachte verächtlich und wandte sich ab.

Drei Tage später verließen die Brüder die Burg und kletterten den Pfad hinab zum See Loch Ness. Ihnen folgten der Druide und eine große Menschenmenge. Als die Mönche das Ufer des Sees erreicht hatten, wehte ihnen ein scharfer Wind entgegen, und über ihren Köpfen braute sich drohend eine schwarze Wolke zusammen. Das Boot schaukelte heftig auf den Wellen, die von harten Windstößen getrieben wurden.

Am Ufer drängte sich die Menge, und die Mönche standen im Kreis um Columban, der ihnen befahl, das Boot zu besteigen und die Segel zu setzen. Voller Angst blickten sie ihn an, doch er gebot ihnen mit kräftiger Stimme, zu gehorchen. So setzten sie die Segel, und auf ein Zeichen Columbans fuhr das Boot aus eigener Kraft gegen den Wind auf den See hinaus. Nach einigen Augenblicken verzog sich die Wolke, der Wind legte sich und drehte, wodurch die Männer mit Rückenwind das Meer erreichten und nach Iona zurückfuhren.

Der Kranich

Einst rief Columban einen der Brüder zu sich und sprach: »In drei Tagen musst du zum westlichen Ufer gehen. Dort wird um die neunte Stunde des Tages ein Gast eintreffen. Dieser Gast ist ein armer Kranich, der aus Irland herübergeflogen ist. Er ist vom Wind so sehr mitgenommen, dass er völlig erschöpft sein wird, wenn er am Strand anlangt. Nimm ihn dann mit und bringe ihn zu den Menschen, die in dem Haus dort ganz in der Nähe wohnen. Sie werden ihn gewiss pflegen. Sie brauchen sich auch keine Sorgen zu machen, dass er krank wird oder nicht mehr weg möchte, denn nach drei Tagen wird er zu Kräften gekommen sein und nach Irland zurückfliegen.«

Und so geschah es. Zu Tode erschöpft vom Flug im Sturm fiel der völlig ausgehungerte Vogel auf den Strand. Die Brüder fanden ihn und trugen ihn in ihren Armen zu dem Haus, in dem ein Fischer wohnte. Dieser, seine Frau und seine Kinder, nahmen den Kranich gern auf. Sie bauten ein Nest, fütterten ihn und ließen ihn ausruhen. Das taten sie drei Tage lang.

Dann legte sich der Wind, das Meer glättete sich, und die Sonne erschien am wolkenlosen Himmel. Da breitete der Kranich seine Flügel aus und erhob sich in die Lüfte. Einen Augenblick lang schwebte er noch über dem Haus der Fischersleute, die ihn beherbergt hatten, wie um ihnen zu danken und Lebewohl zu sagen. Dann wandte er sich nach Süden, um in geradem, raschem Flug nach Irland zurückzukehren.

Der trauernde Schimmel

Dreißig Jahre hatte Columban auf Iona gelebt. Nun war er alt geworden und müde von all der Arbeit, die er vollbracht hatte. Er sagte zu seinen Mitbrüdern: »Ich werde nicht mehr lange bei euch sein. Doch trauert nicht um mich – ich sehe viel Licht, da will ich hingehen.«

Es war ein Samstag, als er sich mit Dormit, dem Bruder, der ihn beim Gehen stützte, zur Kornscheuer begab und dort das geerntete Getreide liegen sah. Da sprach er zu Dormit: »Ihr werdet in der nächsten Zeit genügend Getreide haben. Ihr braucht euch keine Sorgen zu machen.«

Nachdem er sich auf einen Stein gesetzt hatte, um auszuruhen, sprach er weiter: »Es ist Samstag, der Tag, der auch Sabbath genannt wird und eigentlich ein Ruhetag ist. Für mich, Dormit, ist dieser Tag ein besonderer Ruhetag, weil ich jetzt von meinem ganzen Leben ausruhen darf. Ich vertraue dir hiermit ein Geheimnis an. Du darfst es noch nicht weitererzählen: Du sollst wissen, dass ich euch heute Nacht, beim Anbruch des Sonntagmorgens, verlasse und zu dem großen Licht zurückkehren werde. Von dort rufen mich die Engel, dass ich zu ihnen komme.«

Dormit erschrak und weinte um seinen Abt, der ihm so teuer war.

Als er aufblickte, sah er die weiße Mähre daherkommen, die immer die Milch von der Weide zum Haus hertrug. Das Pferd blieb vor Columban stehen und legte den Kopf in seinen Schoß. Große Tränen tropften aus seinen Augen. Dormit wollte den Schimmel davonjagen, aber Columban sprach: »Siehst du nicht, dass das Tier weiß, dass ich sterben werde? Darum weint es. Lass es gewähren. Es nimmt Abschied von mir.«

So nahmen Tiere und Menschen Abschied von Columban. Am Sonntagmorgen, der auf diesen Samstag folgte, erschien über dem Meer ein großes Licht, das sich der Inselküste nahte. Es war nicht die Sonne, die ging erst viel später auf. Es war der Erzengel Michael selbst, der da stand. Er sang ein Lied für Columban und nahm ihn mit in sein Reich.

Brüder, der Löwe will bei uns bleiben

Hieronymus war ein berühmter Mann. Jeder kannte ihn, weil er durch die ganze Welt reiste. Das tat er manchmal monatelang. Dann, nach einer solchen Reise, saß er aber auch wieder tagein, tagaus an seinem Schreibpult und verfasste dicke Bücher auf Griechisch, Lateinisch und Hebräisch. Auch baute er gemeinsam mit seinen Mitbrüdern ein großes Haus mit vielen Gemächern. In dieses Haus kehrte er immer wieder ein, half mit beim Bauen und bei allen anderen Arbeiten, die dort zu tun waren. Es lebte dort auch ein besonderer Freund von ihm, und von dem handelt unsere Geschichte.

Dieser Freund erschien eines Tages am Tor des großen Innenhofes, um den alle Kammern der Brüder herumgebaut waren. Weil das Tor halb offen stand, spazierte er hinein und legte sich in der Mitte des Hofes neben dem Brunnen auf den Boden und schlug seinen Schwanz um sich. Mit seinen gelb-grünen Augen und dem mächtigen Haupt blickte er an der Reihe der Fenster entlang und schaute schließlich einem der Brüder, der gerade herausguckte, mitten ins Gesicht.

Der rief in heller Aufregung: »Ein Löwe, Brüder! Ein Löwe sitzt in unserem Hof. Versteckt euch alle, macht schnell!«

Die Brüder rannten durch die Gänge und schlossen sich in ihre Kammern ein. Sie lugten ängstlich durch ihre Fenster auf den Hof hinaus, ratlos, was jetzt geschehen würde.

Auch Hieronymus hatte den Löwen bemerkt. Doch er hatte mehr gesehen als der Bruder, der die anderen gewarnt hatte. Ihm war nämlich aufgefallen, dass der Löwe eine Pfote nachschleppte und hinkte. So stand er auf und sagte zu seinen Brüdern, der Löwe sei nicht gekommen, um zu rauben und zu morden, sondern weil er Hilfe brauche.

Also ging Hieronymus hinaus und ließ sich neben dem Löwen nieder. Vorsichtig ergriff er die schmerzende Pfote und fand einen Dorn, der darin steckte. Und da der Löwe ihn ruhig gewähren ließ, zog er den Dorn behutsam heraus. Danach behandelte er die Wunde, verband sie sorgfältig und gab zu guter Letzt dem Tier zu fressen.

Nach einigen Tagen war der Löwe wieder gesund, doch zur allgemeinen Verwunderung blieb er im Innenhof liegen, ließ sich zu fressen bringen und tat niemandem etwas zuleide. Hieronymus gegenüber, der ihm geholfen hatte, war er besonders folgsam, und er blickte ihn an, als ob er sagen wollte: »Ich gehöre jetzt zu euch, gebt mir etwas zu tun!«

»Brüder«, sagte Hieronymus, »der Löwe will bei uns bleiben, und weil er dadurch einer von uns geworden ist, muss er auch arbeiten. Von jetzt an wird er den Esel auf der Weide bewachen, während die Brüder im Wald Holz sammeln, das der Esel am Abend nach Hause trägt.«

Dies wurde dem Löwen mitgeteilt, und so zog er gleich am nächsten Tage zusammen mit den Brüdern und dem Esel los und kam jeden Abend wieder mit ihm nach Hause. Dann bekamen beide zu fressen, und alle Beteiligten waren's zufrieden.

Eines Tages aber war der Löwe sehr müde. Und während der Esel dastand und auf das Holz wartete, das gerade aus dem Wald geholt wurde, legte sein Beschützer das Haupt auf die Vorderpfoten und schlief ein. Er schlief so fest, dass er die Gruppe von Kaufleuten nicht bemerkte, die auf ihren Kamelen vorüberkam. Als die Kaufleute den Esel da allein und unbewacht stehen sahen, ergriffen sie schnell sein Zaumzeug und zogen ihn mit sich fort. Wie sehr er auch bockte, schrie und zog – es half alles nichts, die Kaufleute ließen ihn nicht los, und der Löwe schlief so tief, dass er nichts bemerkte.

Gegen Mittag wurde er schließlich wach. Er gähnte, streckte sich, schaute sich um und – o Schreck, der Esel war weg!

Der Löwe sprang auf, rannte brüllend umher und suchte überall, hinter jedem Hügel, in jedem Wäldchen, konnte aber seinen Kameraden nicht finden. Das war eine traurige Sache …

Mit hängendem Kopf und viel später als sonst erschien er an der Klosterpforte.

Als die Brüder ihn an diesem Abend so daherkommen sahen, hielten sie das Tor lieber geschlossen. Denn sie dachten, dass der Löwe eben doch das getan hatte, was jeder andere Löwe auch tut: Er hatte den Esel gewiss aufgefressen.

»Du kriegst heute nichts«, riefen sie ihm zu. »Geh nur und friss die Reste von dem Esel, das sollte dir genügen.«

Der Löwe war traurig. Er lief nicht weg, sondern blieb geduldig liegen und wartete, bis die Brüder ihm irgendwann doch die Pforte öffneten und ihn kopfschüttelnd hereinließen. Er legte sich mitten in den Hof und blieb dort den ganzen Abend und den nächsten Tag. Er wartete offensichtlich auf eine andere Arbeit.

Hieronymus, der das sah, sprach: »Lieber Löwe, ob du nun den Esel gefressen hast oder nicht – du wirst doch etwas tun müssen. Du wirst die Aufgabe des Esels übernehmen müssen.«

Und so lief der Löwe jeden Morgen mit den Brüdern zusammen durch das Tor bis in den Wald, wartete, bis sie Holz geholt hatten, ließ es sich aufladen und trug es für sie nach Hause. Danach bekam er im Innenhof zu fressen.

Eines Abends aber wurde er unruhig. Nach dem Essen rollte er sich nicht auf die Seite, um zu schlafen, sondern lief so lange aufgeregt vor dem Tor hin und her, bis einer der Brüder es für ihn öffnete. Da lief er hinaus ins Freie und blickte in die Runde.

Und tatsächlich: In der Ferne nahte ein Gruppe von Kaufleuten mit ihren Kamelen. Die waren schwer beladen mit Fässern voll kostbaren Öls. Vor ihnen trabte ein Esel. Das finden Kamele angenehm, denn Esel können den Weg besser erkennen als sie.

Auf einmal erkannte der Löwe den Esel als seinen alten Kameraden. Er sprang auf und rannte mit großen Sprüngen auf den Trupp zu. Dabei wedelte er heftig mit seinem Schweif und brüllte so laut, dass die Erde erzitterte.

Die Kaufleute waren zuerst starr vor Schreck. Dann ließen sie die Zügel ihrer Kamele los und flüchteten, so schnell sie konnten, in den Wald. Der Löwe aber jagte den Tieren nach und trieb sie in den Hof des Klosters. Dort lief er zu dem Esel und stellte sich neben ihn. Er leckte ihn mit der Zunge ab, und der Esel schrie vor Freude, dass er wieder bei seinem alten Freund war.

Die Brüder hörten das. Einer nach dem andern schaute neugierig aus dem Fenster, dann wurde Hieronymus geholt und gefragt, was das zu bedeuten habe.

»Dies bedeutet«, sagte der, »dass wir jetzt binnen weniger Minuten Gäste bekommen werden. Bereitet euch schon einmal darauf vor.«

Und tatsächlich, während die Brüder Wasser und Futter für den Esel und die Kamele holten, wurde an die Pforte geklopft. Es erschienen die Kaufleute, die verlegen in den Hof blickten und sich nicht weniger betreten erkundigten, ob hier nicht vielleicht ihre Kamele und ein Esel angekommen wären.

Als Hieronymus dazukam, fielen sie auf die Knie und baten ihn um Vergebung. Sie hatten inzwischen begriffen, dass der Esel den Brüdern gehörte und vom Löwen zurückgeholt worden war.

»Wir werden so etwas nicht mehr tun«, riefen sie. »Und wir wollen euch eine Wiedergutmachung anbieten: Ihr bekommt die Hälfte des Öls, das wir mit uns führen. Nur, gebt uns bitte unsere Kamele wieder und haltet euren Löwen fest, denn er ist schrecklich. Noch nie im Leben sind wir so erschrocken!«

»Ich denke, dass der Löwe genauso sehr erschrocken war, als er bemerkte, dass der Esel weg war«, antwortete Hieronymus. »Der Schrecken sei euch Strafe genug. Der Esel ist wieder da, das ist die Hauptsache, und für euer Öl sind wir sehr dankbar.«

Als die Kaufleute ihre Kamele holten, legte sich der Löwe neben den Esel. So wollte er zeigen, dass er ihn sich nie wieder stehlen lassen würde.

Sei mein Reittier, Bruder Bär

Die Burg

Auf einem Berg zu Thaur in Österreich lag die mächtige Burg des Grafen Romedius. Am Fuße war sie eine wehrhafte Festung. Weiter oben aber öffneten sich die Fenster nach allen Seiten.

Eines Tages im Spätsommer stand der Graf früh am Abend nachdenklich vor einem seiner Fenster an der Südseite des Schlosses. Sein Blick ging über sein Land, das sich in sanften Hängen zum Tal des Inn hinabsenkte. Die immer länger werdenden Schatten der Berge fielen dunkel über die Wälder und Wiesen. Sie reichten auch schon bis an die Dörfer und das Städtchen Hall, wo der Lärm des Tages zur Ruhe gekommen war. In der Stille des anbrechenden Abends hörte man in der Ferne das leise Rauschen des Flusses.

Der Graf fühlte, dass es kälter wurde, er schloss das Fenster und setzte sich in seinen viereckigen, eichenen Lehnstuhl. Während sein Diener das Essen abräumte und das Zimmer in Ordnung brachte, wandte er den Blick zu drei großen Porträts an der Wand gegenüber dem Fenster. Im Dämmerlicht waren die Gesichter der beiden jungen Männer noch gut zu erkennen. Es waren die Söhne des Grafen, die auf dem Schloss aufgewachsen waren und jetzt in fernen Ländern um Recht und Ehre kämpften. Das dritte Porträt stellte eine Frau dar. Sie war die Mutter der beiden Jungen, seine eigene, geliebte Frau, die schon vor Jahren gestorben war.

So war der Graf mit seinen Dienern allein auf der Burg zurückgeblieben. Täglich jedoch wanderten seine Gedanken zu diesen drei Menschen, die so weit entfernt waren und doch so nah zu sein schienen.

Bevor der Diener das Zimmer verließ, winkte Romedius ihn zu sich heran und sagte: »Heute Abend kommt der Mönch, zünde schon einmal das Feuer im Kamin an.« Der Diener nickte, verließ nach einem kurzen »Ja, Herr« das Zimmer und kam mit einem Arm voller Brennholz wieder herein, das er kunstvoll im Kamin aufstapelte.

Während er bei der Arbeit war, klopfte es schon an der Tür, und ein Mann mit fein geschnittenem Gesicht trat ein. Er trug ein großes Buch in der Hand. Für einen Augenblick schien er zu lächeln, als der Graf auf ihn zutrat und ihm einen der schweren Stühle anbot. Alles war groß hier; der Raum, die Fenster, die Möbel, der breite Kamin und vor allem der Graf selbst. Der war trotz seines Alters von hoher Gestalt und schien nichts an Kraft eingebüßt zu haben.

Der Mönch setzte sich, legte das Buch auf die Knie und fragte, was er an diesem Abend lesen solle. »Ich möchte gern die Geschichte vom reichen Mann hören, der alles vollbracht hatte, was das Gesetz vorschrieb. Und Jesus sagte ihm, was er noch mehr tun könne.«

Der Graf hatte diese Worte ohne zu zögern ausgesprochen, als hätte er sie sehr lange im Voraus erwogen. Der Mönch verbarg sein Erstaunen und begann in dem mitgebrachten Buch zu blättern. Er hatte diese Geschichte schon öfter vorgelesen. Der Graf, der selbst weder lesen noch schreiben konnte, musste sie fast auswendig kennen. Aber als er die richtige Seite aufgeschlagen hatte, las er langsam und andächtig vor, was sein Herr von ihm verlangt hatte.

Der Graf hatte die Augen geschlossen, während er zuhörte, und er hielt sie geschlossen, noch lange, nachdem der Mönch die Geschichte beendet hatte. Dieser wartete schweigend, mit leicht gesenktem Kopf. Er wusste, dass der Graf sich Zeit ließ und in diesen stillen Augenblicken mehr zu verstehen schien als manch ein gelehrter Mönch. Aber diesmal blieb er länger in Gedanken versunken als sonst. Zum Schluss fragte er: »Hast du wirklich vorgelesen, dass dieser Mann alles hergeben sollte, was er besaß?«

»Ja, Herr«, antwortete der Mönch, »so steht es geschrieben.«

»Ich danke dir«, sagte der Graf. Er stand auf, gab dem Mönch die Hand und geleitete ihn durch die dunklen Gänge zum Schlosstor. Während er die Tür öffnete, sagte er: »Komm morgen wieder, ich habe einen Entschluss gefasst, der geht auch dich an. Eine gute Nacht!«

Am nächsten Morgen rief Romedius den Mönch, seine Freunde und seine Bedienten zusammen. Er sagte ihnen, dass er beschlossen habe, Thaur zu verlassen. Er verteilte alles unter ihnen, was er besaß, und das Schloss schenkte er dem Mönch als Wohnstatt für die Armen und Kranken. Er nahm nur sein Pferd mit und das, was ein Reisender für eine lange Fahrt braucht. Zwei Diener sollten ihn begleiten.

Der Bär

Einige Tage danach verließ Graf seinen Herrschaftssitz. Im Schritt ritt er aus dem Inntal gen Süden, bis er am Gempenpass angekommen war. Die Diener folgten ihm zu Fuß. Nachdem sie den Pass überquert hatten, zogen sie weiter, bis sie in ein dicht bewaldetes Gebiet kamen. Der Weg wurde schmal, und da sie müde wurden, stieg der Graf ab, um gemeinsam mit den Dienern auszuruhen. Das Pferd führte er an den Wegrand.

Kaum waren die Männer in Schlaf gesunken, schraken sie auf vom Geräusch brechender Zweige, dem heftigen Schnauben des sich aufbäumenden Pferdes und dem wütenden Brummen eines riesigen braunen Bären. Der hatte sich quer durch die Sträucher auf das Pferd geworfen und es mit einigen Schlägen seiner mächtigen Pranken getötet.

Die beiden Reisekameraden des Grafen sprangen schreiend vor Angst auf und flüchteten sich, so schnell sie konnten, hinter ein paar dicke Bäume.

Romedius aber richtete sich in seiner ganzen Größe auf und ging mit großen Schritten geradewegs auf den Bären zu. Als dieser den Grafen kommen sah, ließ er das Pferd los und wich bis an die Sträucher zurück. Nun trat Romedius auf ihn zu und sagte mit kräftiger Stimme: »Bruder Bär, was hast du getan? Dieses gute Pferd war jahrlang mein treuer Kamerad. Überallhin hat es mich getragen, niemals ließ es mich im Stich. Ob wilde Bäche mir den Weg versperrten, ob es über steile Anhöhen ging, ob im Krieg oder in Friedenszeiten, immer konnte ich mich auf dieses Pferd verlassen. Und nun kommst du und schlägst es nieder mit deiner wilden, unbesonnenen Kraft. Sieh, es ist tot und wird mir nie wieder zu Diensten sein können.«

Der Bär brummte verlegen, sah zu Boden und versuchte, sich noch weiter zurückzuschieben, um so durch die Sträucher zu entkommen. Aber Romedius stellte sich genau vor ihn, griff ihm ins raue Fell und schüttelte das mächtige Tier hin und her, während er sagte:

»Bruder Bär, du vereitelst durch deine ungestüme Tat meine Reise. Du kannst mich jetzt nicht allein lassen. Ich bin auf dem Wege in die Ewige Stadt, und ich bin zu alt, um diesen Weg zu Fuß zurückzulegen. Ich verlange von dir, dass du selbst mein Reittier wirst. Nur so kannst du den Verlust meines Pferdes wieder gutmachen.«

Der Bär sah auf, brummte zustimmend und stellte sich vor Romedius hin, als wollte er sagen: »Geh nur, sattle mich, dann werde ich dich tragen.« Romedius nickte zufrieden und rief seine Reisegefährten. Er gebot ihnen, dem Pferd Sattel und Zaumzeug abzunehmen und dies dem Bären anzulegen. Als dies geschehen war, stieg der Graf auf sein neues Reittier und gab ihm die Sporen. Zur großen Verwunderung der Diener folgte der Bär dem Befehl und setzte sich in Bewegung. So stiegen die Männer den Berg hinunter und setzten ihre Reise fort.

Der Auftrag

Wochenlang dauerte die Reise. Der Bär trug Romedius, solange dieser es wollte, und die Diener folgten ihnen. Jeden Morgen stand der Bär wieder bereit, ließ sich den Sattel aufschnallen und die Zügel anlegen, um dahin zu gehen, wohin sein Herr es wollte. Schneller noch, als die Männer vorankamen, erreichte die Kunde von einem Pilger, der sich ihr auf einem Bären nahte, die Ewige Stadt. Als Romedius in der Stadt ankam, standen dort auch Hunderte neugieriger Menschen. Aber der Bär war groß, und der Graf war ein Edelmann; niemand trieb Spott mit ihnen oder wagte, ihnen zu nahe zu kommen. Im Gegenteil, man hatte Bewunderung für den alten, ruhigen Mann, der diesen wilden Bären zu seinem Reittier gemacht hatte, und man hatte Respekt vor dem Tier, das diesen Dienst auf sich nahm.

In der Stadt empfing Romedius seinen Auftrag. Er solle die drei heiligen Männer Sisinus, Martyrus und Alexander suchen. Diese waren in die Berge gezogen, wo sie kranke Menschen in hochgelegenen Dörfern versorgen wollten. Sie waren nicht zurückgekehrt, niemand wusste, wo sie geblieben waren und ob sie noch lebten. Der Graf nahm diesen Auftrag an und machte sich auf den Weg. In den Bergen fragte er die Bewohner nach den drei Heiligen, aber niemand konnte ihm weiterhelfen.

Eines Tages, als sie noch immer unterwegs waren, kamen sie an eine Weggabelung. »Sollen wir nach rechts oder nach links gehen?«, fragten die Diener.

»Ich weiß es nicht«, sagte Romedius.

»Was sollen wir dann tun?«, fragten die Diener.

»Wir müssen warten, bis der Bär anfängt zu suchen«, antwortete, der Graf und lockerte die Zügel. Hatte der Bär es verstanden, oder kam er von selbst in Bewegung? Ohne zu zögern, schlug er den rechten Weg ein, und Romedius ließ ihn von da an gewähren.

Kleine, gewundene Pfade nahm das Tier. Es stieg über Baumstämme und erkletterte einen steilen, kahlen Abhang. Dort blieb der Bär bei einigen großen Steinbrocken stehen. Er brummte und rückte mit seinen Tatzen daran. Als Romedius abstieg, wälzte das Tier die Steine beiseite und legte eine Höhle frei. Darin wurden die vermissten Männer gefunden. Eine Lawine hatte den Eingang der Höhle verschüttet, und die Heiligen hatten warten müssen, bis der Bär sie fand. So wurden sie befreit. Damit hatte Romedius seinen Auftrag erfüllt.

Die Sterne

Romedius sprach den Dienern seinen Dank aus. Er belohnte sie reichlich, und sie gingen ihrer Wege. Romedius schaute den Bären an, aber dieser lief nicht fort. Er wartete geduldig, bis sein Herr wieder im Sattel sitzen und ihm vertraulich auf den schweren Nacken klopfen würde.

»Bruder Bär«, sagte der Graf schließlich, »ich will hier wohnen. Du kennst dich in dieser Wildnis besser aus als ich. Suche einen Platz, wo ich meine Hütte bauen kann. Es muss einsam dort sein, und ich muss die Sterne sehen können.«

Und die Legende erzählt, dass der Bär Romedius seinen letzten Dienst erwies. Er setzte sich in Bewegung und brachte seinen Reiter in ein wildes Gebiet. Dort sprang er unter Verwendung seiner ganzen Kraft über einen tiefen Abgrund und kletterte dann auf einen steilen Felsen. Auf der Spitze, die aus den Bäumen herausragte, befand sich eine kleine, flache Stelle. Hier baute Romedius die Hütte, in der er während der letzten Jahre seines Lebens blieb. Während dieser Zeit ernährte er sich von dem, was der Wald ihm schenkte. Doch kamen auch Menschen, die ihm Essen und Trinken brachten. Dafür nahmen sie gern den steilen Aufstieg auf sich. Weil es eine lange Wanderung war, blieben sie oft die Nacht über bei ihm. Er zeigte ihnen dann die Sterne, die an diesem Platz hell funkelnd am dunklen Himmel standen.

»Wir alle haben unseren Stern«, sagte er dann, »und dieser Stern hat seinen eigenen Platz am Himmel. Durch Tage, Jahre und Jahrhunderte zieht dieser Stern seine Bahn am Himmel. Er kennt seinen Weg. Und wenn du ihn unter den vielen anderen Lichtern in der Ebene nicht mehr erkennen kannst, dann komm hierher. Hier kannst du ihn sehen.«

Aus der Eiche wurde das Haus gebaut

Fern im Westen, jenseits des Meeres, liegt die Insel Britannien. Dort wuchs einst ein Junge auf, der Winfried hieß.

Einmal wütete ein wilder Sturm, und der Regen prasselte so heftig herunter, dass Winfried in einer Höhle am Rande des Weges Unterschlupf suchte. Dort wollte er warten, bis das Unwetter vorüber war. Doch er war so tief in die Höhle gekrochen, dass weder das Strömen des Regens, noch das Krachen des Donners mehr zu ihm drang.

»Wo bin ich hier eigentlich?«, fragte er sich.

»Du bist bei mir«, hörte er eine Stimme sagen. Er schaute auf und erblickte eine männliche Gestalt in einem langen funkelnden Gewand.

»Du warst auch bisher immer bei mir«, fuhr der Mann fort, »heute aber darfst du mich sehen. Doch dies wird für lange Zeit das letzte Mal sein.«

»Verlässt du mich denn gleich wieder?«, fragte Winfried.

»Das hängt von dir ab«, sagte der Mann, »ich muss durch viele Länder ziehen.«

»Ich gehe gern mit dir«, antwortete Winfried.

»Ich bleibe nie lange an einem Ort«, fuhr der Mann fort.

»Auch das schreckt mich nicht«, meinte der Junge.

»Gut«, antwortete der Mann und blickte Winfried freundlich an, »du scheinst mir keine Angst zu haben vor weiten Reisen. Aber bevor es so weit ist, wirst du in den kommenden Jahren viel lernen müssen. Du wirst lernen müssen, die Sprache des Windes und des Wassers zu verstehen. Und wenn du sie erlernt hast, so rufe mich, dann lehre ich dich eine neue Sprache, die Sprache der Stille.«

Jahre gingen ins Land, ehe Winfried wieder in die Höhle zurückkehrte. Er war jetzt ein erwachsener Mann geworden und sprach zu seinem Engel:

»Die Sprache des Windes und des Wassers habe ich verstehen gelernt wie viele in diesem Land. Lehre mich jetzt die Sprache der Stille, von der du mir damals erzähltest.«

»Gut«, sprach der Engel, und wieder stand er so vor ihm wie vor Jahren, »das will ich gern tun.«

Winfried blickte zu ihm auf und sah, dass sein Gewand funkelte wie damals. Doch jetzt sprach aus seinem Blick Freude darüber, dass Winfried etwas lernen wollte, was erst wenige Menschen kannten.

Und so lernte Winfried in der Dunkelheit der Höhle verstehen, was in der Stille hörbar wird, und auszusprechen, was im eigenen Herzen erklingt.

Jahre waren vergangen, da sprach der Engel eines Tages: »Die Sprache, die du jetzt gelernt hast, ist keine gewöhnliche Sprache. Es ist eine Sprache, die Macht hat. Sie vertreibt alle Sorgen und jegliche Angst. Sie ist stärker als die Stimme des Windes und des Wassers. Sie gibt dir die Kraft, unter den Menschen die Wahrheit zu sprechen und das Gute zu tun. Und auch du selbst sollst als mein Diener einen neuen Namen bekommen. Winfried war der Name, den deine Eltern dir gaben. Von nun an sollst du Bonifatius heißen, das heißt: der das Gute tut. Denn wer die Stimme verstehen gelernt hat, die im Herzen spricht, der kann unter den Menschen Gutes wirken. Nun kannst du die Reise antreten. Ich habe schon auf dich gewartet. Es ist höchste Zeit. Mache dich bereit und folge mir bald!«

Winfried, der nun Bonifatius hieß, machte sich auf und zog gen Osten. Er fuhr über das Meer, das Britannien von Friesland und Holland trennt, und kam in die deutschen Lande. Dort führte ihn sein Weg über bergiges Gelände und durch große Wälder, bis er zu einem Ort kam, der heute Fritzlar heißt.

Dort stand auf einem Hügel eine riesige, uralte Eiche. Ihr mächtiger Stamm trug schwere Äste, die bis auf den Boden hingen. Viele Menschen tanzten um den Baum herum, johlten und schrien dabei: »Donar, Donar! Sprich zu uns.« Irgendwann wurden sie heiser und sanken erschöpft zu Boden.

Bonifatius trat näher und sprach: »Merkt ihr denn nicht, dass euer Gott keine Antwort gibt? Schaut empor: Mit den Wolken, die hier vorüberziehen und in der Ferne verschwinden, ist er dahingegangen. Er ist nicht mehr hier. Ihr ruft ihn vergebens.«

»Du lügst«, riefen die Männer und kamen mit geballten Fäusten auf ihn zu. »Unser Gott ist noch immer hier. Seine Kraft lebt im Rollen des Donners. Wer bist du, dass du zu behaupten wagst, er habe uns verlassen?«

»Ich heiße Bonifatius, und ich diene einem anderen, dessen Stimme erst dann erklingt, wenn die alten Götter verstummt sind. Ihr habt selbst gemerkt, dass Donar keine Antwort mehr gibt. Christus will jetzt zu euch sprechen. Darum werde ich nun mit dieser Axt eure Eiche fällen und aus ihrem Holz ein Haus bauen, in dem seine Stimme gehört werden kann.«

»Wage es nicht, deine Axt gegen die Eiche des Donar zu erheben«, riefen die Menschen. »Er wird dich mit seinen schrecklichen Blitzen zerschmettern!«

Als Bonifatius furchtlos auf den Baum zuging und die Axt erhob, ergriffen alle die Flucht und schauten aus der Ferne ängstlich zu, was jetzt geschehen würde. Schon sauste die Axt hernieder. Ein einziger Schlag genügte, da wankte der Baum bereits und stürzte mit einem dumpfen Schlag auf die Erde. Entsetzt starrten alle auf die Eiche und den Fremdling, der es gewagt hatte, sie zu fällen. Einige Vögel flatterten verschreckt auf, doch weiter geschah nichts. Kein Blitz fuhr herab, um Bonifatius zu strafen.

Der hackte unterdessen die mächtigen Äste ab und spaltete den Stamm. Dann zimmerte er Balken und Bretter aus dem schweren Holz. Die Menschen zogen sich ratlos in ihre Häuser zurück. Doch bereits am nächsten Tag kam einer, um Bonifatius zu helfen, und allmählich wurden es immer mehr.

Im Wald wurde eine Stelle gerodet und dort eine Kapelle gebaut. Die Männer richteten die vier Wände auf und ließen Aussparungen für die hohen schmalen Fenster frei. Sie legten ein Dach aus schweren Balken und breiten Brettern darüber und schmierten jeden Spalt mit Lehm zu. Zum Schluss wurde noch die mächtige Holztüre eingehängt.

Von da an versammelten sich die Menschen in der Kapelle. Und es war wie damals in der Höhle, wo Bonifatius die Sprache der Stille gelernt hatte. In dieser Sprache redete er nun von Christus, der zu den Menschen kam, als die alten Götter sie verlassen hatten.

»Lasst Christus in euren Herzen wohnen«, sagte Bonifatius, »dann wird er auch in diesem Hause wohnen, wenn ihr hier versammelt seid; in dem Haus, das wir aus dem Holz der Eiche des Donar errichtet haben.« Und musste Bonifatius auch durch viele Länder reisen, so kehrte er doch immer wieder nach Fritzlar zurück.

So vergingen die Jahre. Bonifatius war alt geworden, und sein silberweißes Haar wallte über seine Schultern herab. Noch stets ging er ungebeugt, und die Menschen liebten ihn, weil er ihnen Gutes tat.

Eines Morgens war er schon vor Sonnenaufgang in seine Kapelle gegangen. Draußen war es noch dunkel, und doch füllte sich der Raum auf einmal mit Licht. Da merkte Bonifatius, dass sein Engel vor ihm stand.

»Mein Freund«, sprach dieser, »auf vielen Reisen bist du mir gefolgt, und niemals hast du gezögert. Heute rufe ich dich zum letzten Mal. Folge mir nun nach Westen, nach Friesland, einem Lande, das am Meere liegt. Dies soll die letzte Stätte sein, an der du zu wirken hast. Und wenn das Ende kommt, so habe keine Angst. Denn ich bin immer da, und je größer die Gefahr ist, desto näher werde ich bei dir sein.«

Bonifatius nahm Abschied und zog mit einigen seiner Brüder freudigen Herzens nach Friesland, um auch dort den Menschen die neue Sprache zu bringen. In der Ortschaft Dokkum schlugen die Männer ihre Zelte auf. Viele kamen dorthin, um Bonifatius' Worten zu lauschen.

Eines Morgens war jeder früh aufgestanden, denn es hatten sich Gäste angesagt, die bewirtet sein wollten. Die Männer hatten sich gerade in ihre Zelte begeben, als Bonifatius zu einem seiner Mitbrüder sprach: »Ich höre jemanden rufen. Soll ich kommen?«

Sein Freund lauschte und sprach: »Ich höre viele Stimmen, sie schreien und drohen, als ob sie uns Böses tun wollten.«

»Nein«, sagte Bonifatius, »jetzt höre ich die Stimme ganz deutlich, sie ruft, meine Zeit sei da, und ich solle kommen!«

»Aber sieh doch!«, rief sein Freund voll Schrecken und zeigte nach draußen, wo eine Gruppe wilder Männer mit Knüppeln und Äxten erschienen war und auf die Zelte zurannte.

Da drangen auch schon die Räuber, die bei den Fremdlingen Geld und Kostbarkeiten zu finden hofften, bei ihnen ein, und in ihrer Gier nach reicher Beute durchwühlten und verwüsteten sie alles, was ihnen in den Weg kam.

Einer von ihnen aber stürmte in Bonifatius' Zelt und holte mit seiner Axt nach ihm aus. Beim ersten Schlag traf er das große selbst geschriebene Evangelienbuch, das Bonifatius in seinen Händen hielt, und durchschnitt es der Länge nach. Noch einmal schlug der Räuber zu, und nun traf er Bonifatius selbst.

Als der alte Mann zu Boden taumelte, wich der Räuber verstört zurück. Hatte er den Engel gesehen, der seinen treuen Diener in den Armen trug und in sein Reich mitnahm?

Die Räuber machten nur wenig Beute. Und um dieses Wenige entbrannte ein Kampf, bis schließlich nur einige übrig blieben, die bald darauf gefasst und streng bestraft wurden.

Das Buch aber ist bis zum heutigen Tage erhalten geblieben. Und die Menschen, die es fanden, bemerkten staunend, dass jedes Wort, ja jeder Buchstabe, den Bonifatius geschrieben hatte, unversehrt geblieben war.

Und das Los fiel auf die Königstochter

In der Stadt Silena im Lande Libyen herrschte große Not. Ihre Einwohner wurden von einem giftigen Drachen bedroht, der in einem See vor der Stadt wohnte. Immer, wenn der Drache Hunger hatte, stieg er aus dem See auf, zog vor die Mauern der Stadt und blies seinen giftigen, todbringenden Atem über Mensch und Tier.

Schon oft waren die Einwohner der Stadt bewaffnet gegen ihn zum Kampf gezogen, doch jedes Mal waren sie wieder in die Flucht geschlagen worden. Der Drache verfolgte sie und verwüstete das Land.

So wussten die armen Bürger kein anderes Mittel mehr, als dem Drachen jeden Tag zwei Schafe vorzuwerfen. Solange er die bekam, hielt er Ruhe. Aber nach einiger Zeit waren die Schafherden so klein geworden, dass man beschloss, ab sofort nur noch ein Schaf und dazu einen Einwohner der Stadt zu opfern. Jeden Tag wurde darum gelost, wer dem Drachen zum Opfer fallen solle.

Eines Tages fiel das Los auf die Königstochter. Da verfiel der König in tiefe Trauer. Er klagte und sprach zu seinem Volk: »Nehmt meinen Besitz, mein Gold und all mein Silber, nehmt mir mein halbes Königreich, aber lasst mir mein einziges Kind. Sie darf nicht von diesem schrecklichen Drachen verschlungen werden!«

Das Volk antwortete voller Zorn: »Die meisten unserer Söhne und Töchter sind bereits umgekommen, und du willst deine Tochter nicht hergeben? Damit brichst du das Gesetz, welches du selbst verkündet hast! Wenn du deine Tochter nicht hergibst, so verbrennen wir dich und dein Haus.«

Als der König sah, dass es ihnen damit ernst war, begann er, vor seiner Tochter zu wehklagen und rief: »Ach, meine Tochter, was soll ich tun? Weh mir unglücklichem Vater, mein einziges Kind muss sterben!«

Er trat vor das Volk und sagte: »Gebt mir noch acht Tage Frist, damit ich Abschied von ihr nehmen kann.«

Das wurde ihm zugestanden. Am achten Tag aber lief das Volk vor dem Schloss zusammen und rief empört: »Warum lässt du um deiner Tochter willen das Land verwüsten? So müssen wir alle sterben durch den Gifthauch des Drachen.«

Da begriff der König, dass er die Prinzessin nicht retten konnte. Er ließ seine Diener königliche Gewänder und Schmuck holen und kleidete sie wie eine Fürstin.

Dann umarmte er sie und sprach: »O meine Tochter, ich hatte gehofft, du würdest Kinder bekommen, die dereinst auf meinem Thron sitzen würden. Ach, wie gern hätte ich deine Hochzeit mitgefeiert, wenn du einen edlen Ritter geheiratet hättest. Musik wäre in unserem Schloss erklungen, und alle Fürsten aus den Nachbarländern hätten an unserer Tafel gesessen. Und nun gehst du hin, um vom Drachen verschlungen zu werden.«

Er küsste sie zum Abschied und sprach: »Ach, lieber wäre ich vor dir gestorben.«

Sie aber neigte ihr Haupt, kniete zu ihres Vaters Füßen nieder und bat um seinen Segen.

So segnete er sie, und sie verließ ihn und ging an das Ufer des Sees, wo sie auf den Drachen warten musste.

Während sie da stand und die Menschen von der Stadtmauer aus das Erscheinen des Drachen erwarteten, kam übers Feld ein Ritter daher. Er ritt auf einem weißen Pferd, und seine Rüstung glänzte im Sonnenlicht. Er ritt zur Königstochter und fragte sie, warum sie da stünde.

»Herr«, sagte sie, »fragt nicht danach, sondern wendet rasch euer Pferd und flieht, auf dass Ihr nicht auch euer Leben verliert.«

Der Ritter antwortete: »Hab keine Angst, Königstochter, sag mir nur, worauf du hier unter den Augen des ganzen Volkes wartest.«

Sie sprach: »Herr, ich sehe, dass Ihr ein gutes Herz habt, aber Ihr sollt doch nicht mit mir sterben! Flieht, so schnell Ihr könnt!«

»Ich weiche nicht von hier«, sprach Georg, »bevor du mir gesagt hast, warum du hier stehst und weinst.«

Da erzählte sie ihm alles: von dem Drachen, von den jahrelangen Kämpfen, von den Opfern und von sich selbst, und dass sie nun sterben müsse.

Er aber sprach: »Liebe Prinzessin, hab keine Angst. Ich bin Georg, ein Kämpfer gegen das Böse. Ich werde dir beistehen in Christi Namen.«

Während sie noch miteinander sprachen, fing der See an zu brodeln und zu brausen, und der abscheuliche Kopf des Drachen kam aus den Fluten zum Vorschein. Als Georg ihn sah, sprang er auf sein Pferd und machte sich zum Kampf bereit. Der Drache kam wutschnaubend auf ihn zu. Georg aber ergriff seine Lanze, rief Gottes Hilfe an und gab dem Pferd die Sporen. Die Jungfrau und das Volk auf der Stadtmauer sahen, wie Georg tapfer mit dem Drachen kämpfte und ihn mit seiner Lanze schließlich so schwer verwundete, dass er am Ufer zu Boden stürzte.

Georg wandte sich zu der Prinzessin und sprach: »Nimm jetzt deinen Gürtel und lege ihn dem Drachen wie einen Zügel um den Hals. Hab' keine Angst!«

Sie tat es, und der Drache folgte ihr willig. So zogen sie gemeinsam zurück zur Stadt und gingen durch das Stadttor hinein. Die Menschen schrien vor Angst und stoben in alle Richtungen auseinander.

Aber Georg rief sie zurück und sprach: »Ihr braucht keine Angst mehr zu haben. Im Zeichen des Kreuzes habe ich den Drachen überwunden. Durch dieses Zeichen verliert er seine Macht. Wenn ihr alle dieses Zeichen von mir empfangen wollt, so kann ich den Drachen töten, und ihr seid befreit.«

Und so geschah es. Ein jeder empfing von Georg das Zeichen des Kreuzes auf der Stirn. Dann nahm er sein Schwert und tötete den Drachen. Vier Ochsengespanne waren nötig, um ihn aus der Stadt ins offene Feld zu ziehen. Dort wurde er verbrannt.

Der König gab Georg Gold und Silber als Belohnung. Dieser behielt jedoch nichts für sich, sondern schenkte es den armen Bürgern der Stadt.

Dann zog er weiter, um im Zeichen des Kreuzes neue Heldentaten zu vollbringen.

Dein Name bedeutet »Perle«

Es wurde Morgen. Über dem Waldrand ging die Sonne auf und schien durch die Fenster der kleinen Holzhütte am See. Ihr Licht fiel auf das Gesicht eines Mädchens, das in einem Bett an der Wand gegenüber den Fenstern lag und schlief. »Margareta, wach auf«, sang das Licht, »du wirst heute vierzehn Jahre alt, wach auf, der Tag bricht an.«

Das braucht man einem Mädchen, das Geburtstag hat, nicht zweimal zu sagen. Sie rieb sich die Augen, sprang aus ihrem Bett und kleidete sich an. Brot und Milch standen schon bereit und auch eine große Schale mit Blumen und vierzehn Kerzen.

Eine ältere Frau mit freundlichem Gesicht kam herein, küsste Margareta und zündete die Kerzen an. Margareta schaute ihr zu, und als sie alle brannten, sprach sie: »Mutter Christine, wie oft hast du für mich schon die Geburtstagskerzen angezündet? Das darf ich dich heute doch fragen?«

»Nun«, sprach Mutter Christine und setzte sich, »das wird wohl das zwölfte Mal sein, denn als du zwei Jahre alt warst, kamst du zu mir.«

»Bin ich denn schon so lange hier?«, verwunderte sich Margareta, »willst du mir nun auch erzählen, woher ich komme und wer mein Vater und meine Mutter sind?«

»Deine Mutter ist früh gestorben, ich habe sie nicht gekannt. Dein Vater hat dich damals zu mir gebracht. Er war der Patriarch der Stadt Antiochia, ein Mann in hoher Stellung. Er bat mich, dich zu erziehen. Du bist also von vornehmer Herkunft, und ich bin nur eine einfache Frau.«

Margareta blickte auf und sprach: »Aber du hast wenigstens immer für mich gesorgt, und mein Vater hat mich nie mehr besucht.«

»Das ist so«, antwortete Christine.

»Mutter«, sagte Margareta, »du hast mir versprochen, dass ich von heute an mit der Herde hinaus darf. Ich höre die Schafe schon blöken, sie wollen aus dem Stall. Darf ich?«

»Versprochen ist versprochen«, sprach Christine, »aber merk dir eines gut: In der Sonne bist du sicher, im Schatten aber lauert Gefahr. Wirst du daran denken?«

So zog Margareta mit den Schafen hinaus in Richtung des großen Waldes, wo die Sonne noch niedrig stand und lange Schatten über die Weide warf, auf der die Tiere grasten. Immer sorgte sie dafür, dass die Schafe nicht in die Schatten der Wolken und der Bäume gerieten, denn nur allzu rasch konnten Wolf und Bär aus dem Wald hervorkommen, um ein Tier aus der Herde zu reißen.

Abends tranken die Tiere noch am Ufer des Sees, wo die Hütte stand, und liefen danach in einer langen Reihe zum Stall zurück. Margareta schloss die Tür hinter ihnen und begab sich noch einen Augenblick an den See. Es waren Wolken vor der Sonne aufgezogen, die nun schon niedrig stand. Ein Wind war aufgekommen, der das Wasser in kleinen Wellen ans Ufer trieb.

Plötzlich glitten die Wolken auseinander, wie ein Vorhang, der aufgezogen wurde, und zwischen ihren scharf gezackten goldenen Rändern warf die Sonne eine lange Lichtbahn über das Wasser bis zu der Stelle, wo Margareta stand.

Und im selben Augenblick, als das glänzende Licht sie erreicht hatte, war es, als ob die Erde unter ihren Füßen einen Augenblick lang zitterte, nicht heftig, sondern zart, als ob sie vor etwas bebte, das erst noch kommen sollte.

Inmitten der Wolken erschien eine Gestalt, ein Mann, der über die Lichtbahn auf sie zuschritt. Sein Untergewand war von makellos weißem Linnen, und der Mantel, den er darübertrug, glühte in warmem Rot. Sie sah, dass das Wasser unter seinen Füßen sich glättete, und als er bei ihr angekommen war, hatte sich der Wind gelegt.

Nun stand er neben ihr und streckte seine Hand über den See aus. »Schau, Margareta«, sprach er, »siehst du die Sonne, die zur Erde niedersteigt? Es dauert nicht mehr lange, dann hat sie sie erreicht.«

Wie lange sie dort so gestanden hatte, konnte Margareta später nicht mehr sagen. Aber als die orangefarbene Glut die Erde berührte, wandte sie sich zu dem Mann um und fragte: »Wer bist du?«

»Ich bin dein Freund«, antwortete er, »und ein Hirte der Menschen.«

Und während die Sonne im Wasser versank, fragte sie: »Musst du nun wieder fort oder bleibst du bei mir?« Er antwortete: »Einst kam ich von der Sonne zur Erde. Dort wurde ich von den Menschen ans Kreuz geschlagen. Seitdem bin ich hier. Und ich will auch bei dir sein. Vergiss niemals, was ich dir nun sage: In der größten Gefahr darfst du mich anrufen. Dann werde ich dir beistehen.«

Grau und düster war der nächste Tag, als Margareta wieder die Schafe auf die Weide trieb. Tief hingen die Wolken über dem Land. Sie blickte forschend zum Waldrand, aber weder Wolf noch Bär ließen sich dort sehen. Da nahte eine Gruppe von Reitern. Als ihr Anführer Margareta entdeckte, hielt er sein Pferd mit einem Ruck an. Er winkte seinem Knecht und befahl ihm, die kleine Hirtin zu ihm zu bringen. Als sie vor ihm stand, fragte er sie nach ihrem Namen und wollte wissen, wer ihr Vater sei und für wen sie arbeitete. »Ich heiße Margareta, und mein Vater ist Theodosius, der Patriarch von Antiochia, und Christus ist mein Herr.«

Der Ritter hielt sein ungeduldiges Pferd mit straffem Zügel im Zaum und sprach, auf sie herabblickend: »Du stammst fürwahr aus einem vornehmen Geschlecht, und dein Name bedeutet Perle – das passt zu deiner schönen Gestalt. Aber wie kannst du jemandem folgen, der am Kreuz gestorben ist?«

Margareta, die den geringschätzigen Unterton in seiner Stimme bemerkte, antwortete ruhig: »Er wollte es so.«

Worauf der Ritter höhnisch rief: »Er hat sich ohne Gegenwehr ans Kreuz schlagen lassen. Nennst du das einen Mann? Komm mit mir. Ich bin Olibrius, ein mächtiger und reicher Ritter. Du sollst meine Frau werden, wenn du ihn vergisst.«

Margareta trat einen Schritt zurück, blickte dem Ritter gerade in die Augen und sprach: »Was bedeutet deine Macht? Ich gehöre dem, vor dem die wilden Tiere zurückweichen, vor dem der Wind schweigt und das Wasser sich glättet. Ja selbst die Erde bebt vor ihm.«

»Wenn du mich zurückweist, wirst du sterben«, rief Olibrius wütend. »Dann werden wir sehen, wer hier die Macht hat!«

»Ich bin seine Braut«, antwortete Margareta.

Auf ein Zeichen des Ritters ergriffen seine Knechte sie. Einer von ihnen setzte sie vor sich auf sein Pferd, und nun ritt der Trupp in raschem Trab zur Burg des Olibrius. Hier wurde sie in einen Kerker unter der Burg gesperrt. Lange saß sie dort in der Finsternis an eine Mauer gelehnt. Es war kalt und feucht, und sie zitterte.

Doch dann ging ihr alles durch den Kopf, was gestern geschehen war: ihr Geburtstag und Mutter Christine. Und sie dachte auch an den, der mit der Abendsonne über das Wasser zu ihr gekommen war, wie die Erde unter ihren Füßen vor Erwartung gebebt hatte und wie Wellen und Wind zur Ruhe gekommen waren. Und als sie daran dachte, fühlte sie Kraft und Mut in ihrem Herzen. Da empfand sie den Wunsch, zu wissen, wer es eigentlich war, der sie hier gefangen hielt. Sie stand auf, holte tief Atem und rief: »Wer ist es, der mich hier eingeschlossen hat? Mein Feind, zeige dich! Lass sehen, wer du bist!«

Kaum hatte sie dies ausgerufen, da wurde die Finsternis, in der sie sich befand, zu einem riesigen Drachen. Er kam aus einer Ecke des Kerkers auf sie zu und öffnete sein Maul, um sie zu verschlingen. Aber Margareta fühlte keine Angst, und als die Finsternis sich um sie legen wollte, rief sie: »Mein Hirte, steh' mir bei.«

Bei diesen Worten krümmte sich der Drache und zerbarst, und auch die Finsternis wich. Von allen Seiten strömte Licht herbei, und als sie aufblickte, stand Christus neben ihr.

»Du bist meine Braut«, sprach er, »und von nun an sollst du mit mir in meinem Reiche wohnen.«

Ich bin nur ein Bauernmädchen

Es war an einem warmen Sommertag. Mit einem Strauß weißer, gelber und roter Blumen stand Jeanne im Garten neben dem Bauernhof, wo sie wohnte. Ihr Atem ging rasch, denn sie war sehr schnell gelaufen. Aber jetzt, da sie hier stand, schaute sie sich verwundert um. Hatte sie denn nicht eine Stimme gehört, die sie rief?

Sie ging sofort zu ihrer Mutter, die in der Küche an der Arbeit war, aber die hatte viel zu tun, und sie hatte sie nicht gerufen. So ging sie in den Garten, wo ihr Vater bei der Arbeit war, aber auch er schüttelte den Kopf, als sie ihn fragte, ob er sie gerufen habe. Wer war es dann gewesen?

Als sie sich zur hohen Mauer der Dorfkirche umwandte, wohin sie ihre Blumen hatte bringen wollen, hörte sie wieder die Stimme, die sie bei ihrem Namen nannte.

Jeanne schaute auf und sah eine mächtige Gestalt. In ihrem Herzen wusste sie, dass es ein Engel war, und sie schlug die Augen nieder, so stark war der Lichtglanz, der von ihm ausging.

»Jeanne«, hörte sie den Engel sagen, »Frankreich, dein Land, ist in großer Not. Die Soldaten des Königs von England sind dabei, es zu besetzen. Dein Vaterland muss von ihnen befreit werden. Du musst zum Kronprinzen von Frankreich gehen, um für ihn gegen das Heer des Königs von England zu kämpfen.«

Jeanne hörte diese Worte und versuchte, ihren Sinn zu verstehen. Sie dachte tief nach, und als sie wieder aufblickte, war der Engel verschwunden.

Das Mädchen sprach mit niemandem über sein Erlebnis. Doch eines Abends fragte Jeanne ihren Vater: »Vater, was ist ein Kronprinz?«

»Das ist der älteste Sohn eines Königs, Jeanne«, sagte Jakob d'Arc.

»Später wird er selbst zum König gekrönt werden. Es ist der Prinz, der einst die Königskrone tragen wird. Darum heißt er Kronprinz.«

»Hat unser Land auch einen Kronprinzen?«, fragte sie weiter.

»Ja«, antwortete ihr Vater, »und er wohnt in einem großen Schloss in der Stadt Chinon am Loire-Fluss. Aber solange die englischen Soldaten in Frankreich sind, wird er wohl niemals gekrönt werden. Ach, mein liebes Kind, wir armen Bauern können ja nicht einmal lesen und schreiben, was wissen wir schon von Kronprinzen und Königen. Nun geh nur bald zu Bett, denn morgen musst du wieder früh aufstehen und die Kühe melken und den Stall ausmisten.«

Und es kam der Herbst, ihm folgten der Winter und das Frühjahr. Da stand aufs Neue der Engel vor Jeanne, und er sprach: »Jeanne, ich habe dir gesagt, dass dein Land Frankreich in großer Not ist. Du bist diejenige, die das Land befreien kann. Die Zeit drängt. Ich bin der Erzengel Michael, und ich erteile dir den Auftrag, zum Kronprinzen zu gehen.«

»Michael«, sagte Jeanne, »ich bin nur ein Bauernmädchen und gerade erst dreizehn Jahre alt. Warum bittest du nicht einen tapferen Ritter, diese Aufgabe auszuführen? Warum fragst du gerade mich?«

»Ich frage dich, Jeanne, weil du mich hören kannst«, sagte der Engel. »Dir kann ich sagen, was du tun sollst.«

Aber jetzt rief die Mutter, und Jeanne musste sich beeilen, um ihr in der Küche zu helfen. Es gab viel zu tun, und so war es jeden Tag. Überall musste Jeanne mithelfen. Nur abends, vor dem Einschlafen, konnte sie darüber nachdenken, was der Engel zu ihr gesagt hatte.

Es dauerte drei weitere Jahre bis zu dem Tage, da Jeanne sechzehn Jahre alt wurde, bis der Engel wieder vor ihr stand. Streng und unerbittlich klangen seine Worte:

»Jeanne, gehe nun zu deinem Onkel. Er wird dir ein Pferd geben. Reite auf diesem Pferd zum Kronprinzen Karl. Und denke daran, dass ich immer bei dir sein werde. Wenn du mich etwas fragst, werde ich dir Antwort geben. Und wenn du tust, was ich sage, dann wirst du Frankreich befreien, und der Prinz wird gekrönt werden.«

In der folgenden Nacht beschloss Jeanne, fortzugehen. In aller Frühe stand sie auf, kleidete sich an und ging in die Stube hinunter. Als sie an der Schlafzimmertüre ihrer Eltern vorbeikam, flüsterte sie leise: »Lebt wohl.« Draußen, vor dem Stall winkte sie den Tieren ihr Lebewohl zu, und am Zaun des Hofes nahm sie leise Abschied von ihrem Hund. So machte sie sich auf den Weg zu ihrem Onkel.

Auf dessen Pferd ritt sie zum Königshof, nach Chinon, und trat vor den Kronprinzen. Sie erzählte ihm, dass der Himmelskönig Michael selbst sie gesandt hatte, um ihm zu helfen, Frankreich von den Feinden zu befreien.

Der Kronprinz schaute sie an und sprach: »Aber weißt du auch, dass der Feind viel stärker ist als wir?«

Und Jeanne antwortete: »Michael sagte, er werde uns beistehen.«

Doch der Kronprinz fragte weiter: »Wie kannst du, ein Mädchen vom Lande, ein Heer anführen und mit Rittern kämpfen?«

»Michael wird für uns kämpfen«, sagte Jeanne, »vertraue doch auf ihn!«

Eine lange Zeit verstrich, doch eines Tages gab der Kronprinz seine Zustimmung, dass Jeanne zusammen mit allen französischen Rittern gegen den Feind ins Feld ziehen durfte.

Der Hofschneider musste kommen und für sie einen schönen Mantel anfertigen, die Hofdamen mussten ein rotes Banner nähen, darauf war mit goldenen Fäden ein Bild des Erzengels Michael gestickt. Der Stallmeister suchte sein bestes Pferd für Jeanne aus, und der Waffenschmied schmiedete für sie eine glänzende Rüstung.

»Aber das Schwert habe ich schon«, sagte sie geheimnisvoll.

»Wieso? Wo denn?«, wollten alle wissen.

»Es ist mir von Michael selbst bedeutet worden, wo es liegt: in dem Dorfe Fierbois, tief unter der Erde. Es mögen einige Männer hinter dem Altar der Kirche graben. Dort werden sie das Schwert finden.«

Und man machte sich daran zu graben, unter dem steinernen Fußboden, durch Baumwurzeln, zwischen großen, schweren Steinen, bis endlich in der Tiefe das Schwert zum Vorschein kam. Kein Rost lag auf ihm, und es blitzte hell im Sonnenlicht. Jedermann war erstaunt und erregt zugleich, und wie aus einem Mund erscholl es:

Michael selbst hat das Schwert
bewahrt für Jeanne in der Erd'.

Und als Jeanne das Schwert in die Höhe hielt, sodass es im Sonnenlicht funkelte, sprachen die Menschen: »Seht, da blitzt Michaels Schwert. Und wo sein Schwert ist, da ist er selbst. Wir wollen aufbrechen. Er gibt uns Mut und Kraft, sodass wir siegen werden.«

So zogen die französischen Ritter dem Feind entgegen, und am Ende gelang es ihnen, ihn zu schlagen und aus dem Land zu vertreiben.

Und als das Land frei war, ritt Jeanne zusammen mit dem Kronprinz zur Stadt Reims, wo die Königskrone aufbewahrt wurde. Jetzt wurde der Prinz gekrönt, und von nun an war er König von Frankreich, Herrscher eines freien Landes.

Beim König stand auch Jeanne. Sie trug das Banner, das hoch über die Köpfe der Menschenmenge ragte. Und jeder sah die mit Goldfäden gestickte Gestalt des Erzengels Michael, der durch Jeanne Frankreich gerettet hatte und auch in Zukunft die Freiheit ihres Landes schützen würde.

Hast du keine Angst?

Es lebte einst ein römischer Feldherr, der hatte einen Sohn, von dem er hoffte, dass auch er einmal Heerführer werden würde. Allein, Martin dachte anders darüber. »Warum soll ich Menschen töten mit Schwert oder Speer«, dachte er, »ich will lieber, dass sie leben, anstatt dass sie sterben.«

Als sein Vater begriff, dass Martin nicht zum Heer wollte, wurde er böse. Er ließ Soldaten kommen, die banden ihn an Händen und Füßen und legten ihn auf einen Karren. So wurde er mit Pferd und Wagen in Fesseln ins Feldlager gebracht. Er war damals fünfzehn Jahre alt und sollte fünfundzwanzig Jahre als Soldat dienen. Dann erst würde er ein freier Mann sein.

Vor Amiens

Drei Jahre nach diesem Ereignis kam er eines Tages mitten im Winter vor die Stadt Amiens. Er erblickte am Stadttor einen Bettler, der zitterte vor Kälte, weil er keine Kleider besaß, die er hätte anziehen können. Aber auch Martin besaß nur noch die Kleider, die er am Leibe trug, denn alles Überflüssige hatte er schon weggegeben.

Er bemerkte, dass die Leute achtlos an dem Bettler vorübergingen und ihn in der eisigen Kälte stehen ließen. Da nahm Martin seinen Mantel, schnitt ihn mit seinem Schwert in zwei Stücke und gab eine Hälfte dem Bettler. Das andere Stück legte er sich selbst wieder um die Schultern.

Als er weiterritt, waren da Menschen, die lachten über ihn, weil er mit seinem halben Mantel nicht besonders ritterlich aussah. Andere jedoch bewunderten ihn wegen seiner Tat.

In der darauf folgenden Nacht hatte er einen Traum. Vor sich sah er Christus, der mit dem halben Mantel bekleidet war, den er dem Bettler gegeben hatte, und neben ihm standen Engel. Und Christus sprach zu den Engeln: »Seht, diesen Mantel hat mir Martin gegeben. Er ist noch jung, doch schon jetzt hat er diese Tat an mir getan.«

Nicht lange danach ließ Martin sich taufen. Aber er blieb als Soldat im Heer, weil er seine Pflicht gegenüber dem Kaiser erfüllen wollte.

Als Martins Dienstzeit beinahe vorbei war, wurde ein neuer Feldherr eingesetzt. Sein Name war Julianus.

Eines Tages rief er seine treuen Truppenführer zu sich und gab jedem ein großes Goldstück. »Morgen wird es ein schwerer Tag für uns«, sprach er. »Der Feind wird von Gallien aus in unser Land einfallen, und wir werden einen harten Kampf führen müssen. Als Beweis meines Vertrauens gebe ich euch dieses Gold.«

Martin aber wollte dieses Geschenk nicht annehmen. Er wollte nicht teilnehmen am Kampf gegen die Gallier. »Ich habe meine Dienstzeit abgegolten«, dachte er, »jetzt ist meine Aufgabe als Soldat vollbracht.«

So ging er zu Julianus und teilte ihm dies mit. Der wurde jedoch sehr wütend und rief: »Du bist ein Feigling, du willst ja nur gehen, weil du Angst vor dem Feind hast!«

Das ließ Martin nicht auf sich sitzen, und er antwortete:

»Ich werde dir zeigen, dass ich keine Angst kenne und das Heer nicht aus Kleinmut verlasse. Morgen früh, bevor der Kampf beginnt, werde ich dem Feind entgegentreten. Ohne Harnisch, Helm, Schild oder Schwert werde ich dem Heer vorangehen. Nur das hölzerne Kreuz, das ich immer bei mir trage, werde ich in der Hand halten.«

Die Männer, die dabeistanden und Martin kannten, schauten voller Bewunderung zu ihm herüber, aber Julianus rief: »Nehmt ihn mit und schließt ihn ein. Bringt ihn mir morgen früh und stellt ihn vor das Heer. Dann werden wir ja sehen, was der Feind mit einem solchen Toren und seinem Holzkreuz anstellen wird!« So wurde Martin abgeführt.

Was der Feind tat, das merkten die römischen Ritter am nächsten Morgen. In der ersten Morgenfrühe, noch bevor das Heer seine Stellung bezogen hatte, kam ein gallischer Reiter auf seinem Pferd angaloppiert.

Er war ein Friedensbote und trug ein wehendes weißes Banner, und er überbrachte Julianus einen Brief mit der Botschaft, dass sich das gallische Heer in der vergangenen Nacht zurückgezogen hatte.

Martin war nun ein freier Mann. Er hatte fünfundzwanzig Jahre als Soldat gedient. Jetzt legte er seine Waffen ab, zog seine Soldatenkleider aus und verließ das Heer für immer.

Unter Räubern

Jetzt wollte Martin gern Vater und Mutter wiedersehen. Er wollte ihnen den Traum erzählen, den er in Amiens gehabt hatte, und dass sich die Gallier zurückgezogen hatten, nachdem er gelobt hatte, ihnen unbewaffnet entgegenzutreten. So machte er sich auf den Weg.

Um zu seinen Eltern zu gelangen, musste er die Alpen überschreiten. Es waren einsame, wüste Gegenden, durch die er zog. Die Bäume lichteten sich immer mehr, die Berge erstreckten sich immer kahler und grauer vor ihm. Da sprangen plötzlich fünf Männer auf ihn los. Sie ergriffen ihn und zerrten ihn in eine Höhle am Wegrand. Dann nahmen sie ihm alles ab, was er bei sich trug , und als sie nichts mehr fanden, erhob einer der Räuber ein großes Beil und wollte Martin damit erschlagen. Doch ein anderer hielt seinen Arm fest und verhinderte so, dass er getroffen wurde. Darauf banden sie ihn fest, und der Räuber, der ihn gerettet hatte, musste bei ihm bleiben, um ihn zu bewachen. Die anderen verließen die Höhle.

Als die beiden Männer eine Weile schweigend in der Höhle gesessen hatten, wandte sich der Räuber zu Martin und sprach ihn an.

»Mein Kamerad wollte dich mit dem Beil erschlagen, und ich sah, wie ruhig du bliebst. Hattest du denn keine Angst?«

»Nein«, sagte Martin, »ich hatte keine Angst.«

»Woher kommt das?«, fragte der Räuber. »Ich habe immer Angst, wenn jemand mich bedroht.«

»Das ist ein großes Geheimnis«, antwortete Martin, »aber, wenn du mich jetzt so danach fragst, will ich es dir erzählen. Das Geheimnis ist dies: Je größer die Gefahr ist, in der wir uns befinden, desto näher ist Gott bei uns; und Gott ist der mächtigste Beschützer. Darum war ich noch nie so sicher wie in dem Augenblick, da dein Kamerad sein Beil gegen mich erhob.«

Dann lehrte Martin den Räuber, wie er diesen Schutz selbst finden konnte. Der aber war so dankbar, dass er ihm die Fesseln abnahm und ihm den rechten Weg zeigte, auf dem er zu seinen Eltern gelangte.

Nun kam er zu seinem Vater und seiner Mutter. Er erzählte ihnen, was er erlebt hatte, und sie sprachen: »Martin, du bist als Soldat noch viel tapferer geworden, als wir je erwartet hätten.«

Und damit schieden sie voneinander.

Der Kaiser

Jahre waren vergangen, und Martin hatte mittlerweile mit seinen Brüdern ein großes Haus für die Kranken und Armen erbaut. Da hörte er, dass der Kaiser seine Soldaten aussenden wollte, um dieses Haus niederzureißen, denn es stand ihm im Wege. Martin beschloss, zum Kaiser zu gehen und ihn zu bitten, das Haus zu erhalten.

Als er nach einer langen Wanderung beim kaiserlichen Palast angekommen war, hatte der Kaiser bereits von seinem Ansinnen gehört und wollte ihn nicht empfangen. Martin stand vor verschlossenen Türen. Niemand ließ ihn ein. Am nächsten Tag ging es genauso und auch am folgenden. Die Türen blieben verschlossen, und niemand antwortete auf sein Klopfen.

Da sprach Martin: » Ich komme nicht für mich. Ich komme für meine Mitbrüder, für die Kranken und Armen. Ist hier denn niemand, der mir helfen kann?«

Da erblickte er einen Engel, der stand vor ihm und sprach: »Ich bin der Engel der Kranken und Armen, vertraue mir!«

Der Engel berührte die Tür, und sie öffnete sich. Martin folgte ihm durch die Gänge und über die Treppen des Palastes, bis er in den Saal kam, in dem der Kaiser saß.

Der wollte ihn wutentbrannt wegjagen. Da ließ der Engel eine Feuerflamme neben seinem Thron aufsteigen, sodass der Kaiser angstvoll aufsprang und rief: »Martin, verlange was du willst, es sei dir zugestanden!«

So geschah es, dass Martin beim Kaiser Gehör fand und sein Haus verschont blieb. Noch oft dankte er dem Engel, der ihm die Türen geöffnet und den Kaiser dazu gebracht hatte, ihn anzuhören.

Die Ritter

Einst kam Martin auf seinem kleinen grauen Esel des Weges daher. Da begegneten ihm drei Ritter auf ihren Pferden. Der Wind verfing sich in Martins Mantel, sodass er sich aufblähte und in Richtung der Ritter wehte. Dadurch scheuten deren Pferde, und die Ritter wollten Martin dafür büßen lassen. Sie sprangen von ihren Tieren, packten ihn und fingen an, ihn mit ihren Peitschen zu schlagen. Doch er wehrte sich nicht, worauf sie nur noch wütender wurden und ihn noch härter schlugen. Schließlich ließen sie von ihm ab und kehrten zu ihren Pferden zurück.

Als sie aber die Zügel ergriffen, standen die Tiere stocksteif da und rührten sich nicht vom Fleck. Die Ritter schalten und fluchten, aber es half nichts – die Tiere waren nicht in Bewegung zu bringen. Ihre Wut ging in Besorgtheit über, und sie schauten ängstlich zu Martin hinüber, der immer noch neben seinem Esel am Wegrand saß. Schließlich gingen sie mit hängenden Köpfen zu ihm und sagten, es tue ihnen sehr leid, dass sie ihn so geschlagen hätten.

»Wenn es euch leid tut, dann ist es gut«, sagte Martin. »Eure Pferde sind frei, ihr könnt gehen, wohin ihr wollt.«

Die Sankt-Martins-Gans

In den darauf folgenden Jahren lebte Martin in der Ortschaft Marmoutier in Frankreich. Viele Menschen suchten ihn auf. Den Hungernden gab er zu essen, und die Kranken heilte er. Die Menschen waren so gern bei ihm, dass sie überhaupt nicht mehr weg wollten. So suchten sie in seiner Nähe einen Ort, an dem sie wohnen konnten.

»Willst du nicht Bischof werden? » hatten sie ihn einst gefragt.

»O nein«, hatte er geantwortet, »nie und nimmer. Ich will hierbleiben, bei den Armen und den Kranken. Hier bin ich glücklich.«

Doch eines Tages starb der Bischof dieser Gegend, und es musste ein Nachfolger gefunden werden. Wer das sein sollte, darüber gab es unter den Menschen keinen Zweifel. Alle wollten sie Martin zum Bischof haben, und so zogen sie zu Hunderten zu ihm, um ihn, ob er nun wollte oder nicht, zum Bischof zu machen.

Martin hörte sie kommen, und er wusste wohl, was sie vorhatten. Doch er empfand sich als unwürdig, Bischof zu werden. So entwich er leise durch die Hintertür, öffnete den Gänsestall und versteckte sich dort hinter dem Futtertrog.

Als die Menschen eintrafen, fanden sie ihn nicht und waren erstaunt, ja sogar enttäuscht. »Martin!«, rief einer. Und dann noch einmal, viele zugleich: »Martin, wo bist du?«

Doch er hielt sich still und sagte nichts.

Schließlich riefen alle so laut, wie sie nur konnten – vielleicht würde er dann doch antworten. Und im selben Augenblick sahen sie, wie eine der Gänse gackernd aus dem Gänsestall gelaufen kam und wieder zurücklief, geradewegs zu der Stelle, an der Martin sich versteckt hielt. Da ward er entdeckt und gegen seinen Willen zum Bischof gemacht.

So hatte ihn eine Gans verraten, und darum wird am Sankt Martinstag in manchen Gegenden eine Gans gebraten: die Sankt-Martins-Gans.

Die Männer in weißen Gewändern

Als Sankt Martin alt geworden war, saß er oft auf seinem Dreifuß, einem Schemelchen, das er immer benutzte. Er blickte zum Himmel empor, und wenn seine Mitbrüder ihn fragten, warum er das täte, so schwieg er.

Als die Zeit gekommen war, dass er die Erde verlassen sollte, bat er darum, auf den Fußboden gelegt zu werden, ohne Stroh und Matratze.

Auch wollte er nicht auf der Seite liegen, sondern stets auf dem Rücken.

»Lasst mich zum Himmel blicken«, sagte er, »und nicht zur Erde, denn die Himmelstür wird sich nun allmählich für mich öffnen.«

Dann kam der Abend. Das Fenster des Zimmers, in dem er lag, stand weit offen. Da nahten sich Männer in weißen Gewändern, die gingen auf das Fenster zu und hoben Martin hoch. Sie trugen ihn zum Fluss und legten ihn in ihr Boot. Dann stießen sie vom Ufer ab und fuhren mit Martin den Fluss hinunter, in Richtung des großen, weiten Meeres.

Du meintest, mich zu jagen

Es lebte einst vor vielen Jahrhunderten ein tapferer römischer Feldherr. Sein Name war Placidus, und er war Heerführer unter dem Kaiser Trajan. Er war aber nicht nur tapfer, sondern auch gut und barmherzig, sodass ihm viele Menschen großes Vertrauen entgegenbrachten. Ja Gott selbst sollte ihn, als die Zeit dafür gekommen war, zu seinem Diener machen.

So geschah es eines Tages, als er mit seinen Freunden auf die Jagd ging, dass ein großer Hirsch an ihm vorübersprang. Placidus gab seinem Pferd die Sporen und jagte ihm nach. Er hatte recht gesehen: Es war ein prächtiges Tier, und er wollte es ganz allein verfolgen. Aber der Hirsch flüchtete in den abgelegensten Teil des Waldes.

Vergeblich folgte Placidus den ganzen Tag den Spuren des Wildes. Als die Sonne unterging, sah er, wie das Tier am Rande einer Lichtung auf einen Felsen sprang. Placidus hielt an und überlegte, wie er den Hirsch erlegen könnte. Da sah er mit einem Mal ein Kreuz aus Licht mitten im Geweih. Auch deuchte es ihm, er sähe eine Menschengestalt mit ausgestreckten Armen, die an diesem Kreuze hing. Und als er sich fragte, was dies zu bedeuten hätte, begann der Hirsch mit Menschenstimme zu sprechen und sagte: »O Placidus, du denkst, dass du mich verfolgst. In Wahrheit bin aber ich in der Gestalt dieses Hirsches zu dir gekommen. Ich bin Christus, dem du, ohne es zu wissen, durch gute Taten dienst. Du meintest mich zu jagen, aber in Wirklichkeit komme ich zu dir.«

Von großer Furcht erfüllt, fiel Placidus von seinem Pferd und lag lange Zeit bebend auf der Erde. Als er wieder zu sich kam, richtete er sich auf. Der Hirsch stand noch immer neben ihm, und Placidus flüsterte: »Ich sehe das Bild eines Kreuzes, es ist heller als die Sonne, und ich höre eine menschliche Stimme. Wer ist es, der da zu mir spricht?«

Da hörte er, wie Christus durch den Hirsch zu ihm sprach: »Placidus, ich habe Himmel und Erde geschaffen, ich schied das Licht von der Finsternis, ich habe Tag und Nacht einander ablösen lassen, und ich habe den Menschen aus Erde geformt. Ich habe selbst als Mensch auf Erden gelebt und bin gestorben, aber ich war stärker als der Tod und habe ihn überwunden.«

Placidus sprach: »Herr, weshalb seid Ihr zu mir gekommen, was muss ich tun?«

Christus antwortete: »Vergiss nicht, was ich zu dir gesprochen habe. Reite nun nach Hause. Nimm deine Frau und deine beiden Söhne mit dir und gehe zu der Quelle, die in der Mitte dieses Waldes liegt. Wasche dich in dieser Quelle, spüle alles ab, was sich an deinen Körper geheftet hat, und komme morgen, wenn es hell wird, wieder hierher zu mir. Und lasse deine Frau und deine Söhne an allem teilnehmen.«

Placidus ritt nach Hause. In derselben Nacht noch reinigte er sich zusammen mit seiner Frau und seinen Söhnen in der Quelle und kehrte am Morgen zu dem Felsen zurück. Dort stand wieder der Hirsch mit dem Lichtkreuz im Geweih und sprach: »Placidus, von nun an wirst du einen neuen Namen tragen. Eustachius sollst du heißen. Das bedeutet: Reich an Frucht. Du wirst aber auch viel ertragen müssen, weil du von nun an mein Diener bist. Viel wirst du verlieren, und auch mich wirst du lange Zeit nicht sehen. Aber danach werde ich wieder zu dir kommen, und du wirst alles zurückbekommen, was du verloren hast.«

Eustachius neigte sein Haupt und sprach: »Ja, Herr, gern will ich euch dienen und folgen, aber ich bitte euch sehr, mir die Kraft zu geben, die ich dafür brauche.«

So kehrte er zurück zu seinem Haus. Und es dauerte nicht lange, da brach eine Krankheit aus unter seinem Gesinde, durch die alle starben, die im Hause waren. Auch das Vieh wurde krank und ging zugrunde. Diebe brachen bei ihm ein und raubten aus Haus und Hof alle Kostbarkeiten, die sie finden konnten.

Als Eustachius und seine Frau gar nichts mehr besaßen, schämten sie sich vor den Menschen. Sie verließen ihr Haus und gingen auf Wanderschaft, bis sie in eine Hafenstadt kamen. Dort schifften sie sich ein nach Ägypten.

Unterwegs aber heftete der Kapitän des Schiffes seine Augen an Theospite, des Eustachius Frau, und sah, dass sie schön war. Und als das Schiff in Ägypten ankam, verlangte er von Eustachius den Lohn für die Überfahrt. Als sich zeigte, dass dieser das Geld für die Reise nicht bezahlen konnte, ergriff der Schiffer Theospite und sprach zu Eustachius: »Wenn ich das Geld nicht bekomme, das mir zusteht, dann nehme ich deine Frau als Lohn!«

Eustachius weigerte sich. Da rief der Kapitän die Bootsleute und sagte: »An Stelle meines Lohnes fordere ich des Eustachius Frau. Wenn er sich dagegen wehrt, so greift ihn und werft ihn ins Meer.«

Eustachius sah, dass alle Gegenwehr vergeblich sein würde. Er senkte sein Haupt, nahm Abschied von Theospite und ging mit seinen beiden kleinen Söhnen vom Schiff. Voller Trauer um seine Frau zog er mit den Kindern dahin.

Nicht lange danach kamen sie an einen breiten Fluss. Das Wasser war so tief, dass Eustachius nicht beide Kinder zugleich hindurchzutragen wagte. So ließ er ein Kind am Ufer zurück und trug das andere durch den Fluss auf die gegenüberliegende Seite. Dann kehrte er um, um den anderen Knaben zu holen. Als er in der Mitte des Flusses war, hörte er Rufe hinter sich. Er drehte sich um und sah, wie ein Wolf angelaufen kam, sein Kind ergriff und mit großen Sprüngen im Wald verschwand. Verzweifelt wollte er umkehren, um zu helfen, da hörte er ein Rufen von der anderen Seite. Wieder drehte er sich um, und nun sah er, wie ein großer Löwe das andere Kind gepackt hatte und es vom Ufer wegtrug, so schnell, dass er es kaum mit den Augen verfolgen konnte. So stand er in der Mitte des großen Flusses, und am liebsten wäre er selbst in dem reißenden Wasser versunken, aus lauter Kummer und Verzweiflung. Da erinnerte er sich an die Worte, die der Hirsch zu ihm gesprochen hatte, und darum ermannte er sich und watete durch den Fluss ans Ufer. So kam er schließlich in ein Dorf, wo er bei einem Bauern eine Arbeit als Pferdeknecht annahm.

Was er aber nicht hatte sehen können, war, dass an dem einen Ufer Bauern bei der Arbeit waren, als der Wolf vorbeischlich. Sie verfolgten ihn, retteten das Kind und nahmen es mit in ihr Dorf. Am anderen Ufer hatten Hirten ihre Schafe geweidet. Sie schrien, als der Löwe vorbeikam, schwenkten ihre Stöcke und hetzten die Hunde auf ihn, sodass er das Kind losließ und flüchtete. Auch sie nahmen das Kind mit und brachten es in dasselbe Dorf.

So wuchsen die Jungen am gleichen Ort auf, doch sie wussten nicht, dass sie Brüder waren. Eustachius lebte in einem anderen Ort und arbeitete dort viele Jahre. Theospite blieb nur eine kurze Zeit bei dem Schiffer. Dieser wurde krank und starb nicht lange danach. So war sie wieder frei und diente in einer Herberge.

Fünfzehn Jahre später wütete wieder ein Krieg im Römischen Reich. Der Kaiser hatte eine große Schlacht verloren, und er erinnerte sich, dass er vor vielen Jahren einen Feldherrn gehabt hatte, mit Namen Placidus, der hatte all seine Kriege gewonnen. Er war eines Tages unerwartet verschwunden, und niemand hatte ihn je wiedergesehen. Der Kaiser wollte Placidus nun wieder als Heerführer einsetzen, und er schickte Soldaten aus, die ihn in allen Winkeln seines Reiches suchen mussten.

So sah Eustachius, der auf einem Bauernhof arbeitete, eines Tages Männer über das Feld kommen. Er blickte auf und sah, dass es zwei Soldaten seiner alten Truppe waren. Als er sie erkannte, stiegen auf einmal Erinnerungen an frühere Zeiten in ihm auf. Er musste an seine Frau denken, die er verloren hatte, an seine Söhne, die er tot wähnte, und an all das Schöne und Gute, das ihn früher umgab, als er noch Feldherr gewesen war. Er seufzte tief, und Tränen stiegen ihm in die Augen. Da vernahm er eine vertraute Stimme, die sprach: »Eustachius, habe guten Mut, eine kurze Zeit noch, und alles wird zu dir zurückkehren!«

Jetzt standen die beiden Männer vor ihm, begrüßten ihn und fragten, ob er nicht jemanden kenne, der Placidus heiße. Er antwortete mit Nein und lud sie ein, mit ihm hereinzukommen, um ein Glas Wasser zu trinken. Und während er das Wasser holte, sprachen die Soldaten zueinander: »Dieser Pferdeknecht sieht unserem früheren Feldherrn so ähnlich. Lasst uns, wenn er das Wasser bringt, darauf achten, ob er auch die Narbe von der alten Wunde an der Stirn trägt wie unser Feldherr.« Als Eustachius zurückkam, entdeckten sie gleich die Narbe. Eustachius musste nun wohl zugeben, dass er derjenige war, den sie suchten. Da sprangen sie auf und umarmten ihn vor Freude, dass sie ihn gefunden hatten, kleideten ihn in kostbare Gewänder und nahmen ihn mit nach Rom.

Der Kaiser selbst kam ihm entgegen. Er empfing ihn mit großer Freude und stellte ihn wieder an die Spitze seines Heeres. Und als Eustachius das Heer begutachtete, merkte er, dass es zu wenig Soldaten waren, um den Feind zu besiegen. Er schickte Boten in alle Winkel des Reiches, und jede Stadt und jedes Dorf ward verpflichtet, kräftige Männer für das Heer nach Rom zu senden.

So musste auch das Dorf, in dem die Söhne des Eustachius aufgewachsen waren, zwei Männer stellen, und die Wahl fiel auf die beiden Brüder als die kräftigsten und tapfersten weit und breit. Als sie beim Heer ankamen, freute sich Eustachius über die beiden Jünglinge und stellte sie unter seinen direkten Befehl.

Die Schlacht wurde geführt, und die Römer errangen einen großen Sieg. Auf dem Rückzug nach Rom übernachteten die beiden Jünglinge in der kleinen Herberge, in welcher ihre Mutter diente. Aber sie erkannten nicht, dass es ihre Mutter war. Sie wussten ja nicht einmal, dass sie Brüder waren.

Am Abend nach dem Essen saßen sie noch um den Tisch, und der eine Bruder begann dem anderen zu erzählen, was er in jungen Jahren erlebt hatte. Die Herbergswirtin saß daneben und hörte zu.

»Als ich noch klein war, zogen der Vater und die Mutter mit meinem jüngeren Bruder und mir weg von zu Hause. Mit einem Schiff fuhren wir über das Meer. Und als wir an Land kamen, zogen wir weiter, aber meine Mutter musste auf dem Schiff bleiben. Warum, weiß ich nicht. Dann trug der Vater meinen jüngeren Bruder durch einen großen Fluss, setzte ihn am anderen Ufer ans Land und kam zurück, um mich zu holen. Als er in der Mitte des Flusses war, da kam ein Wolf, ergriff meinen Bruder und lief mit ihm weg. Und gleich danach wurde ich von einem Löwen angefallen, der packte auch mich und trug mich fort. Ich wurde von Hirten gerettet. Doch wie es meinem Vater und meinem Bruder weiter ergangen ist, weiß ich nicht. Ich habe nie mehr etwas von ihnen gehört.«

Da rief der andere Jüngling aus: »Aber ich habe gehört, dass Bauern mich aus dem Maul eines Wolfes gerettet haben. Also müssen wir Brüder sein!«

Da umarmten sie einander, weinten und lachten vor Freude, dass sie sich wiedergefunden hatten.

Als Theospite, die Mutter, dies hörte, eilte sie zum obersten Kriegsherrn des Heeres, um ihn nach der Herkunft der beiden Jünglinge zu fragen. Als sie aber vor ihm stand, sah sie die Narbe auf seiner Stirn und erkannte ihn als ihren Gemahl. Sie fiel vor ihm nieder und sagte: »Herr, Ihr seid Placidus, der auch Eustachius heißt! Ich bin Theospite, Eure Gemahlin, die Ihr auf dem Schiff zurücklassen musstet!«

Als Eustachius das hörte, schaute er sie prüfend an und sah, dass sie die Wahrheit sagte. Sie umarmten sich und weinten vor Freude.

»Herr«, sagte Theospite dann, »wo sind Eure beiden Söhne?«

»Ach, sie sind von wilden Tieren geraubt worden«, antwortete er und erzählte ihr, was geschehen war. Aber sie nahm ihn mit und zeigte ihm die beiden Jünglinge, und so fanden sie auch ihre Söhne wieder.

An derselben Stelle, wo sie früher gewohnt hatten, bauten sie jetzt ein neues Haus und lebten dort in Freude und Glück miteinander.

Lass uns die Erde fragen

Ägidius, der Sohn des Königs von Griechenland, sprach eines Tages zu seinen Eltern: »Lieber Vater, liebe Mutter, lasst mich gehen. Ich will in ferne Länder ziehen und herumwandern, bis ich einen Ort finde, den noch keines Menschen Fuß betreten hat. Mutter, gebt mir Reiseproviant. Vater, gebt mir Euren Segen.«

Seine Mutter gab ihm Essen und Trinken, und sein Vater sprach: »So geh und suche diesen Ort. Und wenn du ihn gefunden hast, so bleibe dort, solange du kannst. Gottes Segen ruhe auf dir.«

So machte sich Ägidius auf den Weg. Er zog in das Reich, wo die Sonne untergeht. Immer weiter nach Westen zog er, bis er nach Frankreich kam. Dort geriet er schließlich in einen großen Wald. Da war kein Weg, der ihn führte. Über Felsen und an Abgründen vorbei lief er und versuchte, einen Pfad durch die dichte, dunkle Wildnis zu finden.

Nachdem er lange so umhergeirrt war, sah er irgendwann Licht zwischen den Baumstämmen. Er lief darauf zu und stand plötzlich vor einer kleinen Waldlichtung. Auf der gegenüberliegenden Seite lag ein Felsblock, darin war eine Höhle. Und neben der Höhle entsprang eine Quelle, deren Wasser in einem Bächlein abfloß. Um sie herum wuchs viel grünes Gras, und in dem Gras standen unzählige Blumen in den schönsten Farben. Ägidius trat auf die Lichtung hinaus und stand nun im Sonnenlicht. Dann lief er über die Wiese zur Höhle, die groß genug für ihn war, um darin zu wohnen. Er trank aus der Quelle und beschloss, dort zu bleiben.

Sein Reiseproviant war zur Neige gegangen. Er ging auf die Suche nach Nahrung und fand im Wald Beeren und Wurzeln. Als er einmal, zu einer Zeit, da es keine Beeren und Wurzeln gab, vor seiner Höhle saß

und darüber nachdachte, wie er an Nahrung kommen sollte, da sprang aus dem Gebüsch auf einmal eine Hirschkuh hervor. Auf der Wiese, außerhalb des Waldschattens, erglänzte ihr hellbraunes Fell im Sonnenlicht. Die Hirschkuh kam näher und bedeutete Ägidius, dass er von ihrer Milch trinken könne. Und das tat er gerne.

Von da an kam sie jeden Morgen und jeden Abend zu ihm, sodass er nie mehr Hunger oder Durst zu leiden brauchte.

Seit Ägidius sich dort niedergelassen hatte, waren Dornsträucher mit großen roten Rosen rings um die Lichtung emporgeschossen, die wuchsen immer höher, bis schließlich eine dichte Hecke rundherum entstanden war. Die Hirschkuh wusste jedoch den Weg zu ihm zu finden. Durch eine schmale Öffnung kam sie zu ihm und verließ ihn wieder.

Eines Tages waren die Jäger des Königs, der über dieses Land herrschte, so tief in den Wald vorgedrungen, dass sie bis in die Gegend kamen, in der Ägidius lebte. Da ergab es sich, dass die Hirschkuh ihren Weg kreuzte. Die Jäger hatten noch nie solch ein prächtiges Tier gesehen und machten Jagd auf es. Sie ließen ihre Hunde los und gaben ihren Pferden die Sporen. Laut erschollen die Jagdhörner im Wald. So verfolgten sie die Hirschkuh, bis es Abend wurde.

Als sie das Tier beinah umzingelt hatten, war es plötzlich in einem scheinbar undurchdringlichen Rosenhag verschwunden. Die Hunde bellten wütend. Sie heulten und jaulten, weil sie nicht durch die Dornenhecke dringen konnten. Da es zu dämmern begann, mussten die Jäger unverrichteter Dinge nach Hause zurückkehren.

Am nächsten Tage begann die Jagd aufs Neue. Die Jäger verfolgten die Hirschkuh bis zum Abend und sahen mit Erstaunen, wie sie plötzlich zwischen den Dornen verschwand und die Hunde unter wütendem Gebell zurückbleiben mussten.

Auch der König hörte davon und ritt verwundert herzu. Er befahl seinen Männern, mit ihren Schwertern einen Durchgang in den Rosenhag zu schlagen. Und während sie das taten, schoss einer der Jäger einen Pfeil über die Hecke hinweg, um die Hirschkuh aufzuscheuchen. Doch dieser Pfeil traf Ägidius und schlug ihm eine tiefe Wunde.

Als die Männer einen Pfad durch die Rosen gehauen hatten, ging der König hin und fand Ägidius vor seiner Höhle sitzen, und die Hirschkuh lag zu seinen Füßen. Er grüßte ihn freundlich und fragte ihn, wie er dorthin gekommen und was er hier täte. Nachdem Ägidius ihm alles erzählt hatte, wollte der König wissen, wer ihn denn mit dem Pfeil verwundet habe. Und als er hörte, dass es einer seiner Jäger gewesen war, fühlte er sich schuldig und bot Ägidius an, ihn mitzunehmen und zu pflegen. Dieser aber antwortete: »Herr, wohin wolltet Ihr mich bringen? Dies ist der beste Ort in Eurem ganzen Reich, von einem Rosenhag geschützt, in einer trockenen Höhle, mitten in Eurem Wald und doch geradewegs unter der Sonne. Nur hier kann ich gesunden, Herr!«

Der König fragte: »Soll ich einen Arzt zu dir senden?«

Ägidius lehnte jedoch ab und sprach: »Mein Arzt ist immer bei mir, an diesem Ort. Er wird mich heilen.«

Und so geschah es tatsächlich. Noch oft kehrte der König zu der stillen Klause im Walde zurück, und immer verließ er sie froh und gestärkt. Wenn er sich krank fühlte, wurde er dort wieder gesund. Und wer immer Ägidius besuchte, dem half er in Krankheit und Not.

Die weißen Lilien

Einst kam zu Ägidius ein reicher, junger Mann. Er sprang vom Pferd, lief durch den Pfad im Rosenhag und trat ohne zu grüßen ein.

»Die Leute sagen, dass du, Klausner, viel weißt. Sie behaupten, dass deine Augen sehen, was anderen unsichtbar bleibt. Sage mir, ist es wahr, dass es die Engel sind, die die Kinder auf die Erde bringen? Auch Jesus soll von einem Engel zu Maria gebracht worden sein. So sagt man jedenfalls. Klausner, ich kann das nicht glauben!«

Ägidius fragte: »Guter Mann, woran erkennst du die Engel?«

Der Mann rief: »Wie soll ich das wissen, ich kann sie ja nicht sehen!«

Ägidius antwortete: »Ein Engel trägt ein Gewand, das so rein und weiß ist, wie es unter Menschen nie zu finden ist. Lass uns die Erde fragen – sie ist älter und weiser als wir.«

Und er schrieb mit seinem Finger in den Sand neben seiner Grotte: »Wie sind die Engel beschaffen, die die Kinder zur Erde bringen?«

Da blühten aus dem Sand drei Lilien hervor. Sie öffneten ihre weißen Kelche und erglänzten im Sonnenlicht.

»So hell ist das Gewand der Engel«, sagte Ägidius und wies auf die Lilien. »Und heller als alle anderen ist der Engel, der das Jesuskind zu Maria gebracht hat.«

Ich kenne dich

Es ist Nacht. Als die große, bronzene Glocke der Dorfkirche zwölf Schläge ertönen lässt, steht Gudula auf und macht sich auf den Weg zur Kapelle am Waldrand.

Seit vielen Jahren legt sie diesen Weg nachts zurück. Rechts neben ihr liegt das lang gestreckte Stück Heide, links der dunkle Waldrand – so findet sie immer den Ort, der ihr Ziel ist.

In dieser Nacht ist es dunkler als sonst. Schwere Wolken bedecken den Himmel. So dunkel ist es, dass Gudula eine Kerze mitgenommen hat, die ihr nun ein wenig Licht spendet.

Allerdings bemerkt sie, am Wald angekommen, dass sie nicht allein ist. Neben ihr wandert zuseiten des Heidefelds eine dunkle Gestalt mit. Ihr Kopf ist unter einer großen Kappe verborgen.

»Kennst du mich nicht?«, faucht eine freche Stimme.

»Ich kenne dich«, antwortet sie, während sie entschlossen immer geradeaus blickt. »Aber denk' nicht, dass ich mich vor dir fürchte und dass du Macht über mich hättest!«

»Dir kann ich nichts anhaben«, brummt der dunkle Geselle, »aber deiner Kerze. Was brauchst du hier überhaupt ein Licht? Diese finstere Nacht ist mein!«

Und ein kurzer Windstoß weht die Kerze aus.

Nun steht sie im Dunkel und kann nicht weiter, denn sie kann den Weg nicht mehr erkennen. Sie fühlt den Sand unter ihren Füßen, wagt aber nicht, weiterzugehen. Sie kennt diesen finstern Gesellen, der nachts oft um sie herumschleicht und dann versucht, sie in einen Brombeerstrauch hineinzuziehen oder sie in die Heide zu locken, damit sie dort in eine Grube falle.

Sie spricht mit fester Stimme: »Mein Engel, der du immer bei mir bist und mir immer Kraft verleihst, hilf mir auch jetzt!«

Und siehe, sofort flammt die Kerze wieder auf. Sie verbreitet einen hellen, ruhigen Schein, sodass Gudula weitergehen kann.

Noch zweimal bläst der Teufel verärgert das Licht aus, aber immer wieder flammt es unter der Hut des Engels wieder auf, bis Gudula oben auf dem Hügel angekommen ist, wo die Kapelle steht, in die sie nun eintritt.

Der Teufel stampft in ohnmächtiger Wut mit dem Fuß, dreht sich um und verschwindet wieder in der Nacht. Gudula setzt ihre Kerze auf einen Ständer und verrichtet ihr Gebet. Mit dem ersten Morgenlicht kehrt sie nach Hause zurück.

Ich will am Meer wohnen

»Ich will am Meer wohnen«, rief der heilige Gudwalus eines Tages aus. »Am Meer?«, wiederholte sein Freund Brian fragend. »Ja«, sagte Gudwalus, »denn ich möchte immer die Stimme des Wassers hören, das Brausen der Brandung, sein Flüstern zwischen den Felsen, sein Rauschen am Strand. Ich liebe das Wasser!«

»Du kennst das Meer nur im Sommer«, sagte Brian, »doch im Herbst und im Winter ist die See schrecklich. Dann wird sie vom wilden Westwind gepeitscht. Der türmt die Wellen so gewaltig auf, dass sie alles vernichten, was sich ihnen in den Weg stellt. Kein Mensch kann dann mehr am Wasser wohnen. Er würde untergehen und ertrinken.«

Doch Gudwalus blieb bei seinem Wunsch und sprach schließlich: »Ich sehne mich so nach dem Wasser, dass ich auch dort wohnen will, wenn der Herbst kommt. Ist nicht der Herr der Sonne, des Mondes und der Sterne auch der Herr des Windes und des Meeres? Er wird uns beschützen, auch gegen den wilden Westwind.«

»Ich merke, dass du den Westwind noch nicht kennst«, sagte Brian, »und du weißt darum nicht, worauf du dich einlässt. Aber ich sehe auch, dass du dich nicht von deinem Plan abbringen lässt. Und weil ich dein Freund bin, werde ich dich nicht im Stich lassen. Wenn du gehst, werde ich mitkommen.«

Nicht lange danach bestiegen die beiden Männer ihr Boot. Sie stachen in See und verließen die Sicherheit ihres Landes Wales, um zu einer Insel zu fahren, die weit vor der Küste lag. Dort angekommen, fuhren sie einmal um die Insel herum, betrachteten die flachen Ufer, die aufeinander getürmten Felsen und schließlich die mächtige, steile Felswand, die die Insel im Westen abschloss.

Wie hatten die Wellen den Felsen zugesetzt! Das Meer hatte sie abgeschliffen und Höhlen in die Felsen genagt, in die unablässig das Wasser ein- und ausströmte.

Dahin lenkte Gudwalus sein Boot. Er sah eine Höhle, die tiefer als die anderen war und auch höher zu liegen schien, wodurch sie jetzt, im Sommer, trocken war.

Die Männer zogen ihr Boot in einer Bucht aufs Land und betraten die Höhle. Sie war breit und hoch und hatte einen glatten Boden, der, wenn die Flut kam, vom Wasser bedeckt wurde. Doch weiter hinten stieg die Höhle an und bot den beiden Männern eine geräumige Wohnstatt.

So holten sie aus dem Boot ihre Vorräte und richteten sich häuslich in der Höhle ein. »So lange der Wind es uns erlaubt«, sprach Brian.

Es war ein wunderbarer Sommer. Das blau-grüne Wasser erglänzte in der Sonne, und ihre Glut schien bis zum Abend in die Höhle hinein. Das Meer stieg mit der Flut bis über den Rand des Eingangs und ließ das Wasser ein Stück weit ins Innere strömen. Wenn es Ebbe wurde, zog es sich wieder zurück, und die Höhle war trocken.

Die Mönche liebten dieses Spiel des Wassers, und Gudwalus lachte sorglos, auch als Brian ankündigte, dass jetzt der Herbst bald käme. Tatsächlich wurden die Tage kürzer, die Nächte länger und das Wetter kühler. Die Strahlen der Sonne erreichten die Stelle nicht mehr, wo sie wohnten.

Nun ließ sich auch der Wind vernehmen; er pfiff durch die Felsspalten und brach sich an den scharfen Kanten der Felsen. Er setzte den Wellen weiße Kronen auf. Manchmal spritzte ihr Schaum den Männern ins Gesicht, wenn eine heftige Windbö das Wasser weit in die Höhle hineingetrieben hatte. Aber die Männer lachten noch immer, gürteten ihre Kutten fester und zogen die Kappen tiefer über die Augen. Denn sie fühlten, dass es allmählich kälter wurde.

Was wusste Gudwalus auch von seinem mächtigen Feind, dem Wind? Jetzt im Herbst wurde seine Stimme immer kräftiger. Er heulte und pfiff um die Felsen, fegte die Blätter aus den Bäumen und trug sie weit über das Meer. Ob er nicht auch die Fremdlinge aus ihrer Höhle jagen könnte?

So bereitete er seinen Angriff vor. Weit draußen auf dem Meer fing er an, die Wellen zusammenzutreiben. Immer höher wurden sie und rollten auf die Insel zu. Dort schlugen sie mit entsetzlicher Kraft gegen die Felswand. Schließlich schickte der Wind die allermächtigste Welle zur Höhle. Sie drang ein und rollte weiter bis zu der Stelle, wo die Männer wohnten. Dort verteilte sie sich in alle Ecken und Winkel, um alles zu überschwemmen, was dort lag, und riss es mit sich fort zum Eingang der Höhle, wo es in der Tiefe versank. Die beiden Männer klammerten sich mit aller Kraft an der Felswand fest. Auch als die Welle sie ganz überspülte und ihnen in Mund, Ohren und Augen drang, ließen sie nicht los. Erst als das Wasser weggeströmt war und sie sich das Salz aus den Augen gerieben hatten, sahen sie, dass sie nichts mehr besaßen. Alles war mit in die Tiefe gerissen worden. Und sie begriffen auch, dass das Meer zurückkehren würde, um auch sie mitzunehmen.

So warteten sie nicht lange. Sie rannten hinaus ins Freie und kletterten schnell den schmalen, steinigen Pfad hinauf. Die Gischt erreichte noch ihre Füße, konnte ihnen aber nichts mehr anhaben. Keuchend kamen sie endlich oben auf der Insel an. Sie waren müde und nass und suchten einen Platz zum Ausruhen. Nach einer Weile sprach Gudwalus: »Ja, Brian, jetzt höre ich, dass die Stimme des Wassers anders klingt als im Sommer. Ich höre, wie es seufzt und stöhnt unter dem Angriff des Windes.«

Aber selbst der ungestüme Westwind wurde allmählich müde. Es wurde stiller, die Wogen gingen nicht mehr so hoch, und die Wolken trieben ruhiger über die Insel hinweg. Hie und da lösten sie sich auf, sodass die Sonne sichtbar wurde und ihre goldenen Lichtbüschel über das Wasser scheinen ließ. Sie wärmte die Männer, und ihre Kleider wurden wieder trocken.

Da saßen sie nun. Sie konnten nicht zurück in ihre Höhle, denn beim nächsten Sturm würden sie dort gewiss ertrinken. Was sollten sie nun machen?

Brian stand auf, lief zum Rand der Steilküste und schaute hinunter. Gudwalus blieb sitzen und betrachtete die Sonne, den Himmel und die vorüberziehenden Wolken. Dann sprach er:

Du Herr des Himmels,
Du König der Erde,
Du Herrscher über Wind und Meer,
Du Freund der Menschen,
Du, der du alles beschützest, was lebt,
Hilf uns in dieser Not!

Diese Worte wiederholte er unaufhörlich, bis der Abend einbrach.

Brian hatte die ganze Zeit über den Felsrand geblickt. Er hatte dort unten etwas gesehen, das ihn wunderte. In der Tiefe glänzte es, und im Wasser herrschte eine starke Bewegung. Doch noch wollte er seinen Augen nicht trauen, und so erzählte er Gudwalus nichts davon. Und als es dunkel wurde, legten sich die beiden in eine Höhlung in der Erde und versuchten zu schlafen, so gut es ging.

Doch schon mit den ersten Lichtstrahlen des nächsten Tages wurde Brian wach und lief wieder zur Felskante. Ja, es war, wie er vermutet hatte. Nun rief er auch Gudwalus herbei, beide beugten sich über den Rand und sahen, dass da tief unter ihnen, vor dem Eingang ihrer Höhle, ein gelber Fleck im Meer entstanden war. Und während sie hinunterblickten, wurde dieser Fleck zusehends größer. Immer breiter wurde er, bis er schließlich den Eingang der Höhle weit umfasste. Da begriffen sie, dass eine Sandbank entstanden war, die den Eingang der Höhle mit einem breiten Bogen gegen das Meer abschloss.

Was war geschehen? Während tags zuvor Gudwalus unaufhörlich sein Gebet gesprochen hatte, waren von allen Seiten Tausende von Fischen gekommen. Manche kamen aus den Rinnsalen und Wasserlachen zwischen den Felsen oder aus den Untiefen am Strand. Andere kamen aus den dunklen Tiefen des Meeres, wo sie gewartet hatten, bis der Sturm sich gelegt hatte. Sie hatten die Not der Mönche bemerkt und eilten nun zu der Grotte. Jeder hatte ein Sandkorn vom Meeresboden zwischen die Lippen genommen und legte es vor dem Felsen nieder. Dann schwammen sie so schnell wie möglich zurück und holten das nächste Sandkorn. So ging ein unaufhörlicher Strom großer und kleiner, bunter und silberner Fische hin und her. Und sie bauten miteinander vor dem Eingang der

Grotte einen großen Damm, so stark und fest, dass er jedem Sturm Widerstand bieten würde.

Atemlos schauten die beiden Männer dem Geschehen dort unten zu. Schließlich liefen sie den schmalen Pfad hinab und sahen das Gewimmel nun aus der Nähe. Noch immer trugen die Fische unermüdlich ihre Sandkörner herbei, bis das Werk beendet war.

Freudigen Herzens betraten die Männer wieder ihre Höhle. Bevor sie aber ihre Schlafstatt aufsuchten, setzten sie sich an den Eingang und sangen ein Lied. Und wer es hören konnte, der vernahm die Worte:

Es schenkt' uns der Sommer
Wärme und Ruh'.
Die steinige Küste
gab die Wohnung dazu.
Da ist mit dem Herbst
der Sturmwind gekommen
und hat mit Gewalt
uns alles genommen.
Doch Fische stiegen auf aus dem Meer
und trugen Sand für den Damm mit sich her.
So soll der Sturm nur weiterrasen –
Er wird es nicht schaffen,
uns wegzublasen.

So sangen sie, und nach ihrem Lied gingen sie zurück in die Höhle. Dank der Hilfe, die ihnen die Fische geleistet hatten, konnten sie nun auch im Herbst und im Winter am Wasser wohnen.

Alles kommt ans Licht

Abschied

Verena war mit ihrem Bruder Mauritius und den anderen römischen Soldaten bis zu der Stadt Mailand gekommen. Draußen vor der Stadtmauer hatten sie ihre Zelte aufgeschlagen. Dort war das Heer einige Tage geblieben, bis der Befehl des Kaisers kam, dass sie aufbrechen sollten. Sie würden über die hohe Bergkette der Alpen ziehen müssen, um im Norden gegen die Feinde des Reiches zu kämpfen.

Am Abend, bevor das Heer abziehen sollte, stand Verena mit ihrem Bruder vor dem Tor der Stadt. Sie dachte daran, dass sie in den letzten Tagen viele Kranke in der Stadt angetroffen hatte. Die versorgte sie jetzt. Sie hatte diese bedürftigen Menschen für einen Augenblick zurückgelassen, um Abschied von ihrem Bruder zu nehmen. Sie standen Hand in Hand auf dem freien Feld neben den Zelten der Soldaten. In der Ferne glühten die beschneiten Gipfel der Alpen rot im letzten Licht der untergehenden Sonne. Das Blau des Himmels über ihnen färbte sich immer dunkler. Es fiel ihr schwer, dass sie nicht mit ihrem Bruder mitziehen konnte.

»Was soll ich tun, Mauritius?«, fragte sie.

»Lass uns Abschied nehmen, Schwester«, sagte er. »Die Menschen hier brauchen dich, denn du kannst heilen, was schwach und krank ist. Überall, wohin ich kam, fragten sie nach dir.«

Verena sagte: »Ach, Bruder, du wirst weit fort sein, vielleicht sehe ich dich nie wieder.«

Mauritius legte seinen Arm um sie. »Verena, das können wir nicht wissen, aber bedenke, auch wenn deine Augen mich nicht mehr sehen, kann ich in deinem Herzen doch immer bei dir sein.«

Verena aber drängte: »Bruder, du hast mir immer geholfen, wenn ich etwas nicht konnte oder nicht verstand. Es war, als sähest du Dinge, von denen andere Menschen gar nichts wissen.«

»Verena, nichts ist in Wirklichkeit verborgen. Alles kann ans Licht kommen, wenn du nur darum bittest.«

Je länger Verena mit ihm sprach, desto mehr spürte sie, dass sie ihn wirklich zum letzten Male sah, und sie fragte: »Darf ich dich in Zukunft um Hilfe bitten, wenn mir etwas verborgen bleibt?«

»Immer, Verena. Aber sieh, die Sonne ist untergegangen, der Wächter kommt, um das Tor zu schließen, er winkt dir schon. Ich gehe zu meinen Kameraden, lebe wohl!«

Sie umarmten und küssten sich. Verena wandte sich ab und ging zu ihren Kranken, von Haus zu Haus, bis tief in die Nacht.

Zurzach

Am Tag darauf zog Mauritius weiter. Er überquerte mit seinen Männern die Alpen und kam auf der anderen Seite der Berge in das Tal der Rhone. Dort kam es zu einem Kampf, und man erzählt sich, keiner der Soldaten sei aus diesem Kampf zurückgekehrt. Alle starben durch das Schwert. Bis zuletzt waren sie treue Diener ihres Herrn gewesen.

Schon bald erreichte die Nachricht auch Verena. Sie versuchte zu verstehen, was in den letzten Lebenstagen ihres Bruders und seiner Freunde geschehen war und wo sich alles zugetragen hatte. Sie nahm Abschied und eilte in das Land Wallis, wo ihr Bruder gefallen war.

Beinahe wie von selbst fand sie sein Grab. Auf einem kleinen Holzkreuz in der Erde entdeckte sie seinen Namen. Dann sammelte sie so viele Pflanzen, wie sie nur konnte, brachte gute Erde dorthin, grub, pflanzte und pflegte, sodass das Grab in kurzer Zeit zu einem prächtig blühenden Garten wurde.

Die Feinde waren jedoch noch in der Nähe, und sie musste flüchten. Wochenlang wanderte sie durchs Land, bis sie eine Stätte fand, an der sie bleiben konnte.

Während der ganzen Zeit, da sie unterwegs war, hatte sie bei Bauern gewohnt. Sie besserte ihnen die Mäntel, Röcke und Hosen aus, und als Gegengabe bekam sie zu essen und für die Nacht einen Platz zum Schlafen. Zuweilen fertigte sie für die sonntägliche Tafel auch ein festliches Tischtuch an, in so prächtigen Farben, dass die Frauen und Kinder sich zu ihr setzten, um diese Kunst von ihr zu lernen.

»So machen es alle Frauen in Ägypten, dem Land, aus dem ich komme«, sagte sie dann. Die Kinder schauten neugierig ihre Hände und ihr Gesicht an und wollten wissen, ob alle Menschen in Ägypten eine so glänzend braune Haut haben. »Sicher«, antwortete sie dann, »unsere Haut ist dunkel wie die Erde, und sie glänzt wie die Sonne.«

Manchmal schob sie die Stickerei beiseite. Dann legte sie ihre dunkle Hand auf den Kopf oder den Arm eines der Kinder. Diese spürten dann, wie der Schmerz verging, der sie oft schon seit Tagen gequält hatte, und er kehrte auch nicht wieder.

»Von wem haben die Menschen in eurem Land gelernt, andere zu heilen?«, fragten die Kinder weiter.

Und Verena erzählte: »Aus Ägypten kam einst ein König, Kaspar genannt, zu dem Jesuskind in Bethlehem. Er brachte ihm Myrrhe, ein Geschenk, das eine Medizin ist. Vielleicht war er es, der es uns lehrte.«

Sie half den Menschen und pflegte die Kranken, bis schließlich Zurzach am Rhein ihr fester Wohnort wurde. Dort nämlich war ein Bauer so froh über die Heilung seiner Frau gewesen, dass er Verena ein Häuschen schenkte, in welchem sie wohnen durfte, solange sie nur wollte.

Der Diebstahl

Gern ging Verena am Sonntag in die Dorfkirche. Der Pfarrer fasste Vertrauen zu ihr, er sah, dass sie ein Mensch war, auf den man sich verlassen konnte. Daher kam er eines guten Tages zu Beginn des Frühjahrs zu ihr und bat sie, etwas für ihn aufzubewahren.

»Mein Haus ist niemals abgeschlossen«, sagte sie, »und meine Schränke auch nicht, aber sage mir, worum es sich handelt.«

Der Priester zeigte ihr einen goldenen Ring an seinem Finger. Er wollte diesen Ring in den nächsten Wochen nicht tragen, denn in der Fastenzeit trägt man keinen solch auffallenden Schmuck. Deshalb wollte er ihn bis zur Osterzeit zur Seite legen. Nun hatte er jedoch einen Diener, der ihm mit allem half. Dieser Diener hatte leider, wie die Leute sagen, »lange Finger«. Sah er kostbare Dinge, vergaß er sich und nahm sie weg.

Deshalb bat der Priester Verena, ob sie seinen Ring während dieser Zeit für ihn aufbewahren wolle. Verena nickte, noch nie hatte jemand bei ihr etwas weggenommen. Sie nahm ein Tuch, wickelte den Ring hinein und legte ihn in eine Schublade ihres Schranks.

Als der Pfarrer nach Hause ging, begegnete er unterwegs seinem Diener. Er begrüßte ihn und gab ihm arglos die Hand. Dann zog er sich in sein Haus zurück.

Der Diener hatte den Priester des Mittags weggehen sehen. Und weil er alles wahrnahm, was um ihn herum geschah, und weil er immer in Erregung geriet, wenn irgendwo Gold glänzte, sah er auch den Ring an der Hand des Priesters. Es war ihm sofort klar, dass er Verena aufgesucht hatte. Sie war die Einzige, die weiter oben am Berg wohnte, und genau dorthin hatte er den Priester gehen sehen. Als dieser ihm beim Zurückkommen die Hand gab, hatte er den Ring nicht mehr am Finger gehabt.

In den Tagen danach, in den Stunden, in denen er keine Arbeiten zu verrichten hatte, schlich der Diener den Abhang hinauf und lauerte so lange vor dem Haus, bis er wusste, zu welchen Zeiten Verena gewöhnlich fort war. Eines Tages drang er in ihr Haus ein. Das war nicht schwer, denn alles stand offen. Er ließ seinen Blick über die Schränke, die Körbe, die Kisten schweifen, und dabei fiel sein Auge auf ein großes Holzbrett, das an der Wand gegenüber der Tür hing. Er las die darin eingekerbten Buchstaben: »Nichts ist so verborgen, dass es nicht ans Licht käme.«

Der Diener brummte, er hasste fromme Sprüche. Viele solcher Inschriften hingen schon im Haus des Pfarrers, zu viele, nach seinem Geschmack. Auch gab es jetzt Wichtigeres. Er ging deshalb in das Zimmer und begann zu suchen. Es dauerte nicht lange, bis er den Ring gefunden hatte. Er hielt ihn ins Licht, und er seufzte, als er den Glanz des Goldes sah.

Er legte das Tuch zurück und schloss behutsam die Schublade. An der Tür sah er sich noch einmal um, ob alles so dastand wie zuvor, als er hereingekommen war. Dabei fiel sein Auge nochmals auf das geschnitzte Brett: »Nichts ist so verborgen, dass es nicht ans Licht käme.« Mit einem Ruck wandte er sich um, ging nach draußen, machte die Tür hinter sich zu und verschwand im Wald.

Abends in seinem Häuschen zog der Diener die Gardinen vor die Fenster, er schloss die Tür ab und zündete die Lampe an. In ihrem Licht konnte er den Ring ungestört betrachten. Wie das Gold glänzte! Es war ein ausgesprochen schwerer Ring. Der würde ihm viel einbringen, wenn er ihn verkaufte. Er verbarg ihn sorgfältig und ging ins Bett.

Der arme Diener. Er dachte, er hatte sich sein Glück ins Haus geholt, aber bald ging es ihm schlechter als je zuvor. Nachts schrak er auf und meinte zu hören, dass jemand um sein Haus schlich. Bei Tage hatte er das Gefühl, dass alle Menschen mit dem Finger auf ihn zeigten. Sonntags wusste er nicht, wohin er blicken sollte, wenn Verena in die Kirche kam. So wurde er von Woche zu Woche unruhiger. Als die Zeit nahte, dass der Pfarrer seinen Ring bei Verena wieder abholen würde, schlief er nicht mehr vor Aufregung, und er konnte kaum essen vor Anspannung. Bei der Arbeit zitterten ihm die Hände, und wenn der Priester ihn etwas fragte, fing er so an zu stottern, dass er es zum Schluss nicht mehr aushielt.

Eines Abends, als es dunkel geworden war, holte er den Ring hervor, verließ sein Häuschen und ging hinunter zum Rhein. Dort stellte er sich ans Ufer, nahm den Ring und warf ihn im hohen Bogen mitten in den Fluss, wo er versank. Es war höchste Zeit gewesen. In derselben Nacht wurde er krank und lag mit hohem Fieber im Bett.

Nichts ist so verborgen …

Inzwischen nahte das Osterfest. Verena erwartete, dass der Priester in den Tagen vor Ostern bei ihr vorbeikäme, und daher wollte sie den Ring bereitlegen. Sie öffnete den Schrank, zog die Schublade heraus, nahm das Tuch und … fand es leer. Da wurde sie ganz still.

War doch ein Dieb in ihrem Haus gewesen? Wer konnte das gewesen sein? Und was sollte der Pfarrer nun von ihr denken?

An diesem Abend fiel ihr der Abschied von ihrem Bruder Mauritius ein. Sie hatte die Worte, die er ihr damals gesagt hatte, nicht vergessen. Sie hatte sie sogar in das Brett eingekerbt, das jetzt bei ihr an der Wand hing. So rief sie ihn an diesem Abend leise bei seinem Namen und bat ihn um Hilfe. Und ebenso leuchtend und farbig, wie die Blumen auf seinem Grab geblüht hatten, stand er in dieser Nacht vor ihr. Er schien jünger und stärker, als sie ihn jemals gekannt hatte. Sie merkte, dass er alles wusste, und sie fragte: »Wer hat es getan?« Er antwortete: »Der Diener.« Daraufhin fragte sie: »Wird der Ring wiederkommen?« Er sagte lächelnd: »Anders, als du denkst!« Sie fragte: »Kann ich etwas tun?« Er antwortete, noch kräftiger als zuvor: »Du kannst heilen, was schwach und krank ist.«

In der Nacht schlief sie lang und tief, und am Tag darauf begriff sie, dass sie auf die Dinge warten sollte, die geschehen würden.

… dass es nicht ans Licht käme

Den ganzen Tag über hatte Antonius, der Fischer, seine Netze auf dem Rhein ausgeworfen. Er hatte an diesem Tag einen guten Fang gemacht, und es war Zeit, nach Hause zu gehen. Doch einen Gedanken wurde er einfach nicht los. Er musste an sein Töchterchen denken und daran, wie schlecht es ihr in den vergangenen Jahren gegangen war, vor allem ihr Augenlicht war mehr und mehr geschwunden. Seine Frau hatte ihn schon seit Wochen gedrängt, er solle mit ihr zu Verena gehen, der ägyptischen Frau im Häuschen oben am Waldrand. »Ach was«, hatte er geantwortet, »was soll das schon nützen, suche lieber einen guten Arzt.« Aber kein Arzt hatte helfen können, und das Mädchen konnte allmählich nur noch an der Hand eines anderen ihren Weg finden.

»Verena ist eine mutige Frau, sie ist ganz allein aus Italien über die Alpen gezogen, als sie hörte, dass ihr Bruder Mauritius hier den Tod gefunden hatte. Aber das Besondere ist, dass sie mit ihren Händen heilen kann«, meinte seine Frau.

Seufzend hatte er schließlich zugestimmt, und er war mit seinem Töchterchen zu dem Häuschen gegangen. Verena hatte ihnen sofort geöffnet, und sie hatte freundlich zu dem Mädchen gesprochen. Dann hatte sie ihre Hand auf die kranken Augen gelegt und dabei einen wunderlichen Spruch gesagt, den hatte er gut behalten:

Sonne im Himmel,
Sonne auf Erden,
Sonne in unserem Herzen,
mach sie gesund.
Schenk ihren Augen
Gottes heilendes Licht.

Als sie die Hände von den Augen des Kindes genommen hatte, hatte es wieder sehen können – sogar besser als zuvor. Daran musste er in diesem Augenblick denken, und während diese Erinnerung so plötzlich über ihn kam, strich er sich nachdenklich über die Stirn. Es fiel ihm plötzlich ein, dass er der Frau damals kein Geschenk zum Dank hatte geben können. Er hatte nichts bei sich gehabt, und außerdem war er so glücklich gewesen, dass er mit seiner geheilten Tochter einfach sofort nach Hause gegangen war.

Antonius wurde es warm ums Herz, als er daran zurückdachte. Und da er ein guter Mensch war, nahm er trotz seines langen Tages und seines vollen Bootes sein Netz und sagte: »Der Fisch, den ich jetzt fange, der ist für Verena!«

Mit einem Schwung warf er das Netz aus, und in dem Augenblick, da es ins Wasser sank, wurde ungewöhnlich stark daran gezogen. Antonius war einiges gewohnt, aber doch brauchte er seine ganze Kraft und Geschicklichkeit, um seinen Fang ins Boot zu bekommen. Als die Arbeit erledigt war, lag ein Fisch vor ihm – größer, als er jemals einen gefangen hatte.

Antonius keuchte vor Anstrengung, dann nickte er erstaunt und zufrieden. Verena würde Augen machen. Nachdem er das Boot vertäut hatte, lief er mit dem Fisch auf den Armen den Hügel zu ihrem Häuschen hinauf. Er klopfte an, und er war verwundert, dass Verena bedrückt und bleich aussah, als sie ihm öffnete. Aber in dem Augenblick, da sie den

Fischer sah und begriff, dass das Geschenk für sie war, blitzte ein fröhliches Licht in ihren Augen auf. Als er ihr dazu noch erzählte, wie er das Tier gefangen hatte, nahm sie den Fisch und sagte: »Ich habe heute etwas Besonderes erwartet, vielleicht hast du es mir sogar gebracht. Vielen Dank, Fischer, und grüße deine Tochter von mir.«

Krankheit und Medizin

Der Fischer ging wieder, und siehe, Verenas Gefühl hatte sie nicht getrogen. Es glänzte im Bauch des Fisches, und als sie das Glänzende zum Vorschein holte, hielt sie den vermissten Ring in der Hand.

»Hab tausendmal Dank!«, rief sie. Sie wusch den Ring, putzte ihn, verbarg ihn wieder im Tuch und legte ihn in den Schrank.

Der nächste Tag war der letzte Tag vor Ostern. Am Osterfest wollte der Priester den Ring wieder tragen. Es war noch früh am Morgen, als Verena mit dem Ring in ihrer Rocktasche den Weg hinunter zum Haus des Dieners ging. Sie sah, dass die Fensterläden geschlossen waren, und klopfte an die Tür, aber es kam keine Antwort. Sie rief, aber alles blieb still. Als sie zum zweiten Mal klopfte, hörte sie seine heisere, ängstliche Stimme: »Lasst mich in Ruhe, ich bin krank.«

»Ich bin es, Verena«, sagte sie, »und ich habe deine Krankheit und die Medizin dafür in meiner Hand, mach auf.« Sie hörte, wie das Bett knarrte, dann ein Poltern und schlurfende Schritte, und zum Schluss ging quietschend die Tür auf. Der Diener, ins Licht blinzelnd, stand vor ihr. Sie ging ins Zimmer, öffnete die Fensterläden, und das Licht fiel herein. Sie brachte Wasser zum Kochen und goss Tee auf. Aus ihrem Korb kamen Brot und Früchte zum Vorschein.

Der Diener sank auf einen Stuhl. Er starrte sie an, aß und trank und sagte nach einer Weile: »Meine Krankheit und die Medizin dafür hast du in deiner Hand?«

Langsam holte sie das Tuch aus ihrer Rocktasche, faltete es auseinander und nahm den Ring heraus. Sie legte ihn auf die flache Hand und hielt ihn dem Diener hin.

Sie fragte: »Kennst du diesen Ring?«

Der Diener, der lange im Dunkeln hinter seinen geschlossenen Fensterläden gelegen, lange im Dunkel seines Betrugs gesessen hatte und müde von all dem Dunkel geworden war, blickte sie mit großen Augen an und stammelte:: »Das ist der Ring des Pfarrers.«

Verena fuhr fort: »Ein Fischer brachte mir einen Fisch aus dem Rhein. Ich holte den Ring aus seinem Bauch. Wie kam der Ring in den Bauch dieses Fisches?«

»Ich warf den Ring in den Rhein.«

»Warum?«

Der Diener bekam einen Hustenanfall, dann seufzte er tief und erzählte stammelnd und stotternd die ganze Geschichte des Diebstahls und seiner Not; wie der Ring ihn krank gemacht hatte und wie er von Gold immer eine Art Fieber bekam. Dann war er fertig und schwieg. Auch Verena schwieg. Auf einmal sagte er: »Du hast gesagt, dass du in deiner Hand auch die Medizin hättest.«

»Hier ist die Medizin«, antwortete sie und gab ihm den Ring. »Geh zum Priester und bringe zurück, was du weggenommen hast. Morgen will er den Ring tragen. Ich bin sicher, dass du geheilt bist, wenn du nach Hause kommst.«

Und so war es. Zitternd und bleich machte er sich auf den Weg, und als er zurückkehrte, fühlte er, dass er gesund war. Und er wurde danach ein guter Diener, der niemals wieder jemandem etwas weggenommen hat. Das hatte er Verena zu danken, und deshalb nahm sie seit der Zeit einen besonderen Platz in seinem Herzen ein.

Er war nicht der Einzige, der sie liebte. Es gab so viele Menschen, denen sie geholfen hatte, dass die Schweizer seit jener Zeit gern an sie denken und ihren Namen in Ehren halten. Vielleicht gibt es deshalb so viele Kinder in der Schweiz, die Verena oder Vreneli heißen.

Bis die Rosen wieder blühen

Reich und auf Stroh geboren

Zu der Zeit, da Franziskus geboren werden sollte, war sein Vater, Pietro Bernardone, auf Reisen in Frankreich, wo er Handel mit Stoffen trieb: Er verkaufte große Rollen Seide, Leinen, Baumwolle und Wolle, alle in warmen Farben, aus denen die Menschen gern ihre Festtagskleider machen. Seine Frau Pica war im stolzen Kaufmannshaus zu Assisi zurückgeblieben, um dort ihr Kind zu erwarten.

Doch die Tage verstrichen, ohne dass etwas geschah. Pica wurde unruhig und verstand nicht, warum es so lange dauerte. Alles war vorbereitet im großen, sonnigen Kinderzimmer.

Eines Tages aber klopfte es an der Haustür. Ein alter Mann stand vor Pica. Seine grauen Haare umgaben ein runzeliges Gesicht mit hellen, blauen Augen. Er bat nicht um Geld oder Brot, sondern sprach zu ihr: »Ein Kind will bei dir geboren werden. Doch nicht in Reichtum wünscht es zu dir zu kommen, nein, es sucht seine Wiege im Stroh.«

Als Pica diese Worte hörte und die Augen des Greises auf sich ruhen fühlte, wusste sie in ihrem Herzen, dass er die Wahrheit sprach. Sie ließ eilends Stroh in eine Kammer im unteren Bereich des Hauses bringen, und noch am selben Tag wurde ihr dort ein Sohn geboren. Sie gab ihm den Namen Giovanni, das bedeutet Johannes.

Sein Vater aber nannte ihn nach den Franzosen, mit denen er Handel getrieben hatte, und unter diesem Namen kannten ihn auch die Menschen: Francesco oder, wie wir hier sagen, Franziskus. Wer immer ihm begegnete, wurde froh. Denn er spielte gern, lachte gern, mochte jeden und konnte Feste feiern wie kein anderer.

Frau Armut

So feierte er einst ein Fest, zusammen mit seinen zahlreichen Freunden. In bunte Gewänder gekleidet kamen sie zusammen, aßen, tranken, spielten und zogen abends im Dunkeln singend durch die Gassen und über die Plätze von Assisi. Da nahten sich auf der anderen Seite der Straße einige Menschen, und die Feiernden mussten Platz machen und im Gänsemarsch laufen, wobei Franziskus zurückblieb. In der schmalen Gasse war es dämmerig, nur von oben kam ein wenig Licht. Franziskus bemerkte plötzlich, dass auf der anderen Straßenseite eine auffallende Frau an ihm vorüberging. Sie war schön, wie er noch keine Frau je gesehen hatte. Und doch trug sie nur ein braunes, härenes Kleid, das ihr bis zu den Füßen reichte, weiter nichts. Sie sprach kein Wort. Schweigend zog sie an seinem Blick vorbei. Auch Franziskus schwieg. Doch sein Herz fragte: Wer bist du? Und er empfing die Antwort: »Dies, Franziskus, ist Frau Armut.«

Als sie im Dämmer verschwand, blieb Franziskus wie gebannt stehen und blickte ihr nach. Doch nicht lange, denn seine Freunde hatten ihn vermisst und kehrten zurück.

»Du stehst da und träumst, als ob du eine schöne Frau gesehen hättest.«

»Das habe ich auch«, sagte er nachdenklich, und dann, leicht errötend: »Eine Frau habe ich gesehen, die schöner ist als jede andere. Meiner Braut bin ich begegnet, der schönsten, die auf Erden zu finden ist.«

Seine Freunde verwunderten sich, und nicht nur sie. Seine Eltern und ganz Assisi staunten über das, was jetzt geschah. Denn Franziskus sagte dem Reichtum seines Vaters Lebewohl und zog in das Haus der Frau Armut. Was er besaß, gab er seinem Vater zurück, oder er schenkte es fort, bis er schließlich nichts mehr sein Eigen nannte.

Von diesem Tag an begann für ihn ein neues Leben.

Die Vögel

Franziskus war lange auf Wanderschaft gewesen. Als es Abend wurde, führte ihn sein Weg über eine Wiese. Auf einmal hörte er Vogelgesang, und er blickte auf. In den Wipfeln der Bäume sangen die Drosseln und Amseln, ein Specht hüpfte an einem Baumstamm auf und ab und ließ seinen kurzen, hellen Ruf hören. In den Sträuchern saßen Zaunkönige und Hänflinge, und auf der Wiese flogen Lerchen empor. Alles sang und jubilierte.

Franziskus blieb stehen und lauschte. Dann lief er in die Mitte der Wiese und grüßte und winkte all den Vögeln ringsherum. Als sie ihn sahen, hörten sie auf zu zwitschern, flatterten zu ihm hin und ließen sich möglichst nah bei ihm auf dem Gras nieder, bis die ganze Wiese voller Vögel war. Es war, als ob sie wüssten, dass Franziskus zu ihnen reden wollte. Und das tat er auch. Sobald alle ihre kleinen Schnäbel hielten und ihm die Köpfchen zuwandten, sprach er:

»Ihr Vögel, ihr lieben Brüder und Schwestern, wie reich seid ihr doch, wie viel hat euch der Schöpfer doch gegeben! Wir Menschen müssen weite Wege machen, jeden Tag aufs Neue. Doch ihr breitet eure Flügel aus und fliegt rasch überall hin. Ihr dürft in den Lüften leben. Das ist ein großes Geschenk. Ferner habt ihr ein prächtiges Federkleid bekommen, das glänzt bei manchen von euch mehr als bei anderen, doch bei jedem Einzelnen ist es schön. Auch habt ihr solch besondere Stimmen bekommen. Die Menschen müssen sich oft so sehr mühen, um singen zu lernen, doch ihr alle könnt es, ohne es lernen zu müssen. Und während ihr so sangt, als ich hier vorbeikam, da hörte ich das Allerschönste: Ich hörte, wie ihr dem Schöpfer ein Danklied zusangt, für alles, was ihr empfangen habt. Singet allezeit, so gut wie ihr es nur vermögt, dieses Danklied!«

Als Franziskus geendet hatte, begannen die Vögel mit ihren Flügeln zu schlagen und zu flattern, sie reckten ihre Köpfchen empor und fingen wieder zu singen an, doch jetzt noch lauter und jubelnder als zuvor. Und Franziskus, der dies hörte, merkte daran, dass die Vögel ihn verstanden hatten.

Er hob seine rechte Hand und machte über ihnen das Kreuzeszeichen. Danach bedeutete er ihnen, dass sie nun weiterfliegen durften. Und als sie das taten, flog ein Teil dahin, wo die Sonne aufgeht, ein anderer Teil dahin, wo die Sonne untergeht, ein dritter Teil dorthin, wo die Sonne ihren höchsten Stand hat, und die übrigen dahin, wo sie nie zu sehen ist.

Und sie sangen immer weiter. Singend, in den Richtungen des Kreuzes, entfernten sie sich von dem Ort, an dem Franziskus zu ihnen geredet hatte. Nach Osten und nach Westen, nach Süden und nach Norden flogen sie, auf dass im ganzen Land ihr Danklied erschalle.

Der Wolf von Gubbio

Um die Menschen der Stadt Gubbio stand es schlecht. Denn es hauste in der Umgebung ein gewaltiger Wolf, der nichts und niemanden schonte. Nicht nur Hühner, Schafe und Rinder zerriss er, wenn er vom Hunger gequält wurde, selbst Menschen wurden von ihm angefallen. Als Franziskus in die Stadt kam und die Bewohner ihm dies erzählten, bekam er Mitleid mit dem Tier und beschloss, zu ihm zu gehen. Die Bürger von Gubbio bestürmten ihn, innerhalb der Stadtmauern zu bleiben, denn der Wolf hatte schon so viele getötet. Andere wollten ihm Schwert und Speer mitgeben. Doch Franziskus sprach: »Stärker noch als Schwert und Speer ist Jesus Christus, unser Herr.«

Und er zog unbewaffnet mit einem seiner Mitbrüder aus der Stadt, durch das Tor, welches der Wächter gleich hinter ihm wieder verschloss.

Die Menschen kletterten auf die Stadtmauer, denn alle wollten sehen, was geschehen würde. Auch sorgten sie sich um das Leben des Franziskus, den sie sehr liebten. Dieser lief mit dem Bruder geradewegs zu dem Ort, wo der Wolf wohnte. Und auch der Wolf lief mit weit aufgesperrtem Rachen auf sie zu.

Während er mit großen Sprüngen näherkam, stand Franziskus still und machte von oben nach unten und von links nach rechts das Zeichen des Kreuzes. Und es trat ein, was keiner der Bürger je zu hoffen gewagt hätte: Das wilde Tier stand still, schloss sein Maul und beugte den grimmigen Kopf zur Erde. Erst knurrte er noch, aber als Franziskus zu sprechen begann, wurde er immer ruhiger, und es schien, als ob er ihm zuhörte. Er legte sich schließlich hin und hielt seine Ohren gespitzt.

»Bruder Wolf, du richtest viel Schaden an in dieser Gegend. Du tötest nicht nur die Hühner, Schafe und Rinder, sondern wagst auch, dich an

Menschen zu vergreifen. Alle haben hier nicht nur Angst vor dir, man hasst dich auch, weil du so viel Schaden anrichtest. Dafür müsstest du wie ein Dieb und Räuber bestraft werden. Du hättest eigentlich den Tod verdient. So denken die Menschen darüber, die du dort auf der Mauer stehen siehst. Ich aber komme nicht, um dich zu bestrafen, sondern ich will, dass zwischen dir und den Bürgern der Stadt Friede geschlossen werde. Bruder Wolf, ich schlage vor, dass du von nun an niemanden mehr töten wirst, und dass die Menschen aufhören, dich mit ihren Hunden zu verfolgen.«

Der Wolf gab durch Kopfnicken und Schwanzwedeln zu erkennen, dass er damit einverstanden war.

Der Heilige sprach weiter: »Bruder Wolf, zum Zeichen, dass wir dies vereinbaren und ich darauf vertrauen kann, dass wir uns daran halten werden, reiche ich dir meine Hand.«

Der Wolf hob seine rechte Vorderpfote hoch und legte sie so vorsichtig wie möglich in Franziskus' schmale Hand.

»Bruder Wolf«, schloss Franziskus, während er die Pfote losließ und neben ihn trat, um zur Stadt blicken zu können, »geh' nun mit uns. Wenn du mir und meinem Freund folgst, wird alles in Ordnung kommen. Ich gebe dir mein Wort.«

So zogen die beiden Mönche mit dem mächtigen Wolf zur Stadt ein. Die Menschen verstummten vor Verwunderung und strömten zum großen Platz in der Mitte der Stadt, wo Franziskus zur Menge sprach, während der Wolf neben ihm lag. Er berichtete, was geschehen war, und auch, dass der Wolf versprochen hatte, niemandem mehr etwas zuleide zu tun. Er bat die Einwohner von Gubbio, von jetzt an dafür zu sorgen, dass der Wolf zu fressen bekäme und keine Hunde mehr auf ihn gehetzt würden.

Die Leute von Gubbio willigten darin ein. Und so ging von diesem Tag an der gefürchtete Wolf, der jetzt zum vertrauten Wolf wurde, von Haus zu Haus und bekam an jeder Türe etwas zu fressen, bis sein Magen gefüllt war.

Und nicht nur die Menschen hielten Wort, auch die Hunde bellten und knurrten den Wolf nicht mehr an. Zwei Jahre lang lebte der Wolf so unter den Bürgern von Gubbio. Nie mehr wurde er zum Dieb oder zum Räuber, sondern er nahm und fraß, was er von den Menschen bekam.

Er war aber kein junges Tier mehr, sondern hatte bereits ein langes Leben hinter sich. Und wenn er nicht bereits grau gewesen wäre, hätte er nun sicher graue Haare bekommen. Die Bürger merkten, dass er allmählich alt und müde geworden war, und verwunderten sich nicht, als er eines Tages nicht mehr zu ihnen kam. Still und allein starb er in seiner Höhle im Wald. Als er nicht mehr in der Stadt erschien, vermissten die Menschen ihn sogar ein wenig, und sie haben ihn darum auch nicht vergessen. So kam es, dass, wenn es Winter wurde und in den Häusern das Kaminfeuer brannte, die Kinder baten: »Großmutter, erzähl' uns doch noch einmal die Geschichte vom Wolf von Gubbio.«

Franziskus und Clara

Clara war eine Edelfrau. Donna Clara nannten sie viele Menschen, die sie kannten und bewunderten. Die Familie von Offreduccio, der sie angehörte, bewohnte ein vornehmes Haus am Berghang oberhalb der Stadt Assisi. Man konnte von dort aus die Stadt und das umliegende Hügelland überblicken.

In einem Tal, das tiefer gelegen war als die Stadt Assisi, lag zwischen anmutigen Hügeln eine kleine Kapelle namens Portiuncula, ein Kirchlein, das so klein war, dass nur ein paar Menschen darin Raum fanden. Clara wusste, dass dort ein Mann weilte, der früher selbst ein reicher Kaufmannssohn gewesen war, jetzt jedoch nichts mehr besitzen wollte, und der darum alles weggeschenkt hatte, um von der Kraft der Armut zu leben. Immer mehr Männer scharten sich um ihn, um genauso zu leben wie er. Clara saß oft am Fenster und blickte hinunter zu der Stelle, wo dieser Mann lebte.

Sie fühlte, dass sie ebenso leben wollte. Allein, sie wusste nicht, wie sie das anfangen sollte. Schließlich war sie doch die reiche, vornehme Edelfrau von Offreduccio. Sollte sie, wie er es getan hatte, ihre Familie und ihren Reichtum zurücklassen, um der heiligen Armut willen? Sollte sie es wagen, ihr vornehmes Haus zu verlassen, um in einer Hütte im Walde zu leben?

Da geschah es eines Tages, dass sie Franziskus begegnete. Er stand auf einem Platz in der Mitte der Stadt und sprach zu den Menschen. So tief ergriffen sie seine Worte, dass sie beschloss, in der kommenden Nacht ihr Elternhaus zu verlassen.

So öffnete ihr an jenem Abend, nachdem es dunkel geworden war, ein vertrauter Diener die Pforte, und Clara zog an der Stadt vorbei, immer tiefer hinab, bis sie zu den Wäldern kam, wo die kleine Portiuncula lag. An diesem Abend ließ sie alles zurück, was sie ihr Eigentum nannte, und trat als Schwester in den Kreis der Brüder um Franziskus ein.

»Man kann als Bruder und Schwester geboren werden, dann sieht man sich äußerlich ähnlich«, hatte Franziskus gesagt. »Man kann einander aber auch finden als Bruder und Schwester, dann ist man sich innerlich ähnlich.«

Clara merkte, dass es keinen Menschen gab, der ihr so vertraut war wie Franziskus, und sie war froh, dass sie sich seine Schwester nennen durfte.

Einmal waren die beiden lange unterwegs gewesen, um Kranke zu trösten und zu pflegen. Spät erst kehrten sie nach Hause zurück.

Weil sie Hunger und Durst hatten, klopften sie bei einem Haus an und baten um Brot und Wasser. Und während sie aßen und tranken, hörten sie, was die Menschen von ihnen dachten, wie sie spotteten und hinter ihrem Rücken hämisch über sie redeten: »Wir müssen hart arbeiten, um dieses Brot zu verdienen, und die beiden dort, die es essen, gehen gemütlich zusammen aus.«

Franziskus machte sich wieder auf den Weg, und Clara ging ihm voran. »Hast du gehört, wie die Menschen über uns denken?«, fragte er nach einer Weile.

Clara nickte nur und konnte nicht antworten. Denn sie fühlte schon, was jetzt geschehen würde, und das stimmte sie traurig.

»Clara, du sollst zu deinen Schwestern gehen und ich zu meinen Brüdern. Wir werden einander jetzt eine Zeit lang nicht sehen«, sagte Franziskus. Da drehte Clara sich unvermittelt zu ihm um und sprach: »Wie lange soll das so sein, Bruder Franziskus?« Er drehte sich um und schaute auf die kahlen Bäume, die winterlichen Sträucher und Hecken, die weiß und steif vom Reif dastanden, und antwortete: »So lange, bis die Rosen wieder blühen.«

Clara traten die Tränen in die Augen, denn sie wusste, dass Rosen erst im Sommer blühen. Doch als sie aufblickte, sah sie zu ihrer Verwunderung, dass am schneeweißen Hag Rosen blühten, so viele, dass man sie nicht zählen konnte. Große Freude erfüllte sie. Sie sprang auf die Hecke zu, pflückte einen Arm voll davon und legte sie in Franziskus' Hände.

Und sie verstanden, dass der, der die Rosen im Winter blühen lässt, es gerne sah, dass sie zusammen ihren Dienst an den Armen und Kranken verrichteten.

Bruder Feuer

In der Tür seines Hauses saß Franziskus, halb im Dunkel, den Blick nach draußen gerichtet. Es kostete ihn Mühe, die Dinge seiner Umgebung zu erkennen, denn seine Augen ließen nach. Der Arzt hatte gesagt, dass er sie nicht mehr lange würde gebrauchen können.

Und Franziskus begriff, dass er nur noch wenig Zeit hatte, alles, was ihn umgab, zu erkennen und zu verstehen. Die Sonne erlebte er als seinen Bruder, den Mond als seine Schwester und so auch die Sterne. Denn sie schenkten ihm das Licht, das alle Dinge sichtbar macht. Der Wind hatte wohltuende Kühle gebracht und die Wolke Schatten und Regen. Auch sie waren Brüder und Schwestern, und nicht anders stand es mit den Brunnen und der ganzen Erde. Franziskus verfasste in diesen Tagen ein Lied über sie, das er singen könnte, wenn seine Augen einst nicht mehr sehen würden.

Aber jetzt wartete er auf den Arzt, der ihm zu helfen versuchte. Mit einem heißen Eisenstab wollte der ihn an seinen Schläfen, neben den Augen brennen. Vielleicht würde ihn dies heilen. Franziskus hatte keine Angst vor dem Feuer, aber er wusste wohl, dass heißes Eisen sehr wehtut. Doch er dachte bei sich: Glühendes Eisen, auch du bist mein Bruder!

Als der Arzt kam und sich mit dem heißen Eisen Franziskus' Kopf näherte, sagte dieser: »Feuer, sei mir ein milder Bruder, hilf mir und mildere dein schreckliches Brennen, damit ich den Schmerz ertragen kann.«

Und als der Arzt Franziskus' Schläfe berührte, da fühlte dieser die Kraft des Feuers, aber er spürte keinen Schmerz. Und er dankte dem Feuer, dass es ihm mit seiner Hitze kein Leid zugefügt hatte.

Bruder Tod

Schließlich kamen die Tage, da Franziskus' Leben sich erfüllt hatte. Wieder saß er in der Türöffnung seiner Hütte, und diesmal blickte er nach oben. In diesem Augenblick nahte sich eine mächtige Wolke und schob sich vor die Sonne. Dunkel stand sie am Himmel, doch an ihren Rändern erstrahlte sie in feurigem Glanz. Nach allen Seiten ergossen sich Lichtbahnen über den Himmel. Franziskus spürte den Schatten, den die Wolke über ihn breitete, und die Kühle, die sie brachte, und er sprach leise und besonnen:

»Dunkelheit bringst du mir, mein Bruder Wolke, und Kühle, doch hinter deiner Finsternis lebt Bruder Sonne. So lässt du mich an meinen Bruder Tod denken. Denn wer durch dessen dunkle Pforte geführt wird, gelangt erst wirklich ins Licht. Sei auch du mir darum willkommen, Bruder Tod.«

So ging Franziskus hin, und alle, die er seine Brüder und Schwestern genannt hatte, trauerten um ihn. Aber sie sangen das Lied, das er geschrieben hatte, und das damit endete, dass er über den Tod als seinen Bruder sprach.

Und als sie die Worte dieses Liedes sangen, erinnerten sie sich, wie Franziskus selbst es gesungen hatte, und da wurden sie so froh wie in den Tagen, da er noch in ihrer Mitte geweilt hatte.

Das ist mein Feuer

In dem Städtchen Paola, im Süden Italiens, wohnten Jakob und seine Frau Vienna. Obwohl sie sich sehr liebten, waren sie doch nicht glücklich, denn schon viele Jahre waren sie verheiratet, und immer noch hatten sie kein Kind.

Einst saß Vienna am Fenster und sprach: »Es wird wohl kein Kind mehr zu uns kommen, wir haben schon so lange gewartet.« Kaum hatte sie dies gesagt, da sah sie einen Mann in einer langen braunen Kutte über die Straße daherkommen. Er lief geradewegs auf ihr Haus zu und klopfte an. Vienna stand auf und öffnete.

»Was willst du«, fragte sie den Mann, »hast du Hunger oder Durst, oder suchst du den Weg?«

»Nichts will ich von dir«, antwortete der Besucher, während er sie anblickte, »ich möchte dir nur etwas mitteilen. Ich bin Franziskus und komme aus Assisi. Und weil ich weiß, was in den Herzen der Menschen umgeht, weiß ich auch, dass du dich nach einem Kind sehnst. Ich habe Gott gebeten, ob er dir ein Kind schenken will, und er antwortete, dass du einen Sohn bekommen wirst. Er wird seine Liebe der Erde zuwenden, und auch die Erde wird ihn lieben. Feuer kann ihm nichts anhaben, im Wasser kann er nicht versinken, und die Klüfte in den Felsen werden ihm als Wohnung dienen. Aber bedenkt wohl, dass seine Liebe so stark ist, dass er euch früh verlassen wird, um des Feuers, des Wassers und der steinigen Erde willen.«

Als Vienna die Worte vernahm, die der Pilgrim zu ihr sprach, wurde sie von so großer Freude erfüllt, dass sie weinen musste, und als sie die Tränen aus ihren Augen wischte, war er verschwunden. Nach einem Jahr wurde ihr ein Sohn geboren, den sie nach dem Pilgrim Franziskus nannte.

Später wurde der Name abgekürzt, und man nannte ihn Franz. Der Junge wuchs bei den Eltern auf, aber es ging, wie es vorausgesagt worden war. Viel Zeit verbrachte er am Meer, und wenn er nach Hause kam, brachte er Kleinholz mit sich, mit dem er das Feuer im Herd entzündete. Und dann blickte er in die Flammen.

Er war erst fünfzehn Jahre alt, als er vor seine Eltern trat und sprach: »Lieber Vater, liebe Mutter, ich danke euch für alles, was ihr an mir getan habt. Doch ich kann nicht länger bei euch bleiben. Ich spüre, dass ich in den Bergen leben muss und an den Weiten des Wassers.«

Er küsste sie zum Abschied, und bevor er ging, fragte er noch, ob er etwas Feuer mitnehmen dürfe. Sein Vater zögerte.

»Du weißt, dass du draußen kein Feuer anzünden darfst. Es könnte ein Waldbrand entstehen, es ist verboten.«

»Es ist mein Feuer«, antwortete Franz eigensinnig, »wer kann mir das verbieten? Ich werde dafür sorgen, dass es kein Unheil anrichtet. Habe ich denn jemals einen Brand entstehen lassen in eurem Haus?«

So nahm er etwas glühende Asche in einem Gefäß mit, das war ihm genug. Unterwegs blies er immer wieder hinein, um die Glut anzufachen. Oben in den Bergen kam er zu einer flachen Weide, die vor einer Felswand lag.

Im Felsen fand er eine Höhle, die groß genug war, um darin zu wohnen. Dort sammelte er Steine und machte einen Kreis daraus. In diesen Steinwall schüttete er die glühende Asche und legte trockenes Gras und Holz darauf, das bald Feuer fing.

Seit diesem Tag wohnte Franz in der Höhle, und immer brannte dort auch sein Feuer. Die dünne Rauchfahne stieg auf und löste sich in der tiefblauen Luft auf. Vögel umkreisten sie und ließen sich bei ihm nieder. Kleine und große Tiere wurden angelockt und legten sich dort zur Ruhe. Sie fühlten sich sicher und beschützt und taten einander auch nichts zu Leide. Ein einziges Mal kam ein Wanderer vorbei. Auch der setzte sich hin, bekam zu essen und zu trinken und zog wieder weiter.

Unten im Dorf erzählten sich die Menschen von dem Sohne Jakobs und Viennas, der da oben in seiner Höhle lebte, und dass sich dort jeder, zu jeglicher Tages- oder Jahreszeit wärmen könne.

Auch der Dorfvorsteher hörte davon, und er brummte, dass dort in der Wildnis offenes Feuer verboten sei. Und als die graue Rauchfahne tagaus, tagein in den Himmel stieg und Franz eindeutig gegen das Verbot verstieß, wurde er zornig und stieg mit einem Soldaten hinauf zur Höhle. Als sie die Weide betraten, sahen sie Vögel auf den Zweigen am Waldrand sitzen. Ein Eichhorn saß auf einem überhängenden Ast, ganz in der Nähe, und ein Hirsch lag neben Franz auf dem Boden

Der Dorfvorsteher stand still. »Dort brennt das Feuer«, sagte der Soldat etwas unsicher. Das Feuer brannte ruhig innerhalb des Steinkreises, und Franz winkte den beiden Männern, sie sollten näherkommen. Er forderte sie auf, sich zu setzen, bot ihnen Wasser und Früchte, und als ihr Durst gelöscht und ihr Hunger gestillt war, fragte er sie, was sie begehrten. »Feuermachen ist hier verboten«, sagte der Dorfvorsteher. »Warum tust du das?«

»Mein Bruder,« sagte Franz, »gibt es etwas, das heiliger ist als das Feuer? Den Menschen und Tieren schenkt es seine Wärme. All das Holz, das herabgefallen ist und herumliegt, verbrennt zu reiner Asche.«

Als Franz merkte, dass der Mann ihm zuhörte, sprach er weiter: »Alles auf Erden entsteht aus dem Licht. Wenn es seine Aufgabe erfüllt hat, wirft man es ins Feuer, und mit den Flammen steigt es empor, zurück zum Licht. Alles auf Erden ist ein Geschenk Gottes. Und mit dem Feuer geben wir es ihm zurück.«

»Franz«, sagte der Dorfvorsteher, »das ist sicher wahr und gut, aber ich sorge für das Dorf und muss auch dafür sorgen, dass hier kein Waldbrand entsteht. Dein Feuer ist gefährlich. Es kann einmal unbewacht sein und sich ausbreiten.«

»Dieses Feuer soll sich ausbreiten?«, fragte Franz erstaunt. Er klopfte vorsichtig den Staub von seinen Händen, um sie zu reinigen, und nahm dann mit beiden Händen glühende Asche aus dem Feuer und hielt sie dem Dorfvorsteher vors Gesicht. Der sprang auf und wich erschreckt zurück. Doch er bewunderte Franz auch, als er sah, wie dieser das Feuer mit bloßen Händen trug. Er sprach: »Schaut, dies ist mein Feuer. Es ist da, um zu wärmen, nicht um Brand zu säen. Es ist Opferfeuer, kein zerstörendes Feuer. Geh hin und sag es den Menschen.«

Dann legte er das Feuer wieder zurück, und der Dorfvorsteher, der sah, dass seine Hände rein und unverletzt geblieben waren, verbeugte sich tief vor ihm, dankte ihm für alles und nahm Abschied.

Seither wagte niemand mehr, ihm dieses Feuer zu verbieten, und die Menschen sprachen von Franz als von einem heiligen Mann.

Franz und der Schiffer

Franz blieb nicht mehr lange allein. Es kamen immer mehr Menschen zu ihm, und viele wollten bei ihm wohnen. Und wer dort wohnte, erlangte die Kraft, Menschen zu trösten und zu heilen. Auch mussten sie oft in Zeiten von Krankheit und Not weit abgelegene Orte aufsuchen, weil die Menschen sie darum baten.

So wurde er einst gebeten, über die Meeresstraße von Messina nach Sizilien zu kommen. Auch dort wartete man auf ihn.

Franz machte sich mit einem Bruder auf den Weg. Als er an das Meer kam, fragte er einen Fischer, der gerade sein Schiff vorbereitete, ob er mit ihm fahren dürfe. Der Mann schaute ihn an und sah rasch, dass an diesen Menschen nicht viel zu verdienen war.

»Gesindel nehmen wir nicht mit«, rief er, »schaut, wie ihr sonst hinkommt, wir sind ehrliche Seeleute.« Und er fuhr weg.

Franz kniete nieder und beugte das Haupt. Nach einiger Zeit stand er wieder auf, blickte seinen Mitbruder an und sprach: »Gott bat uns, nach Sizilien zu gehen. Er wird uns auch ein Fahrzeug schenken. Willst du mir deinen Mantel geben?«

Gern reichte der Bruder ihm seinen alten, verschlissenen Mantel, und Franz breitete ihn auf dem Wasser aus wie ein Boot. Dann gingen er und sein Bruder an Bord, als wäre es ein vornehmes Schiff. Er stellte seinen Stab wie einen Mast in die Mitte und band seinen eigenen Mantel daran, der sich sofort im Winde blähte wie ein Segel. Und so fuhren die beiden über das Meer in Richtung Sizilien.

Mitten auf dem Meer waren inzwischen die Fischer dabei, ihre Netze auszuwerfen. Einer von ihnen schaute während der Arbeit über das Wasser und sah die beiden Brüder, die sie am Ufer hatten stehen lassen, mit großer Geschwindigkeit auf sie zukommen.

»Kapitän«, rief er aus, »das ist kein Gesindel, das sind Heilige.«

Der Fischer wurde bleich vor Scham und winkte die Männer herbei. Mit tiefen Verbeugungen, die Mütze in der Hand, lud er die Mönche ein, an ihr Boot anzulegen. Er half ihnen, in sein großes Fischerboot hinüberzusteigen, und so wurden sie doch noch von ihm nach Sizilien gebracht.

Franz und die Erde

Und so offenbarte sich den Menschen, die Franz kennengelernt hatten, seine Liebe zum Feuer und zum Wasser. Auch erkannten sie die Liebe des Feuers und des Wassers zu ihm. Weiter sahen sie, dass die Höhlen in den Bergen ihm tagsüber Kühle schenkten und ihm nachts Schutz boten. »Er liebt die Erde, und die Erde liebt ihn«, sprachen sie.

Anhang

Biografische Angaben zu den Heiligen

Ägidius (1. September)
Ägidius, dessen Name »Schildträger« bedeutet, wurde der Überlieferung zufolge im 8. Jh. als Königssohn in Athen geboren. Seine Wanderungen führten ihn durch das Frankenreich, zunächst in das Rhônedelta, dann weiter zum Fluss Gard und schließlich in die Wälder nahe der Stadt Nîmes. Dort führte er ein Leben in der Einsamkeit, um Christus in sich selbst und in der Natur zu finden. Als Einsiedler sammelte er Wurzeln und Kräuter, und eine Hirschkuh nährte ihn mit ihrer Milch. Die Legende berichtet von Begegnungen mit Königen und Prinzen, von seiner Heilergabe und anderen Wundertaten. Aus dem Kloster, das er gründete, ging später die Stadt St. Gilles hervor. Darstellungen zeigen ihn häufig mit der Hirschkuh zu seinen Füßen. Die Reliquien des Heiligen werden in der Kirche Saint-Sernin in Toulouse aufbewahrt.

Agnes (21. Januar)
Aus dem Leben der heiligen Agnes sind nur wenige historische Fakten bekannt. Angeblich wuchs sie in einer vornehmen römischen Familie auf und fühlte sich bereits als Kind dazu berufen, Christus zu folgen. Im Rom des dritten Jahrhunderts konnte das öffentliche Bekenntnis zum Christentum noch mit dem Tod bestraft werden. Als sie im Alter von zwölf oder dreizehn Jahren den Sohn eines Präfekten abwies, der sie zur Frau begehrte, wurde sie von dem enttäuschten Freier vor den Richter geführt und wegen ihres Glaubens zum Tode auf dem Scheiterhaufen verurteilt. Das Feuer aber teilte sich, und Agnes blieb unversehrt. Bei ihrer Hinrichtung durch das Schwert soll sie in heiterer Stimmung das Schafott betreten und gelassen ihren Hals dem Todesstreich dargeboten haben. Ihr

Reliquienschrein befindet sich in der Kirche Sant'Agnese fuori le mura an der Via Nomentana in Rom.

Ambrosius (7. Dezember)
Ambrosius kam um 340 in Trier als Sohn eines angesehenen römischen Präfekten zur Welt. Nach dem Tode des Vaters kehrte seine Familie nach Rom zurück, und Ambrosius widmete sich dem Studium der Rhetorik, der Rechte und des Griechischen. Sein hervorragender Ruf als Advokat beim Gerichtshof führte bald zu seiner Berufung zum kaiserlichen Statthalter in Oberitalien. Als in Mailand der Bischof Auxentius starb, entstand zwischen Katholiken und Arianern ein erbitterter Streit um die Wahl des Nachfolgers. Durch das Ansehen, das sich der zu dieser Zeit noch ungetaufte Ambrosius als Verhandlungsführer und Vermittler bereits erworben hatte, wurde er von beiden Parteien zunächst als Schlichter, schließlich sogar als Kompromisskandidat für das Amt des Bischofs akzeptiert. Mit der Billigung des Kaisers und unter dem Beifall des Volkes fand am 7. Dezember 374 seine Weihe zum Bischof statt. Während seiner Amtszeit konnte er sich als Lehrer und Verfasser von Kirchenhymnen hohes Ansehen erwerben. Wann immer es nötig war, trat er den Mächtigen seiner Zeit mutig entgegen und wagte es stets, unabhängige Positionen gegenüber Staat und Kirche zu beziehen. Sein Ausspruch, der Kaiser stehe inmitten der Kirche, aber nicht über ihr, macht seinen Standpunkt deutlich. Ambrosius starb am 4. April 397 und wurde unter dem Hochaltar von S. Ambrosio in Mailand bestattet. Sein Namensfest wird am Tag seiner Bischofsweihe begangen.

Antonius der Große (17. Januar)
Antonius, geboren um 251, stammt aus Comé nahe Herakleopolis in Mittelägypten. Seine Eltern waren vermögende, hoch geachtete Bürger. Nachdem der Zwanzigjährige während eines Gottesdienstes das Evangeliengleichnis vom reichen Jüngling vernommen hatte, verkaufte er sein eigenes beträchtliches Erbe, verteilte die Güter unter den Armen und schloss sich den Mönchen am Rande der Thebaischen Wüste im oberen Niltal an, die während ihrer Verfolgung durch den römischen Kaiser De-

cius dort in Höhlen Zuflucht gefunden hatten. Zwanzig Jahre lang blieb er, führte ein streng asketisches Leben und lernte während dieser Zeit allen Anfechtungen durch Begierden und Hochmut zu widerstehen. Immer mehr Mönche fanden zu ihm und folgten seinem Beispiel. In Alexandrien trotzte er den römischen Verfolgern und beschuldigte den Kaiser öffentlich der Tyrannei. Auf der Flucht vor seinen Anhängern, die sich in immer größerer Zahl um ihn scharten, schloss er sich einer Karawane an und zog mit ihr nach Osten zum Berg Kolzim in der Nähe des Roten Meeres. Doch auch hier, auf dem sogenannten Antoniusberg, wo er bis zum Ende seines Lebens blieb, suchten zahlreiche Einsiedler seine Nähe. Antonius soll 105 Jahre alt geworden sein.

Antonius von Padua (13. Juni)
Antonius wurde 1195 in Lissabon in Portugal geboren. Als er fünfzehn Jahre alt war, trat er den Augustiner-Chorherren bei. In den folgenden zehn Jahren studierte er mit großem Eifer die Heilige Schrift. Mit fünfundzwanzig Jahren erlebte er mit, wie in Marokko fünf Franziskaner-Mönche umgebracht wurden. Dieses Erlebnis berührte ihn so sehr, dass er sich entschied, dem Franziskaner-Orden beizutreten, um so auch unter den Ungläubigen predigen zu können.
Im Jahr 1221 kam er nach Assisi. Da seine Gesundheit es ihm nicht erlaubte, lange Reisen zu unternehmen, siedelte er sich in einem einsamen Kloster in Forli in der Nähe der Stadt Ravennas an. Dort lebte er als schweigsamer, stiller Ordensbruder, bis anderen auffiel, wie gut er predigen konnte. Von da an bat Franziskus von Assisi ihn, in den großen Städten Italiens zum Volk zu sprechen. Mit seinen Reden berührte er die Herzen der Menschen, sogar die der Ungläubigen und Verbrecher.
Aufgrund seines schonungslosen Einsatzes starb er schon früh an Erschöpfung, er wurde nur 36 Jahre alt. Die Legende in diesem Buch berichtet davon, wie er mit seiner Predigt sogar die »Fische« – als Bild für die verborgenen Kräfte der menschlichen Seele – erreichen und diese ans Tageslicht befördern konnte.

Barlaam und Josaphat

Von Barlaam und Josaphat ist nur eine einzige Überlieferung bekannt, die große Ähnlichkeit mit der Buddha-Legende aufweist. Ebenso wie der indische Prinz Gauthama, der während seiner Jugend in der Isolation des Hofes vom Elend der Welt ferngehalten wurde, entsagt Josaphat dem höfischen Leben und seinen Reichtümern, als er mit Krankheit, Alter und Tod in Berührung kommt, und begibt sich auf die Suche nach einem Lehrer, den er in Barlaam, dem Klausner, findet. Johannes Damascenus schrieb die Legende im 8. Jh. nieder. Die *Legenda aurea* bezeichnet Barlaam und Josaphat als Heilige.

Benediktus (21. März)

Benediktus bedeutet »der Gesegnete«. Er wurde um 480 in Nursia in den Sabiner Bergen geboren. Seine Eltern, Angehörige des römischen Landadels, schickten den Jüngling zum Studium der Rechtswissenschaft nach Rom, doch Benediktus flüchtete schon bald in die Einsamkeit der heimatlichen Berge zurück, enttäuscht und angeekelt vom dekadenten Treiben der Weltstadt. Auf der Suche nach einem Ort des Rückzugs traf er einen Mönch namens Romanus, der ihn in seine Hütte aufnahm. Drei Jahre lebten beide in völliger Weltabgeschiedenheit. Vorbeiziehende Hirten hielten Benediktus, der in einem zottigen Fell gekleidet ging, für ein wildes Tier. Erst ein Priester, der ihn während des Osterfestes aufsuchte, gab ihm das Empfinden für die Zeit zurück, das ihm völlig abhanden gekommen war. Danach trat Benediktus wieder zunehmend in die Öffentlichkeit und wurde zum Ratgeber und geistigen Führer all derer, die ihn aufsuchten. Als Abt des Klosters Vicovaro bei Tivoli scheiterte er mit seinem Versuch, der Verwahrlosung klösterlicher Sitten Einhalt zu gebieten. Seine berühmte »Regula«, eine Sammlung strenger Lebensregeln für Mönche, sollte jedoch in der Folgezeit zur Grundlage des gesamten abendländischen Mönchtums werden. Für die 529 von Benedikt gegründete Ordensgemeinschaft auf dem Monte Cassino galt sein Wahlspruch »ora et labora«, bete und arbeite. Strenge Disziplin und Hingabe verlangte er bei der praktischen Arbeit ebenso wie beim Studium geistlicher Bücher und beim Unterricht. Nach seinem Tod verbreitete sich seine Auffassung von einem gottgefälligen Leben über das ganze Abendland und wurde im Mittelalter zu einem kulturbestimmenden Faktor.

Berachius (25. Februar)
Berachius, ein irischer Abt und Bischof aus der Provinz Connaught, soll in hohem Maße die Gabe der Wundertätigkeit besessen haben. So wird von ihm berichtet, er habe den Schnee auf den Dächern der Frevler in Feuer verwandelt, worauf ihre Häuser niederbrannten. Er starb um das Jahr 600.

Brigit von Irland (1. Feburar)
Brigits Vater, Dubthach, war ein Edelmann. Als eine junge Sklavin von ihm ein Kind erwartete, prophezeiten Druiden die Geburt eines Mädchens, das jedes andere Kind in Irland überragen sollte. Es wurde Brigit (Brigitte) genannt, nach einer der höchsten Göttinnen aus dem Pantheon der nordischen Mythologie, die auch unter dem Namen Dana bekannt ist. In Kildare, einer Stätte, an der in alten Zeiten die Göttin Dana verehrt worden war, gründete sie das erste irische Nonnenkloster. Brigits späterer Beiname »die Magd des Herrn der Elemente« drückt ihr besonderes Verhältnis zu Christus aus. Viele Legenden berichten von ihren guten Werken und den Wundern, die sie vollbrachte. Ihr Todestag, der 1. Februar 524, wird in Irland, Schottland und auf den Hebriden noch in heutiger Zeit gefeiert.

Christofferus (24. Juli)
Nur weniges lässt sich über das Leben des Christofferus mit Gewissheit berichten. Er lebte anfangs des 2. Jahrhunderts, zur Zeit des Kaisers Decius. Angeblich stammte er aus Kleinasien und kam der Legende nach aus dem Stamm der Kanaaniter. Vor seiner Taufe trug er den Namen Reprobus, der Verdammte. Sein Leben war ganz von der Suche nach dem höchsten und mächtigsten Herrscher der Welt bestimmt. Ihm zu dienen, war sein Ziel. Die Legende berichtet, er habe das Jesuskind auf seinen Schultern durch einen reißenden Strom getragen. Um 250 erlitt er den Martertod. Der heilige Christofferus mit dem Jesuskind ist seit vielen

Jahrhunderten eines der beliebtesten Themen in der bildenden Kunst. Die tägliche Betrachtung seines Bildes am Morgen sollte, so die Legende, ein langes und gesundes Leben bewirken und vor überraschendem Tod schützen. Daher findet man ihn meist in riesenhafter Gestalt an den Portalen der Kirchen und an belebten Plätzen in Stadt und Land abgebildet. Christofferus gilt von alters her als Schutzheiliger der Reisenden.

Cäcilia (22. November)
Die vornehme Cäcilia stammte aus dem römischen Geschlecht der Meteller oder Cäcilianer. Im drittem Jahrhundert starb sie den Märtyrertod. Schon als Kind nahm sie – ohne Wissen ihrer Familie – das Christentum an.
Bei ihrer Hochzeitsfeier spielten die Musikanten. Sie muss in diesem Augenblick eine himmlische Vision gehabt haben. Der Musikwissenschaftler Willibald Gurlitt drückte es so aus, dass Cäcilia sich in diesem besonderen Augenblick »der Ohnmacht aller sinnlich wahrnehmbaren Musik im Vergleich zur absoluten Musik« bewusst wurde, »die kein menschliches Ohr je vernommen hat, und die im Musizieren nur Engeln, im Hören nur Heiligen zugänglich ist«.
Der Maler Raphael malte sie mit aufwärts gerichtetem Blick und zu ihren Füßen liegenden zerbrochenen irdischen Musikinstrumenten.
Cäcilia ist die Schutzheilige der Musik. Dieser Aspekt wird in der hier wiedergegebenen Legende breiter als in der Überlieferung ausgearbeitet.

Columban (9. Juni)
Columban entstammte einem adligen Geschlecht und wurde im Jahre 521 in der irischen Grafschaft Tyrconn geboren. Nach seinem Eintritt ins Kloster des Bischofs St. Finian unterwarf er sich dessen strengen Regeln und vertiefte sich in die Heilige Schrift. 564 empfing er die Priesterweihe. Eine große Schülerschar folgte ihm bei seinen Missionsreisen durch Irland und Schottland, wo er Klöster stiftete und Ordensregeln nach dem Vorbild der frühchristlichen Gemeinden Kleinasiens einführte. Der König der Picter schenkte Columban die Insel Iona. Dort ließ er ein großes Kloster erbauen, das zum Zentrum für die Ausbreitung des irischen Christentums über Europa werden sollte.

Dionysius (9. Oktober)
Dem Philosophen Dionysius Areopagita verdankt das Christentum eine lebendige Beschreibung der neun himmlischen Hierarchien, deren Niederschrift im 6. Jh. unter seinem Namen veröffentlicht wurde. Sein Beiname leitet sich von einem Hügel Athens ab, auf dem sich der Tempel des Kriegsgottes Ares (Mars) befand, dem Areopag, wo auch das Gericht tagte. Als Schüler des Apostels Paulus begründete Dionysius in Athen eine christliche Mysterienschule. Später wurde er vom Kirchenvater Clemens nach Gallien gesandt, wo er viele Wunder im Namen Christi bewirkte. Er erlitt im Jahre 96 unter Kaiser Domitian den Märtyrertod. Andere Quellen melden, dass Dionysius ungefähr zwei Jahrhunderte später starb, zur Zeit des Kaisers Valerius.

Dorothea (6. Februar)
In der Überlieferung wird erzählt, dass Dorothea in Kappadozien unter Kaiser Diokletian gefoltert wurde und um das Jahr 304 starb. Sie wird dargestellt mit einem Korb voller Früchte und einem Kranz Rosen im Haar. Dieses Motiv finden wir in der Legende und auch auf Abbildungen der Dorothea wieder.
Einen Heiligen nennen wir einen Menschen, der »das Heil«, die Vollkommenheit, erworben hat. Das sterbliche Leben auf der Erde wird bereits von einem höheren Leben durchdrungen. Das gilt auch für Dorothea in ihren letzten Stunden, in denen sie sich von allen Menschen verlassen fühlte. Sie, die in ihrem Herzen glühte, fühlte sich einsam und verlassen. In der Legende reicht ihr ein göttlicher Bote Äpfel und Rosen, Früchte und Blumen aus einem unvergänglichen Garten. Das höhere Leben war ihr erreichbar, und sie konnte davon anderen schenken.

Elisabeth (17. November)
Elisabeth wurde im Jahre 1207 auf der Burg Zaros-Patak in Ungarn als Tochter von König Andreas II. und seiner Gemahlin Gertrud von Andechs, einer Schwester der heiligen Hedwig, geboren. Im Alter von vier Jahren wurde sie mit Ludwig, dem elfjährigen Sohn des Landgrafen von Thüringen, verlobt und zur gemeinsamen Erziehung auf die Wartburg gebracht.

Als sie vierzehn war, fand die Hochzeit statt. Schon damals war ihr Leben ausgefüllt mit Gebet, Studium und mildtätigen Werken. Sie wählte den Priester Konrad von Marburg zum Beichtvater und führte ein äußerst anspruchsloses Dasein. Ihre Mahlzeiten bestanden oft nur aus Brot und Honig, und sie trug die schlichteste Kleidung. Täglich besuchte sie die Armen und Kranken, und bald hatte sie ihren gesamten Reichtum der Wohltätigkeit geopfert. Während der Hungersnot des Jahres 1225 ließ sie die Kornkammern des Landgrafen öffnen und verteilte sämtliche Vorräte an die Armen. Für die Hofleute, die dadurch ihre eigene Versorgung gefährdet sahen, wurde sie immer mehr zum Ärgernis. Ihr Gatte Ludwig starb 1227 während eines Kreuzzuges, zu dem Konrad von Marburg aufgerufen hatte. Elisabeth blieb mit ihren vier Kindern allein am Hofe zurück, wo man ihr mit zunehmender Feindschaft begegnete. Sie starb am 17. November des Jahres 1231 im Alter von 24 Jahren, nachdem sie von dem verbliebenen Rest ihres Erbteils ein Krankenspital in Marburg an der Lahn hatte errichten lassen.

Eustachius (20. September)
Hubertus und Eustachius sind von alters her die Schutzheiligen der Jäger, was häufig zu ihrer Verwechslung führte. Von Eustachius berichtet die Legende, er habe im 2. Jahrhundert nach Christus unter dem Namen Placidus als mächtiger Feldherr im Heer des römischen Kaisers Trajan gedient. Während einer Jagd begegnete ihm Christus in der Gestalt eines edlen Hirsches, der das Kreuz mit einem Strahlenkranz im Geweih trug. Nach diesem Ereignis bekannte er sich zum Christentum und empfing die Taufe. Gleich einem christlichen Hiob trafen ihn schon bald viele Schicksalsschläge, die er gottergeben duldete. 15 Jahre lang soll er sein schweres Los getragen haben. Erst als er bereits am Rande der Verzweiflung stand, wurden seine Gebete erhört. Noch einmal siegte das römische Heer unter seiner Führung in einer entscheidenden Schlacht, und auch seine verloren geglaubte Frau und seine Kinder fanden zu ihm zurück. Anlässlich des Triumphes in Rom weigerte er sich jedoch, den alten Göttern zu opfern. Daraufhin ließ der Kaiser ihn und seine Familie zusammen mit anderen Christen den Löwen vorwerfen. Als die Tiere ihnen nichts zuleide taten, wurden sie dem Feuer überantwortet.

Franziskus von Assisi (4. Oktober)
Franziskus wurde im Jahre 1182 als Sohn eines reichen Tuchhändlers in Mittelitalien, im umbrischen Städtchen Assisi geboren. Als er sich zu einem einfachen Leben in Armut entschloss, hatte er bereits eine abenteuerliche und sinnenfrohe Jugend verbracht. Tief gewandelt verzichtete er auf seinen Besitz, und gemäß dem Wort Christi: Gib alles, was du hast, den Armen und folge mir! verschenkte er das väterliche Erbe und tauschte seine vornehme Kleidung gegen eine grobe Kutte ein. Oft zog er sich für lange Zeit in die Einsamkeit der unberührten Natur zurück, und die Legende berichtet, dass er mit den Tieren sprach. Der Mönchsorden, den er gründete, widmete sich in besonderer Weise der Pflege der Armen und Kranken und folgte den Grundsätzen, die schon bald als franziskanische Tugenden bekannt werden sollten: Armut, Gehorsam und Keuschheit. Sein »Sonnengesang«, eines seiner nachgelassenen Werke, das ihn als in der Tradition der Troubadours stehend zeigt, besingt die Herrlichkeit und Vollendung der Schöpfung. Noch am Ende seines Lebens, geplagt von Schmerzen und fast erblindet, nannte er die Krankheit seine Schwester, den nahen Tod seinen Bruder.

Franz von Paola (2. April)
Franz stammte aus Kalabrien und wurde am 27. März 1416 in Paola in Kalabrien als Sohn armer Eltern geboren. Auf die Fürbitte des heiligen Franziskus von Assisi hin war ihnen nach langjähriger kinderloser Ehe ein Sohn geschenkt worden, der bei der Taufe den Namen seines Schutzheiligen empfing. Einem Gelübde folgend, brachte ihn der Vater in seinem 13. Lebensjahr in das Franziskanerkloster von San Marco. Im folgenden Jahr unternahm Franz zusammen mit seinen Eltern eine Wallfahrt nach Assisi und Rom. Nach seiner Rückkehr nach Paola beschloss er, sich in den Bergen Kalabriens in eine Felsenhöhle oberhalb des Meeres zurückzuziehen, wo er fortan betend und fastend lebte. Schon bald zog der fromme Eremit immer mehr Menschen an. Fünfzehn Jahre später begann er mit dem Bau eines Klosters und einer Kirche in Cosenza. Seine Ordensgemeinschaft nannte er Orden der Mindersten Brüder (vom italienischen »minimi«, die Allergeringsten). Er forderte äußerste Entsagung; strenge Regeln verbo-

ten den Genuss von Fleisch, Milchprodukten und Eiern. Im Jahre 1474 bestätigte Papst Sixtus IV. den neuen Orden. Franz von Paula starb in Pléssis-les-Tours am Karfreitag, dem 2. April 1507.

Gallus (16. Oktober)
Den Galliern verdankt der im 7. Jh. lebende irische Mönch Caillech seinen Namen, der eng mit dem berühmten Benediktinerkloster St. Gallen am Bodensee verbunden ist. Als einer von zwölf Mönchen im Gefolge des heiligen Columban zog er vom irischen Kloster Bangor auf das Festland, um den Franken und Alemannen das Evangelium zu verkünden. Sein ungestümes Temperament trieb ihn einige Male zur Zerstörung heidnischer Götterbilder, was ihm den Hass der Alemannen eintrug. Als er Columban weiter nach Norditalien folgen sollte, weigerte sich Gallus und blieb am Bodensee zurück, um fortan als Einsiedler zu leben. An dem Ort, wo er seine letzten Lebensjahre verbrachte, wurde später das Kloster St. Gallen errichtet, das sich zu einem bedeutenden Zentrum christlicher Kultur, der Kunst und der Wissenschaft entwickeln sollte.

Georg (23. April)
Georg lebte im 3. Jh. Seine Eltern waren Christen. Nach dem Tode des Vaters folgte er seiner Mutter zurück zur Stätte ihrer Geburt nach Palästina. Hier wurde er Soldat im Römischen Heer und brachte es bis zum Rang eines Tribunen. Kaiser Diokletian verlieh ihm wegen seines Mutes und seiner edlen Gesinnung mehrere Auszeichnungen, doch als der Kaiser die Christen verfolgen ließ, versagte ihm der Jüngling die Treue und verzichtete auf seine Auszeichnungen. Bereits am folgenden Tag wurde Georg durch die Stadt geführt und enthauptet. Die Legende vom Drachenkampf kann als Allegorie seines Kampfes gegen das Böse verstanden werden.

Gregor der Große (3. September)
In der zweiten Hälfte des 6. Jh. wurde Rom von Kriegen, Überschwemmungen, Hungersnöten und der Pest heimgesucht. Als auch der Papst Pelagius II. im Jahr 590 bei einer Epidemie umkam, fühlten sich die

Römer gänzlich von Gott verlassen und riefen einstimmig den Diakon Gregorius zum Papst aus. Gregor stammte aus einem reichen Patriziergeschlecht und hatte zunächst eine politische Laufbahn eingeschlagen. In den Jahren 572/73 wirkte er als Stadtpräfekt von Rom, doch zog er sich nach dem Tod seines Vaters von den Amtsgeschäften zurück und führte gemeinsam mit 12 Mönchen ein streng asketisches Leben. Pelagius II. weihte ihn zum Diakon und schickte ihn als päpstlichen Gesandten nach Konstantinopel. Dort gelang es ihm mit großem Geschick, schwierige diplomatische Aufträge zu einem guten Ende zu führen. Bevor er zum Papst gekrönt wurde, rief er das Volk zu einem Bittgang zur Abwendung der Pest auf. Während dieser Prozession soll ihm auf dem Mausoleum des Kaisers Hadrian der Erzengel Michael erschienen sein. Seither wird dieses Grabmal »Engelsburg« genannt. Den drohenden Krieg mit den Langobarden wusste er durch Zahlung einer hohen Geldsumme zu verhindern. Am bekanntesten wurde sein Name durch die Neuordnung der Liturgie und des liturgischen Gesangs, dem nach ihm benannten gregorianischen Choral, und nicht zuletzt durch die noch heute gültigen Kalenderordnung. Er starb am 12. März 604. Auf seinem Grabstein ist sein Ehrentitel, Consul Dei, Statthalter Gottes, eingemeißelt.

Gudula (8. Januar)
Der Name Gudula kommt aus dem Althochdeutschen und bedeutet »die Gottliebe, die Gütige«. Sie ist Landesheilige der Belgier und Patronin der Stadt Brüssel, wo ihre Reliquien in der nach ihr benannten Kirche beigesetzt sind. Geboren wurde sie in Brabant, wahrscheinlich in Merchten, als Kind des Fürsten Witger und der aus einem fränkischen Geschlecht stammenden heiligen Amalberga. Beide Eltern traten in späteren Jahren ins Kloster ein. Gudula soll ihre Erziehung von der heiligen Gertrud im Kloster von Nivelles empfangen haben. Nach deren Tod kehrte sie auf die elterliche Burg zurück, wo sie sich ganz der Pflege von Armen und Kranken widmete. Ihre letzten Lebensjahre verbrachte sie als Eremitin in einer zugemauerten Zelle. Dort starb sie im Jahre 712.

Gudwalus (6. Juni)
Der heilige Gudwalus war ein Brite vornehmer Herkunft. Um Gott zu dienen, verzichtete er auf Reichtümer und Ehren, lebte als Mönch und Priester, bevor er die Bischofswürde erlangte. In Zeiten der Dürre wird er gerne mit der Bitte um Regen angerufen. Seine Reliquien befinden sich in der Sint Pieters Kathedrale in Gent.

Hieronymus (30. September)
Hieronymus wurde um 347 in Stridone in Dalmatien geboren. Seine Eltern waren fromme, wohlhabende Christen. Sie schickten ihren Sohn nach Rom, wo er Grammatik, Rhetorik und Philosophie studierte. Bereits in frühester Jugend galt er als belesen und außergewöhnlich sprachgewandt und war schon bald im Besitz einer reichhaltigen Bibliothek mit kostbaren Handschriften. Auch nachdem er die Taufe empfangen hatte, führte er noch lange Zeit ein sinnenfreudiges Leben. Erst während seiner ersten längeren Reise, die ihn nach Trier führte, beschloss er, fortan nur noch Christus zu dienen. Weitere Reisen führten ihn zurück in die Nähe seines Geburtsortes, nach Konstantinopel und schließlich bis nach Syrien und Palästina. Drei Jahre arbeitete er an einer Bibelübersetzung im Auftrag des Papstes Damasus I., bevor er Rom endgültig verließ, um die letzten 34 Jahre seines Lebens in Bethlehem, der Geburtsstätte Jesu, zu verbringen. Zwar hatte er bereits längere Zeit als Einsiedler in der syrischen Wüste gelebt, doch seine eigentliche Berufung lag auf dem Gebiet der Sprache und der Wissenschaft. Hieronymus hinterließ ein umfangreiches Werk, darunter die Übersetzung des Alten Testaments aus dem Hebräischen. Seine Gebeine wurden nach Rom überführt und ruhen in der Kirche Santa Maria Maggiore.

Johannes der Evangelist (27. Dezember)
Johannes, einer der 12 Apostel, gehört zu den vier Evangelisten, die das Leben Christi schildern. Sein Vater Zebedäus war Fischer am See Genezareth. Zusammen mit seinem Bruder Jakobus vernimmt er den Ruf Johannes des Täufers und ist gegenwärtig, als dieser die Worte spricht: »Sehet das Lamm Gottes, das die Sünde der Welt auf sich nimmt.« So werden

beide Brüder Schüler Jesu, und das Evangelium spricht von Johannes als dem Jünger, den »der Herr lieb hatte« (Joh. 19,26). Zusammen mit Petrus und Jakobus ist er Zeuge seiner Verklärung auf dem Berg Tabor. Am Kreuz richtet Jesu an ihn die Worte: »Siehe, das ist deine Mutter«, worauf Johannes Maria zu sich nimmt. Das Evangelium nach Johannes weicht stark von den drei anderen Evangelientexten ab und verschließt sich einer rein historischen Deutung fast vollständig. Sein andersartiger Charakter wird schon mit seinem Anfang deutlich: »Im Urbeginne war das Wort.« Auf der Insel Patmos, wo Johannes in der Verbannung lebte, blickte er in seiner apokalyptischen Vision vom Ende der Welt in die Zukunft der Menschheit und berichtet darüber in seinem Buch der Offenbarungen. Johannes wird meist zusammen mit dem Adler abgebildet, dem Symbol höchster Weisheit.

Laurentius von Rom (10. August)
Der Überlieferung nach wurde Laurentius im Jahr 258 n. Chr. vermutlich unter Kaiser Valerian zu Tode gemartert. Historisch ist nur sehr wenig über ihn bekannt. Dennoch nahm die Verehrung seiner Person nach der für die Heiligen Peter und Paul am 29. Juni in der alten römischen Kirche den größten Raum ein. In einer der bekanntesten Legenden um seine Person wird berichtet, wie er den Schatz der Kirche vor dem Kaiser rettet und an die Armen verteilt. Hierbei geht es um den Mut, seinen Besitz (materieller oder geistiger Art) anderen großzügig zur Verfügung zu stellen. Dadurch wird man – entsprechend der ersten Seligpreisung im Matthäus-Evangelium (Mat 5,3) zu einem »Armen im Geiste«, oder passender: »Bettler im Geiste«. Alten Reichtum in eine neue Form des Reichtums in Christus umwandeln zu können, war die Fähigkeit, die die Menschen bei Laurentius verehrten.

Lioba (28. September)
Lioba entstammte einer vornehmen angelsächsischen Familie. Ihr eigentlicher Name war Truthgeba, die »Gottesgabe«. Erst später wurde sie Lioba, »die Liebegebende«, genannt. Ihre Erziehung erhielt sie im Benediktinerinnenkloster Wimborne in Dorsetshire, wo sie auch die

Gelübde ablegte. Der heilige Bonifatius, mit dem sie verwandt war, berief sie nach Deutschland und ernannte sie zur Äbtissin des berühmten Klosters zu Tauberbischofsheim. Von dort aus führte sie mit Weisheit und liebevoller Hingabe viele andere Frauenkloster im fränkischen Reich. Bonifatius nannte sie »den Trost seines Pilgerlebens«. Im hohen Alter zog sie sich auf das königliche Landgut Schornsheim bei Mainz zurück, wo sie am 28. September des Jahres 782, anderen Quellen zufolge 779, starb.

Margareta (20. Juli)
Der Name Margareta bedeutet Perle. Als Tochter eines heidnischen Priesters wurde sie gegen Ende des 3. Jahrhunderts in Antiochien geboren. Erst ihre Erzieherin machte sie mit der Lehre Christi vertraut. Als sie sich später zum Christentum bekannte, wurde sie von ihrem Vater verstoßen und musste das Land verlassen. In der Fremde erblickte sie der Präfekt Olybrius auf dem Feld, wo sie Schafe hütete, und entbrannte in heftiger Liebe zu ihr. Nachdem sie sich ihm aber als Christin zu erkennen gab, ließ er sie gefangennehmen und foltern. Sämtliche Martern überlebte sie auf wundersame Weise und starb schließlich gemeinsam mit anderen Christen durch das Schwert. Der Legende zufolge hatte sie ähnlich wie St. Georg während ihrer Gefangenschaft im Kerker einen Kampf mit dem Drachen zu bestehen. Andere Schilderungen erkennen in ihr jene Königstochter wieder, die der Heilige in seinem Drachenkampf befreien konnte. Ihre Reliquien befinden sich in Montefiascone bei Bolsena, nördlich von Rom.

Maria (Geburt 8. September)
Im Gegensatz zu den anderen Heiligen, deren am Todestag gedacht wird, feiert die Kirche bei Maria und Johannes dem Täufer das Fest ihrer Geburt. Die Überlieferung nennt als Geburtsstätte Marias jenen Ort in Jerusalem, an dem später die St. Annenkirche errichtet wurde. In der bildenden Kunst diente die Verkündigung der Geburt Jesu durch den Engel Gabriel den Künstlern jahrhundertelang als wichtige Inspirationsquelle. Die Vorstellung von der jungfräulichen Geburt war bereits in den vor-

christlichen Mysterienschulen verbreitet. Innerhalb der römischen Kirche wurde sie erst 1854 durch Pius IX. schließlich im Dogma der so genannten »unbefleckten Empfängnis« fixiert. Die historische Mutter Jesu trat vielfach an die Stelle der vorchristlichen Göttinnen, die über Fruchtbarkeit und Geburt regierten. Keiner anderen Heiligen wurde eine ähnliche Verehrung zuteil wie Maria. Die Stätten, an denen sie den Menschen erschien, wurden allesamt Wallfahrtsorte. Noch immer strömen Scharen von Pilgern nach Fatima oder Lourdes, die dort ihre Nähe suchen oder die Genesung von ihrer Krankheit erwarten.

Martin (11. November)
Sankt Martin ist wohl einer der beliebtesten Heiligen des Abendlandes. Er wird als Beschützer der Armen und Geächteten verehrt und ist Patron der Bettler, Soldaten und Gewerbetreibenden. Er wurde um 316 in Ungarn als Sohn eines römischen Offiziers geboren. Obgleich seine Eltern Heiden waren, ließ Martin sich als Achtzehnjähriger in Amiens taufen, nachdem ihm Christus als Bettler erschienen war. Er gründete nach einigen Jahren als Einsiedler in der Nähe von Poitiers eine Mönchsgemeinschaft. Obwohl er später zum Bischof von Tours geweiht wurde, wohin er fast gewaltsam geführt werden musste, blieb er seinem einfachen Mönchsleben treu und wohnte weiterhin in dem von ihm gegründeten Kloster Marmoutier an der Loire, wo er eine Ausbildung für Missionare begründete. Seine Ausstrahlung und seine Wundertaten wurden in ganz Gallien gerühmt. So soll er mehrere Totenerweckungen vollbracht und die Christianisierung des Volkes als demütiger, unerschrockener Gottesbote vorangetrieben haben. Martin starb um das Jahr 400 während einer Reise in Candes.

Nikolaus (6. Dezember)
In Lycien, im Südosten der Türkei, liegt die Stadt Myra. Dort, wo der Apostel Paulus das Evangelium verkündete, wuchs Nikolaus in einer frommen und wohlhabenden Familie auf. Legenden berichten, er habe all seine Reichtümer verschenkt und zahlreiche Wunder vollbracht. Er entschied sich für ein Leben im Kloster, wurde Abt und schließlich Erz-

bischof von Myra. Nach seinem Tod im Jahre 342 wurde er in der Kathedrale der Stadt beigesetzt. 1087 plünderten Kaufleute aus Bari das Grab und verschleppten die Reliquien des Heiligen nach Italien, wo sie in der St. Stephanskirche zu Bari in Apulien beigesetzt sind.

Pascal (17. Mai)
Pascal wurde am Pfingstsonntag (Pasqua de Pentacosta), dem 16. Mai 1540 in einem Dorfe unweit Madrids geboren. Seine Eltern waren arme und bescheidene Menschen, die sich mühsam ihr tägliches Brot durch harte Feldarbeit erwarben. Der Junge war oft in der Kirche zu finden. Seine Schafe führte er am liebsten in die Nähe einer Mutter-Gottes-Kapelle. Während des Hütens brachte er sich selbst das Lesen und Schreiben bei und hielt Zwiesprache mit Gott. Er achtete auf all seine Fehler, die ihm aus menschlicher Schwäche unterliefen, suchte dann Vergebung in der Beichte und legte sich strenge Bußübungen auf. Später, im Franziskanerkloster, wollte er Laienbruder bleiben, arbeitete mit ganzer Hingabe und lebte streng nach den Ordensregeln. Am Pfingstsonntag des Jahres 1592 ist er entschlummert. Seine Reliquien befinden sich in der Klosterkirche von Villareal bei Valencia.

Patrick (17. März)
Der heilige Patrick (Patricius) empfand sich als Brite und zugleich auch als Römer. Er wurde in Schottland zwischen Dunbriton und Glasgow geboren und stammte aus einer begüterten Familie. Mit 16 Jahren wurde er von Seeräubern nach Irland entführt, wo er als Sklave das Vieh hüten musste. Geduldig trug er sein Los und empfing Visionen, in denen er seine Berufung zum Apostel Irlands erkannte. Als Priester und Bischof brachte er den Menschen das Evangelium, taufte, predigte und stiftete Klöster und Kirchen. Viele Legenden berichten, wie er Könige und Druiden bekehrte und erzählen von den Wundern, die er vollbrachte. Nach seinem Tod wurde Irland zu einem mächtigen Zentrum christlicher Kultur.

Radegund (13. August)
Mord und Totschlag begleiteten die Jugend der germanischen Prinzessin Radegund, die um 518 als Tochter des thüringischen Königs Berthachar geboren wurde. Ihr Vater, ihre Mutter und sämtliche Geschwister fanden einen gewaltsamen Tod. Als die Franken über Thüringen herfielen, nahmen sie die Königskinder als Beute mit in die Heimat. So kam Radegund als Dreizehnjährige nach Athies bei Soissons, empfing dort die Taufe und erhielt eine christliche Erziehung. Nach einem gescheiterten Fluchtversuch schickte sie sich in ihr Los, das sie dem fränkischen Fürsten Chlotar zur Frau bestimmte. Als Königin versuchte sie stets, dem ausschweifenden Hofleben zu entfliehen, suchte Muße in der Einsamkeit und nahm Zuflucht zum Gebet. Ihre einflussreiche Position benutzte sie zur Begnadigung von Gefangenen und zum Bau eines Krankenhauses für Arme. Eigenhändig wusch und versorgte sie die Kranken im Spital und opferte ihre sämtlichen Einkünfte mildtätigen Zwecken. Als Chlotar ihren jüngeren Bruder ermorden ließ, den sie über alles geliebt hatte, entschloss sie sich, den Gatten zu verlassen und ihrer geistlichen Berufung zu folgen. Auf ihr heftiges Bitten hin weihte sie der Bischof Medardus zur Diakonissin, womit sie vom Ehegelöbnis entbunden war und sich ganz dem Klosterleben widmen konnte.

Romedius (15. Januar)
Der Graf von Thaur bei Hall im Inntal (Österreich) muss in der zweiten Hälfte des vierten Jahrhunderts geboren sein. In hohem Alter verschenkte er seine Besitzungen, um dem Christentum zu dienen. In Rom angekommen, empfing er vom Papst den Auftrag, in Südtirol im Gebiet um Trient zu arbeiten. Dort lebte er mit zwei Begleitern als Klausner. In späteren Jahren entdeckte er einen über hundert Meter hohen steilen Felsen, auf dem er die letzte Zeit seines Klausnerlebens verbrachte. Er half vielen Menschen in Krankheit und Not und wurde dadurch von vielen verehrt. Sein Heiligtum befindet sich jetzt noch an dieser Stelle, San Romedia genannt.
Romedius konnte weder lesen noch schreiben. Es ging im seinem Leben offenbar um andere Fähigkeiten. Die Geschichte mit dem Bären, der sein

Pferd tötete und danach von ihm beritten wurde, ist ein Hinweis darauf: Nicht die Intelligenz (das Pferd) führte ihn zu seinem christlichen Auftrag, sondern die tiefer liegende Kraft des Willens (der Bär). Diesen Bären zähmte er zuerst, dann konnte er sich ihm anvertrauen. Den starken, dienenden Willen als religiöse Fähigkeit erkennen wir in dieser Legende.

Thaddäus (28. Oktober)
Judas Thaddäus war einer der 12 Apostel. Er sei »nicht der Ischariot«, betont der Evangelist Johannes, um seine Verwechslung mit jenem Judas zu vermeiden, der zum Verräter Christi wurde. Von Thaddäus stammt der sogenannte Judasbrief im Neuen Testament. Dem Irrgläubigen hält er darin einen Spiegel vor: »Wolken ohne Wasser, vom Winde zusammengetrieben« und »Bäume ohne Früchte in der Erntezeit, zweimal gestorben, entwurzelt«. Nach dem Pfingstfest zog er nach Mesopotamien, um der Welt das Christentum zu bringen. Der Legende zufolge, fand er in Persien nach einem Aufstand der heidnischen Priester zusammen mit Simon den Märtyrertod. Sein Grab befindet sich in der St. Peterskirche zu Rom.

Thomas (21. Dezember)
Thomas gehörte zu den zwölf Aposteln Jesu. Er wurde als der »Ungläubige« bekannt, der die Tatsache der Auferstehung erst akzeptieren wollte, nachdem er seinen Finger in Jesu Wunden gelegt hatte. Der Überlieferung zufolge, ist er ostwärts nach Indien gezogen, um dort das Evangelium zu verkünden. Damals regierte der König Gundaphar über das indische Reich. Auch er soll von Thomas bekehrt worden sein. Das angeblich von ihm verfasste sogenannte Thomas-Evangelium enthält Legenden und Erzählungen, die möglicherweise buddhistischen Ursprungs sind. In Mylapore bei Madras in Südindien befindet sich ein Felsblock, auf dem Thomas im Jahre 67 durch das Schwert getötet worden sein soll. Seine Reliquien wurden 232 feierlich nach Edessa im heutigen Irak überführt und gelangten später auf die griechische Insel Chios. Die Odyssee seiner Gebeine endete schließlich in Ortona am Adriatischen Meer.

Verena (1. September)
Um das Jahr 300 folgte Verena der Thebanischen Legion, in der ihr Bruder Mauritius diente. Diese Legion kämpfte unter den Römern und wurde im Wallis (Schweiz) zerschlagen.
Verena trat nach langen Wanderungen in Zurzach (Schweiz) bei einem Priester in Dienst und starb dort 344. Die Nächstenliebe war ihre Heiligen-Fähigkeit. Sie erweitert sich von Stufe zu Stufe. Sie richtet sich zunächst auf ihren Bruder, dann auf die Kranken und zum Schluss auf einen Küster, der sie bestiehlt. Auch führt ihr Weg sie immer weiter fort von ihrem (ägyptischen) Volkszusammenhang. Verena kann ihre Liebe denen schenken, die ihr fremd oder gar feindlich gesonnen sind.

Veronika (4. Februar)
Die Legende stellt Veronika den Jüngern Christi gleich. Mit ihrem Kopftuch trocknete sich Christus die Stirn, als sie ihm auf dem Kreuzweg begegnete. Dieses Schweißtuch wurde zum Thema vieler Legenden von wunderbaren Heilungen und fand als eine kostbare Reliquie große Verehrung. Den eigentlichen »Vronitag« feierte man Jahrhunderte später am 9. Juli. Dieses Fest erinnert an Veronika Giuliano, eine Kapuzinernonne aus Umbrien, die von 1660–1716 lebte und die sogenannten Stigmata empfing, die Kreuzesmale Christi. 1839 wurde sie heilig gesprochen.

Winfried-Bonifatius (5. Juni)
Winfried wurde im angelsächsischen Wessex im Jahre 672 oder 673 geboren. Seinen ersten Unterricht erhielt er in der Klosterschule von Exeter. Gegen den anfänglichen Widerstand seines Vaters wurde er Benediktinermönch und Vorsteher der Klosterschule zu Nursling. Mit 30 Jahren empfing er die Priesterweihe und zog als Missionar auf das Festland, um die germanischen Stämme zum Christentum zu bekehren. Vor allem bei den Friesen stieß er während seiner Mission auf starken Widerstand. Ihr König Radbod hielt an der heidnischen Stammesreligion fest und betrachtete Sachsen und Franken als Feinde. In Rom begegnete Winfried dem Papst Gregorius II. und empfing von ihm seinen neuen Namen: Bonifatius, der Wohltäter. Nachdem er einige Jahre als Prediger durch Hessen,

Thüringen und verschiedene Teile des Frankenreiches gereist war, wurde er zum Bischof geweiht. Von Karl Martell, an den er sich wandte, erhielt er Schutzbriefe, die ihm am Hofe fremder Fürsten von großem Nutzen waren. Bonifatius kehrte als Achtzigjähriger nach Friesland zurück, um dort seine Missionstätigkeit fortzusetzen. Dies sollte ihn das Leben kosten. Zusammen mit 52 Gefährten wurde er am Pfingstsonntag des Jahres 754 im friesischen Dokkum von den Heiden erschlagen.

Register nach Namen

Register nach Gedenktagen

Die Motive der Legenden im Jahreslauf

Heilige(r)	*Motiv*	*Quelle*
Advent		
Maria	Erwartung des Messias	9, 30, 34, 43
Nikolaus	Sturm, Rettung aus der Not	14, 15, 24, 43
Lioba	Den Innenraum beschützen	14, 24, 42
Weihnachten		
Bride /Brigit	Geburt des Kindes	6, 12, 21, 22, 25
Dreikönige		
Cuthbert	Das wahre Brot	19
Dionysius Areopagita	Sternenweisheit-Erdenweisheit	9, 37, 43
Dorothea	Winter, Blühen und Frucht	14, 24, 43, 44
Benediktus	Die in der Welt waltende Weisheit	24, 33, 43
Februar		
Thaddäus	Das Bildnis Christi	43
Veronika	Das Bildnis, das heilt	14, 24, 31, 43
Lukas	Das Bildnis Marias	14, 24, 43
Berachius	Wärme der Herzenskräfte	19

Passion

Ostern

Himmelfahrt

Pfingsten

Johanni-Zeit

Christofferus	Christusträger werden	14, 24, 31, 39, 43
Columban	Schuld und Sühne	6, 10, 14, 20, 22, 24, 25, 42

Sommer

Hieronymus	Umgehen mit der Löwenkraft	14, 24, 43
Romedius	Umgang mit dem Bären	24, 43, 44
Bonifatius	Überwindung des alten Glaubens	43, 44

Michaeli-Zeit

Georg	Kampf mit dem Drachen	14, 24, 31, 39, 43
Margareta	Kampf mit dem Drachen	14, 24, 43
Jeanne d'Arc	Im Dienste Michaels	14, 16, 24

November

Martin	Durch dunkle Zeiten	5, 14, 24, 31, 43
Eustachius	Durch dunkle Zeiten	14, 24, 31, 43
Ägidius	Durch dunkle Zeiten	14, 24, 43
Gudula	Licht im Dunkel	14, 24, 43
Gudwalus	Hilfe aus der Tiefe	19
Verena	Verlieren und Wiederfinden	14, 24, 44

Allgemein

Franziskus	Verschiedene Motive (u.a. Reden mit den Tieren)	2, 13, 14, 17, 24, 27, 31, 33, 38, 39
Franz von Paola	Fasten und Bußübungen	43

Quellennachweis

1 Emil Bock: *Cäsaren und Apostel* (Beiträge zur Geistesgeschichte der Menschheit, Band 4, Stuttgart [6]1983)

2 R. L. Bruckberger: *Der Wolf von Gubbio* (Amsterdam 1959)

3 J. Cohen: *Nederlandse sagen en legenden* (Zutphen 1917)

4 Erika v. Dellingshausen: *Die Wartburg* (Stuttgart 1983)

5 Chr. Donaldson: *Martin of Tours* (London 1980)

6 Erika Dühnfort: *Von Heiligen, Helden und Druiden* (Stuttgart 1983)

7 J. Duft: *Die Lebensgeschichten der Heiligen Gallus und Othmar* (Sigmaringen 1988)

8 Henry van Dyke: *Der vierte Weise* (Stuttgart [2]1990)

9 Hrotsvith von Gandersheim: *Legenden* (Stuttgart [3]1989)

10 Hans Gsänger: *Irland, Insel des Abel* (Freiburg i.Br. 1970)

11 Herbert Hahn: *Elisabeth, die Thüringerin* (Stuttgart 1955)

12 Johann von Hildesheim: *Die Legende von den Heiligen drei Königen* (Berlin 1925)

13 O. Karrer: *Franz von Assisi* (München/Zürich 1945)

14 H. L. Keller [Hrsg.]: *Reclams Lexikon der Heiligen und biblischen Gestalten* (Stuttgart [6]1987)

15 Johanna Knottenbelt: *Sint Nikolaas* (Mededelingen voor leden van de Antroposofische Vereniging in Nederland, November 1966)

16 M. J. Krück von Poturzyn: *Das Mädchen Jeanne d'Arc* (Stuttgart [3]1994)

17 H. Kuhn: *Franziskus* (München 1958)

18 Selma Lagerlöf: *Christuslegenden* (München 1985)

19 Robert Baldick (Hrsg.): *Lives of The Saints* (Penguin classics, London/Harmondsworth 1965)

20 F. C. L. Los: *Die altirische Kirche* (Stuttgart 1954)

21 Fiona Macleod: *Saint Bride von den Inseln* (Stuttgart 1982)
22 F. M. Macneill: *An Iona Anthology* (Glasgow 1952)
23 Th. Maurer: *Die heilige Odilie* (Dornach 1982)
24 E. und H. Melchers: *Das große Buch der Heiligen* (München 1986)
25 Eleanor C. Merry: *The Flaming Door* (Edinburgh 1983)
26 Rudolf Meyer: *Der Auferstandene und die Erdenzukunft* (Stuttgart 1938)
27 – *Franziskus* (Stuttgart 1951)
28 Ludovicus Mirandolle: *Jeanne d'Arc, haar leven, wezen en beteekenis* (Amsterdam 1931)
29 A. Müller: *Dionysius Areopagites* (Basel 1976)
30 *Das Neue Testament.* Aus dem Griechischen übersetzt von H. A. P. J. Ogilvie, bearbeitet von E. Lantsheer (Zeist 1992)
31 Walter Nigg: *Glanz der Legende* (Zürich/Stuttgart 1964)
32 – *Große Heilige* (Zürich 1990)
33 – *Vom Geheimnis der Mönche* (Zürich 1990)
34 E. Hennecke (Hrsg.): *Neutestamentliche Apokryphen:* Protoevangelium des Jacobus (Tübingen 1924)
35 Edzard Schaper: *Die Legende vom vierten König* (Zürich/München 1990)
36 Maria Schindler: *Columban* (Stuttgart 1964)
37 Wilhelm Schneider: *Geistsucher und Gottesfreunde* (Stuttgart 1953)
38 Rudolf Steiner: *Geistige Osterglocken* (Dornach 1984)
39 Jakob Streit: *Ich will dein Bruder sein* (Stuttgart [6]1993)
40 – *Kindheitslegenden* (Stuttgart [9]1993)
41 – *Das Dreikönigsbuch* (Schaffhausen [4]1984)
42 – *Sonne und Kreuz* (Stuttgart [3]1993)
43 Jacobus de Voragine: *Die Legenda Aurea* (Gerlingen [11]1993)
44 J. E. Stadler: *Vollständiges Heiligen-Lexikon* (Hildesheim 1975)